2026년 시행 계리직 시험 대비

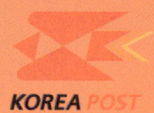

우정우 편저

우편의 정석

COPYRIGHT 2024 WOO. ALL RIGHT RESERVED.

2026 우정우 우편일반

2026년 우정사업본부 최종교안(2025.11.14)을 바탕으로 제작되었습니다.

전지적작가 시점 우정우쌤의 우편일반이 시작된다.

· 계리직9급 필기 초단기합격 / 지방직7급 / 국가직9급 / 지방직9급 단기합격
· 행정안전부 재정정책팀 / 김해시 교통행정과 / 진주시 일반성면 근무
· 현 지안에듀 우편·예금 전임
· 현 에듀윌 보험 전임
· 전 공주대, 항공대 등 출강

생생한 최신 수강 후기

" 쌤은 .. 전지적 작가시점도 아니고.. 위에서 쳐다보는 느낌….? "   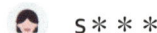 s***

다른 샘들은 줄줄이 문장만 해석하는 반면 쌤은 .. 전지적 작가시점도 아니고.. 위에서 쳐다보는 느낌…

" 우정우매직. 쌤때문에 희망이 보여요. "    a***

하루종일 붙잡고 있어도 이해도 잘안되고 외워지지 않던 모든 내용들이 한방에 정리되어서 그냥 스르륵
훑으며 지나갈 수 있는 부분이 되었어요. 우정우매직.
쌤때문에 희망이 보여요. 너무 감사합니다.

" 강의 하루종일 듣고싶네요ㅠㅠㅠㅠㅠ "   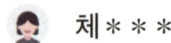 체***

우정우쌤 덕분에 촤라락 정리되는 기분이에요ㅠㅠ
강의 하루종일 듣고싶네요ㅠㅠㅠㅠㅠ

" 결제만 해놓고 오늘 첨 들었는데 진짜 신세계네요. "    s***

결제만 해놓고 오늘 첨 들었는데 진짜 신세계네요.
무작정 읽기만 해주시는게 아니라 개념마다 왜 이렇게 된건지 끌어내서 설명해주시는데 감탄했습니다
이해를 바탕으로 하니 기억에도 오래 남게 되구요

" 기발한 암기법과 핵심을 쏙쏙 집어내주는 선생님 "   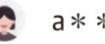 a***

닥치고암기 우금의 새로운혁명!!!숫자도 이해시켜 암기가능♡

" 우정우쌤 강의만 들으면 정리되는 신세계를 경험하고 있어요. "
 s＊＊＊

그동안 혼자서 공부하며 봐도봐도 헷갈리고 섞여서 외웠다고 생각해도 외워지지 않았던것들을 우정우쌤 강의만 들으면 정리되는 신세계를 경험하고 있어요.

" 다회독을 가능하게 해주시는 공무원 합격에 최적화된 교수님 "
 k＊＊＊

타 강의를 많이 들었었습니다. 이해하기 어렵고 책을 읽어주는 강의들 1회독을 하고 강의를 다 듣는게 너무 힘들었습니다.
교수님 강의를 듣고 느낀점은 생소하고 어려운 단어를 쉽게 알려주셔서 좋았고 특히 암기법이 도움이 많이 되었습니다. 이해와 암기를 동시에 잡아주셔서 효율적으로 공부할 수 있었습니다. 한 과목만 하는 시험이 아니기 때문에 교수님 강의가 도움이 많이 되었습니다.

" 군더더기 없는 깔끔함! 교재도 강의도 쏙쏙 들어오네요 "
 a＊＊＊

교재나 강의도 너무 깔끔하게 해주셔서 머릿속에 잔상처럼 오래 남아요
무엇보다 중간중간 판서하실때 그림, 글씨 깔끔한것도 개인적으로 너무 좋습니다
너무 대충 쓰거나 알아보기 힘들게 판서하는 강의들은 오래 집중하기 힘들더라구요
그리고 제가 암기하는 요령이 없는편인데 깨알같은 암기법 많이 알려주셔서 도움이 많이 되요
암기법을 직접 만드시고 계속 업그레이드 해주시더라구요

" 독특한 암기법이 최고인 선생님. 시험에 나오는 것만 쏙쏙 뽑아줍니다 "
 i＊＊＊

독특하고 참신한 암기법이 너무 좋습니다. 강의가 지루하지 않고 집중하게됩니다^^~
시험에 필요한 내용만 뽑아서 설명해주셔서 좋습니다ㅎㅎ

" 필요한 부분만 집어주시는 간결하지만 있을건 다 있는 알찬 강의였음. "
 z＊＊＊

여러 강의를 들어봤지만 정말 그 어떤 분들보다 이해하기 쉽게 가르쳐 주시고 실전에서 바로바로 적용할 수 있는 암기법은 세계관 최강이 아닐까싶어요!

" 혼자 읽을때보다 쌤 강의를 들으니 재미있어요 "
 n＊＊＊

혼자 읽을때보다 쌤 강의를 들으니 재미있어요. 독특한 암기법도 알려주시고^^
여기저기 흩어져 있는 내용들도 모아서 정리해 주시니 좋습니다.

카톡스터디　　지안에듀

CONTENTS

우편의 정석

국내우편

PART 01	총론 : 기초이론	9
PART 02	총론 : 우편물의 종류	17
PART 03	총론 : 기타	27
PART 04	우편물의 접수	31
PART 05	부가취급	37
PART 06	새로운 우편서비스	59
PART 07	우편에 관한 요금	79
PART 08	우편에 관한 요금 : 감액	93
PART 09	손해배상 및 손실보상	123
PART 10	그 밖의 청구와 계약	131

우편물류

PART 01	우체국 물류의 흐름	141
PART 02	우편물 수집	169
PART 03	우편물 배달	177

국제우편

PART 01	국제우편 총설 : 의의 및 조직	225
PART 02	국제우편 총설 : 우편물의 종류와 취급우체국	239
PART 03	국제우편의 접수	257
PART 04	부가취급·부가서비스	277
PART 05	부가취급·부가서비스 : EMS 관련	291
PART 06	국제우편 요금	301
PART 07	행방조사청구와 손해배상제도	319
PART 08	국제우편물의 외부기록사항 변경·정정 또는 반환	331
PART 09	국제우편 수수료 및 우편요금 고시	337

업데이트·오류 게시판

업데이트·오류 게시판

국내우편

PART 01 | 총론 : 기초이론

PART 02 | 총론 : 우편물의 종류

PART 03 | 총론 : 기타

PART 04 | 우편물의 접수

PART 05 | 부가취급

PART 06 | 새로운 우편서비스

PART 07 | 우편에 관한 요금

PART 08 | 우편에 관한 요금 : 감액

PART 09 | 손해배상 및 손실보상

PART 10 | 그 밖의 청구와 계약

PART 1 총론 : 기초이론

SECTION 01 | 우편의 의의 및 사업의 특성
SECTION 02 | 우편 이용관계 등
SECTION 03 | 우편사업의 보호규정

SECTION 01 | PART 1 | 총론 : 기초이론
우편의 의의 및 사업의 특성

우편의 의의

① 좁은 의미와 넓은 의미의 우편
 ㉠ 좁은 의미: 우정사업본부가 책임지고 서신 등의 의사를 전달하는 문서나 통화 그 밖의 물건을 나라 안팎으로 보내는 업무이다.
 ㉡ 넓은 의미: 우편관서가 문서나 물품을 전달하거나 이에 덧붙여 제공하는 업무를 통틀어 이르는 말이다.
② 우편은 국민이 일상생활에서 평균적인 삶을 꾸릴 수 있도록 국가가 제공하는 기본적인 사회 서비스 가운데 하나 → 우리나라뿐만 아니라 많은 나라에서 의무적으로 보편적 우편 서비스를 제공할 것을 법령에 규정하고 있다.
③ 서신이나 물건 등의 실체를 전달한다는 점에서 전기적인 방법으로 정보를 전달하는 전기통신과는 구별 된다.

우편사업의 특성

우편사업은 「정부기업예산법」에 따라 정부기업으로 정해져 있다.

> 정부기업(T)
> 국민의 이익을 추구하기 위해 정부가 출자·관리·경영하는 기업

① '정부'적 측면
㉠ 구성원이 국가공무원
㉡ 사업의 전반을 법령으로 정하고 있기 때문에 경영상 제약이 많다.
㉢ 적자가 났을 때에는 다른 회계에서 지원 받는게 가능하다.

② '기업'적 측면
우편사업의 경영 합리성과 예산을 신축적으로 사용하기 위해 특별회계로서 독립채산제를 채택하고 있다.

③ 우편사업은 정부기업으로서의 공익성과 회계상의 기업성을 다 가지고 있으므로 이 두면의 조화가 과제이다.
④ 우편사업은 콜린 클라크(Colin Clark)의 산업분류에 의하면 노동집약적 성격이 강한 3차 산업 → 인건비는 사업경영에 있어서 큰 부담이다.

02 우편 이용관계 등

PART 1 | 총론 : 기초이론

우편의 이용관계

SUB 01 우편 이용관계의 의의

① 우편 이용관계는 이용자가 우편 서비스 제공을 목적으로 마련된 인적·물적 시설을 이용하는 관계이다.
② 우편 이용자와 우편관서 간의 우편물 송달 계약을 내용으로 하는 사법(私法)상의 계약 관계이다.(통설)
③ 다만, 우편사업 경영 주체가 국가이며 공익적 성격을 띠고 있으므로 이용관계에서 다소 권위적인 면이 있음

SUB 02 우편 이용관계자

① 우편 이용관계자(당사자X) : 우편관서, 발송인, 수취인
② 우편 송달 계약의 권리와 의무
 ㉠ 우편관서 : 우편물 송달의 의무, 요금·수수료 징수권 등
 ㉡ 발송인 : 우편물 송달요구권, 우편물 반환청구권 등
 ㉢ 수취인 : 우편물 수취권, 수취거부권 등

SUB 03 우편이용 계약의 성립시기

STEP ▶ 국제우편에서 계약의 성립시기
우편물이 접수된 때부터 우편이용관계 발생, 우편관서와 발송인 사이에 우편물송달계약 성립

① 우체국 창구 이용 시 : 직원이 접수한 때
② 우체통 이용 시 : 우체통에 넣은 때
③ 방문 접수와 집배원이 접수한 시 : 영수증을 교부한 때
※ 준등기 등을 집배원이 접수한 경우 접수부서 인계시가 될 수 있음.

우편사업 경영주체 및 관계법률

SUB 01 경영주체

① 우편사업은 국가가 경영하며, 과학기술정보통신부장관이 관장한다.
② 과학기술정보통신부장관은 우편사업의 일부를 개인·법인 또는 단체 등으로 경영하게 할 수 있으며, 그에 관한 사항은 따로 법률로 정한다.(「우편법」제2조제1항)
③ 전국에 체계적인 조직을 갖춰 적정한 요금의 우편 서비스를 신속하고 정확하게 제공하기 위해서 국가가 직접 경영한다.
④ 경영 주체는 과학기술정보통신부장관이며, 전국에 체계적인 조직을 갖춰 적정한 요금의 우편 서비스를 신속하고 정확하게 제공하기 위해서 국가가 직접 경영한다.

SUB 02 우편에 관한 4대 법률

POINT 우편법

① 우편법은 사실상의 우편에 관한 기본법이다.
② 우편사업 경영 형태·우편 특권·우편 서비스의 종류·이용 조건·손해배상·벌칙 등 기본적인 사항을 규정하고 있다.
③ 최초 제정 : 1960

POINT 별정우체국법

① 개인이 국가의 위임을 받아 운영하는 별정우체국의 업무, 직원 복무·급여 등에 대한 사항을 규정한 법령이다.
② 최초 제정 : 1961

> 별정우체국(T)
> 우체국이 없는 지역의 주민 불편을 없애기 위해, 국가에서 위임을 받은 일반인이 건물과 시설을 마련하여 운영하는 우체국

POINT 우체국창구업무의 위탁에 관한 법률

① 개인이 우편창구 업무를 위임받아 운영하는 우편취급국의 업무, 이용자보호, 물품 보급 등에 대한 사항을 규정한 법령이다.
② 최초제정 : 1983 (참고.우예보법, 우보특별회계법도 1982)

> 우편취급국(T)
> 국민의 우체국 이용 수요를 맞추기 위해 일반인에게 우편창구의 업무를 위탁하여 운영하게 한 사업소이다.

POINT 우정사업 운영에 관한 특례법

① 우정사업의 경영 합리성과 우정 서비스의 품질을 높이기 위한 특례 규정이다.
② 사업범위는 우편·우편환·우편대체·우체국예금·우체국 보험에 관한 사업 및 이에 딸린 사업과 조직·인사·예산·경영평가, 요금 및 수수료 결정, 우정재산의 활용 등을 규정하고 있다.
③ 최초 제정 : 1997

국제법규는 국제우편에서 다룸

03 우편사업의 보호규정

PART 1 | 총론 : 기초이론

서신독점권

SUB 01 서신독점권 의미

우편법 제2조제2항에서 "누구든지 제1항과 제5항의 경우 외에는 타인을 위한 서신의 송달 행위를 업(業)으로 하지 못하며, 자기의 조직이나 계통을 이용하여 타인의 서신을 전달하는 행위를 하여서는 아니 된다."라고 규정함으로써 서신독점권이 국가에 있다.

① 독점권의 대상은 서신이다.
② "서신"이라 함은 의사전달을 위하여 특정인이나 특정 주소로 송부하는 것으로서 문자·기호·부호 또는 그림 등으로 표시한 유형의 문서 또는 전단을 말한다. (우편법 제1조의2 제7호)
① 서신 독점 범위
가) 무게가 350g 이하이고 통상우편요금 10배 이하인 서신
나) 국가기관이나 지방자치단체에서 보내는 등기 취급 서신

SUB 02 서신독점권의 제외 : 통상우편물 중 의사전달물 우편법 시행령 제3조

① 「신문 등의 진흥에 관한 법률」 제2조제1호에 따른 신문
② 「잡지 등 정기간행물의 진흥에 관한 법률」 제2조 제1호 가목에 따른 정기간행물
③ 다음 요건을 모두 충족하는 서적
 - 표지를 제외한 48쪽 이상인 책자의 형태로 인쇄·제본
 - 발행인·출판사나 인쇄소의 명칭 중 어느 하나가 표시되어 발행
 - 쪽수가 표시되어 발행
④ 책자 형태의 상품안내서(상품의 가격·기능·특성 등을 문자·사진·그림으로 인쇄)로 16쪽 이상(표지를 포함)
⑤ 화물에 첨부하는 봉하지 아니한 첨부서류 또는 송장
⑥ 외국과 주고받는 국제서류
⑦ 국내에서 회사(공공기관을 포함)의 본점과 지점 간 또는 지점 상호 간에 수발하는 우편물로 발송 후 12시간 이내에 배달이 요구되는 상업용 서류
⑧ 「여신전문금융업법」 제2조제3호에 해당하는 신용카드

SUB 03 우편법 해석

우편법 제2조제2항에서 "누구든지 제1항과 제5항의 경우 외에는 타인을 위한 서신의 송달 행위를 업(業)으로 하지 못하며, 자기의 조직이나 계통을 이용하여 타인의 서신을 전달하는 행위를 하여서는 아니 된다."라고 규정함으로써 서신독점권이 국가에 있다.

① 타인(他人)
자기 자신 이외의 사람을 가리키며, 자연인과 법인을 모두 포함
서신독점권은 다른 사람의 서신을 보내는 것만 금지하고 있기 때문에, 자기의서신을 직접 송달하는 행위는 법령 위반이 아님
② 업(業)
이익을 얻기 위해 일정한 행위를 계속적이고 반복적으로 하는 것
③ 조직, 계통
목적을 달성하기 위해 두 사람 이상이 모인 집단
④ 그 밖의 사항
다른 사람에게 서신 송달을 위탁하는 행위도 금지(우편법 제2조제4항)
서신 송달의 위탁 계약 성립: 다른 사람에게 송달을 요청하고 이를 승낙한 경우

SUB 04 서신송달업 신고제도

① 서신독점권 관리, 이용자 보호, 시장 질서를 유지하기 위해 신고를 의무화함
② 신고사항
㉠ 서신송달업을 하려는 자는 신고서를 관할지방우정청장에게 제출
※ 사업계획서(사업운영, 시설사항, 수지계산서 등 포함)를 신고서에 첨부
② 상호, 소재지, 대표자 및 사업계획 등이 변경된 경우에는 변경 신고
③ 30일 이상 휴·폐업 또는 휴업 후 재개 시에도 신고서 제출

SUB 05 위반한 때의 법적 규제

① 발송자(서신송달을 위탁한 자)

위반행위(해당서신*의 송달을 위탁 하는 경우)	과태료 금액			근거 법조문
	1차위반	2차위반	3차이상위반	
해당 서신을 우편관서에 접수하는 경우의 우편요금이 1천만 원 이하인 경우	750만 원	1,000만 원	2,000만 원	우편법 제54조2 (과태료)
해당 서신을 우편관서에 접수하는 경우의 우편요금이 1천만 원을 초과하는 경우	5,000만 원의 범위에서 해당 우편요금의 2배 이하의 금액			

* (해당서신) 중량이 350g 이하이고, 송달요금이 통상우편요금의 10배 이하인 서신

② 서신송달업자

위반행위	벌칙	근거 법조문
중량이 350g 이하이고, 송달요금이 통상우편요금의 10배 이하인 서신을 송달한 경우	3년 이하의 징역 또는 3천만 원 이하의 벌금	우편법 제46조 (사업독점권 침해의 죄)
서신 개봉·훼손·은닉·방기 시	5년 이하의 징역 또는 5천만 원 이하의 벌금	우편법 제48조 (우편물 등 개봉·훼손의 죄)
서신의 비밀 침해 시		우편법 제51조 (서신의 비밀침해의 죄)
서신송달업을 신고하지 않은 경우	1차위반 시 300만 원 2차위반 시 600만 원 3차이상위반 시 1,000만 원	우편법 제54조2(과태료)
휴·폐업 또는 휴업 후 재개업 시 신고하지 않은 경우		
자료제출 요구에 응하지 않은 경우		
우편, 우편물, 우체국 및 그와 유사한 명칭 사용		
서신송달업 명의 대여금지를 위반한 경우		

위반행위	행정처분 기준			근거 법조문
	1차위반	2차위반	3차이상위반	
거짓으로 작성된 사업계획서 제출 시	영업소 폐쇄			우편법 제45조의6 (영업소의 폐쇄 등)
중량 및 요금 기준을 위반하여 서신을 취급한 경우	영업정지 1개월	영업정지 3개월	영업정지 6개월	
서신송달업 대여금지를 위반한 경우	영업정지 1개월	영업정지 3개월	영업정지 6개월	
사업개선명령에 따르지 아니한 경우	경고	영업정지 1개월	영업정지 3개월	
사업정지명령을 위반하여 그 기간에 사업을 한 경우	영업소 폐쇄			

③ 공통

위반행위	벌칙	근거 법조문
우체국 요금 별·후납 표시인영 부정 사용 시	3년 이하의 징역 또는 3천만원 이하의 벌금	부정경쟁방지 및 영업비밀 보호에 관한 법률 제18조(벌칙)

우편 5대 특권

SUB 01 운송원 등의 조력청구권

① 우편업무를 집행 중인 우편운송원, 우편집배원과 우편물을 운송중인 항공기, 차량, 선박 등이 사고를 당하였을 때에는 주위에 조력을 청구 가능
② 조력의 요구를 받은 자는 정당한 사유 없이 이를 거부할 수 없음
③ 도움을 준 자의 청구에 따라 적절한 보수를 지급하여야 함

SUB 02 운송원 등의 통행권

① 우편운송원, 우편집배원과 우편물을 운송중인 항공기, 차량, 선박 등은 도로의 장애로 통행이 곤란할 경우에는 담장이나 울타리 없는 택지, 전답, 그 밖의 장소를 통행할 수 있음
② 우편관서는 피해자의 청구에 따라 손실을 보상하여야 함

SUB 03 운송원 등의 통행료 면제

① 우편물 운송 중인 우편운송원, 우편집배원은 언제든지 도선장의 도선을 요구할 수 있으며(우편법 제5조제3항), 우편업무 집행중에 있는 운송원 등에 대하여는 도선장, 운하, 도로, 교량 기타의 장소에 있어서 통행요금을 지급 하지 아니하고 통행할 수 있음(우편법 제5조제2항)
② 청구권자의 청구가 있을 때에는 우편관서는 정당한 보상을 하여야 함

SUB 04 우편물 운송요구권

① 우편관서는 철도, 궤도, 자동차, 선박, 항공기 등의 경영자에게 운송 요구권을 가짐
② 이 경우 우편물을 운송한 자에 대하여 정당한 보상을 함

SUB 05 공동 해상 손해 부담의 면제

① 공동해상 손해부담이라 함은 선박이 위험에 직면하였을 때 선장은 적하되어 있는 물건을 처분할 수 있으나, 이때의 손해에 대하여는 그 선박의 화주 전원이 적재화물비례로 공동 분담하는 것을 말하며 이 경우에도 우편물에 대하여는 이를 분담시킬 수 없음

압류 관련 특권

우편업무 전용 물건의 압류 금지와 부과면제	① 우편업무 전용 물건의 압류 금지 우편업무를 위해서만 사용하는 물건과 우편업무를 위해 사용 중인 물건은 압류 불가 ② 우편업무 전용 물건의 부과면제 우편업무를 위해서만 사용하는 물건(우편에 관한 서류를 포함)에 대해서는 국세·지방세 등의 제세공과금을 매기지 않음
우편물의 압류거부권	우편관서에서 운송 중이거나 발송 준비를 마친 우편물에 대해서는 압류를 거부할 수 있는 권리

기타

SUB 01 우편물의 우선검역권

우편물이 전염병의 유행지에서 발송되거나 유행지를 통과할 때 등에는 검역법에 의한 검역을 최우선으로 받을 수 있음

SUB 02 제한능력자의 행위에 대한 법률적 판단

① 제한능력자라 함은 민법상의 제한능력자를 의미
 ㉠ 행위제한능력자 : 미성년자, 피한정후견인, 피성년후견인
 ㉡ 의사제한 능력자 : 만취자, 광인 등
② 우편물의 발송·수취나 그 밖에 우편 이용에 관하여 제한능력자의 행위라도 능력자가 행한 것으로 간주
③ 이에 따라 제한능력자의 행위임을 이유로 우편관서에 대하여 임의로 이용관계의 무효 또는 취소를 주장할 수 없음(다만, 법률행위에 하자가 발생한 경우에는 관련규정에 따름)

PART 2 총론 : 우편물의 종류

SECTION 01 | 통상우편물

SECTION 02 | 소포우편물

SECTION 03 | 우편물 서비스의 종류

01 통상우편물

PART 2 | 총론 : 우편물의 종류

통상우편물 4가지 유형

서신	의사전달을 위하여 특정인이나 특정 주소로 송부하는 것으로서 문자·기호·부호 또는 그림 등으로 표시한 유형의 문서 또는 전단
의사전달물	① 의사전달이 목적이지만 서신의 조건을 갖추지 못한 것 ② 대통령령에서 정하여 서신에서 제외한 통상우편물 : 신문, 정기간행물, 서적, 상품안내서, 화물 첨부 서류 혹은 송장, 외국과 수발하는 국제서류, 본점과 지점 상호간 또는 지점 상호간 12시간 이내 수발하는 서류, 신용카드
통화 (송금통지서 포함) 등	유통 수단이나 지불 수단으로 기능하는 화폐, 보조 화폐, 은행권 등
소형포장우편물	우편물의 용적, 무게와 포장방법 고시 규격에 맞는 작은 물건 (가로·세로·높이 합 35cm 미만)

STEP 2 ▶ 통상우편물
서신 등 의사전달물, 통화(송금통지서 포함), 소형포장우편물

통상우편물의 발송요건

원칙	통상우편물은 봉투에 넣어 봉함하여 발송하는 것을 원칙으로 한다.
예외	① 봉투에 넣어 봉함하기가 적절하지 않은 우편물은 우정사업본부장이 정하여 고시한 기준에 적합하도록 포장하여 발송할 수 있다. ② 예외적으로 우정사업본부장이 발행하는 우편엽서와 사제엽서 제조 요건에 적합하게 제조한 사제엽서 및 전자우편물은 그 특성상 봉함하지 아니하고 발송할 수 있다. ③ 우편물 정기발송계약을 맺은 정기간행물은 고시에서 정하는 바에 따라 띠종이 등으로 묶어서 발송할 수 있다.

통상우편물의 규격요건

SUB 01 봉투에 넣어 봉함하거나 포장한 우편물의 규격요건

> 위 사항을 위반한 경우 통상우편물의 규격외 취급

구분		내용
크기	세로	최소 90mm, 최대 130mm (허용 오차 ±5mm)
	가로	최소 140mm, 최대 235mm (허용 오차 ±5mm)
	두께	최소 0.16mm, 최대 5mm (누르지 않은 자연 상태)
무게		최소 3g, 최대 50g
모양		직사각형 형태
재질		종이(창문봉투의 경우 다른 소재로 투명하게 창문 제작)
표면 및 내용물		① 문자·도안 표시에 발광·형광·인광물질 사용 및 기계판독률을 떨어뜨릴 수 있는 배경 인쇄 불가 ② 봉할 때는 풀, 접착제 사용(스테이플, 핀, 리벳 등 도드라진 것 사용 불가) ③ 우편물의 앞·뒤, 상·하·좌·우는 완전히 봉해야 함(접착식 우편물 포함) ④ 특정부분 튀어나옴·눌러찍기·돋아내기·구멍뚫기 등이 없이 균일해야 함 ※ 종이·수입인지 등을 완전히 밀착하여 붙인 경우나 점자 기록은 허용
기계처리 공백 * 허용 오차 ±5mm		① 앞면 : 오른쪽 끝에서 140mm × 밑면에서 17mm 　　　　우편번호 오른쪽 끝에서 20mm ② 뒷면 : 왼쪽 끝에서 140mm × 밑면에서 17mm
우편번호 기재		① 수취인 주소와 우편번호(국가기초구역 체계로 개편된 5자리 우편번호)를 정확히 기재해야 하며, 일체의 가려짐 및 겹침이 없어야 함 ② 수취인 우편번호 여백규격 및 위치 　· 여백규격 : 상·하·좌·우에 4mm 이상 여백 　· 위치 : 기계처리 공백 공간 밖, 주소·성명 등 기재사항 보다 아래쪽 및 수취인 기재영역 좌우 너비 안쪽의 범위에 위치 　· 해당 영역에는 우편번호 외에 다른 사항 표시 불가 ③ 우편번호 작성란을 인쇄하는 경우에는 5개의 칸으로 구성하여야 함 ※ 단, 여섯자리 우편번호 작성란이 인쇄된 예전 봉투를 이용한 통상우편물은 우편번호 숫자를 왼쪽 칸부터 한 칸에 하나씩 차례대로 기입하고 마지막 칸은 공란으로 두어야 함

SUB 02 우정사업본부에서 발행하는 우편엽서의 규격 요건

구분		내용
크기	세로	최소 90mm, 최대 120mm (허용 오차 ±5mm)
	가로	최소 140mm, 최대 170mm (허용 오차 ±5mm)
무게		최소 2g, 최대 5g (다만, 세로 크기가 110mm를 넘거나 가로 크기가 153mm를 넘는 경우에는 최소 4g, 최대 5g)
모양		직사각형 형태 별도 봉투로 봉함하지 않은 형태
재질		종이
표면 및 내용물		① 문자·도안 표시에 발광·형광·인광물질 사용 및 기계판독률을 떨어뜨릴 수 있는 배경 인쇄 불가 ② 특정부분 튀어나옴·눌러찍기·돋아내기·구멍뚫기 등이 없이 균일해야 함 ※ 종이·수입인지 등을 완전히 밀착하여 붙인 경우나 점자 기록은 허용
기계처리 공백 * 허용 오차 ±5mm		앞면 : 오른쪽 끝에서 140mm × 밑면에서 17mm 　　　우편번호 오른쪽 끝에서 20mm
우편번호 기재		봉투에 넣어 봉함하거나 포장한 우편물의 규격요건과 동일

STEP
① 위 사항을 위반한 경우 규격외 취급
② 50g까지 규격외 엽서는 450원(규격봉투 25g초과 50g까지) 요금을 적용

STEP 3 > 사제(사적 제작) 우편엽서
① 우본에서 발행하는 우편엽서의 규격요건 및 외부표시(기록) 사항을 충족하여야 한다.

통상우편물의 권장요건

① 색상은 70% 이상 반사율을 가진 흰 색이나 밝은 색
② 지질(재질)은 70g/m² 이상, 불투명도 75% 이상, 창봉투 창문은 불투명도 20% 이하
③ 정해진 위치에 우표를 붙이거나 우편요금납부 표시
④ 봉투 뒷면, 우편엽서 기재란, 띠종이 앞면의 윗부분 1/2과 뒷면 전체 등 허락된 공간에만 원하는 사항을 표시할 수 있음
⑤ 우편물의 뒷면과 우편엽서의 허락된 부분에는 광고 기재 가능
⑥ 우편엽서의 경우 디지털로 인쇄, 다만 사제엽서는 예외
⑦ 정기간행물 등을 묶어 발송하는 띠종이의 요건

띠종이의 크기	① 신문형태 정기간행물용 : 세로(70mm 이상)×가로(최소 90mm~최대 235mm) ② 다른 형태 정기간행물용 : 우편물을 전부 덮는 크기
기타사항	① 우편물 아랫부분에 고정하여 움직이지 않게 밀착 ② 신문형태의 경우 발송인 주소·성명·우편번호는 뒷면 기재 ③ 신문형태가 아닌 정기간행물 크기가 A4(297mm×210mm) 이하인 경우 우편물 원형 그대로 띠종이 사용. 다만, 접어둔 상태가 편편하고 균일한 것은 접어서 발송 가능

02 소포우편물

PART 2 | 총론 : 우편물의 종류

THEMA 소포우편물 일반

소포우편물 개념

소포우편물은 통상우편물 외의 물건을 포장한 우편물을 말한다.

POINT 소포우편물의 취급대상

① 서신 등 의사전달물, 통화 이외의 물건을 포장한 우편물
※ 백지노트 등 의사전달 기능이 없는 물건은 소포로 취급해야 한다.
② 우편물 크기에 따라서 소형포장우편물과 소포우편물로 나뉘고, 소형 포장우편물은 통상우편물로 구분하여 취급한다.
③ 소포우편물에는 원칙적으로 서신을 넣을 수 없으나 물건과 관련이 있는 납품서, 영수증, 설명서, 감사인사 메모 등은 함께 보낼 수 있다.
예) 우체국쇼핑 상품설명서, 선물로 보내는 소포와 함께 보내는 감사 인사 메모

POINT 보편적·선택적 우편서비스

보편적 우편서비스	20kg 이하의 소포우편물(기록 취급되는 특수취급우편물 포함)
선택적 우편서비스	20kg을 초과하는 소포우편물(기록 취급되는 특수취급우편물 포함)

등기소포와 일반소포와의 차이

구 분	등기소포	일반소포
취급방법	접수에서 배달까지의 송달과정에 대해 기록	기록하지 않음
요금납부 방법	현금, 우표첩부, 우표납부, 신용카드 결제 등	현금, 우표첩부, 신용카드 결제 등
손해배상	분실·훼손, 지연배달 시 손해배상청구 가능	없 음
반송료	반송시 반송수수료 (등기통상취급수수료) 징수	없 음
부가취급서비스	가능	불가능

* 보통소포(X) - 일반소포(O) // 일반등기통상(X) - 등기통상(O)

THEMA 방문접수소포(우체국소포)

우체국소포

우체국소포(KPS : Korea Parcel Service)는 소포우편물 방문접수의 브랜드로 업무표장

방문접수소포의 종류

발송인의 요청 또는 발송인과 우편관서 간 사전계약에 따라 발송인을 방문하여 접수하는 등기소포 우편물로 그 종류는 다음과 같다.

개별방문소포	방문소포 중 발송인의 요청에 따라 방문하여 접수하는 등기소포 우편물
계약소포	방문소포 중 발송인과 우편관서 간 우편물 발송(수취)에 관한 별도의 계약에 따라 접수하는 등기소포우편물

방문접수 지역

① <u>4급 또는 5급 우체국이 설치되어 있는 시·군의 시내 배달구(시내지역)</u>
② 그 외 <u>관할 우체국장</u>이 방문접수를 실시하는 지역

방문접수 이용 방법

① 우체국에 전화 : 전국 국번 없이 1588—1300번
② 인터넷우체국(www.epost.go.kr)을 통하여 방문접수 신청
③ 소포우편물을 자주 발송하는 경우에는 정기·부정기 이용계약을 체결하여 별도의 전화 없이도 정해진 시간에 방문하여 접수한다.
④ <u>요금수취인부담(요금 착불)도 가능하다.</u>
⑤ 방문소포 기표지 및 접수번호는 <u>총괄국장</u>이 창구접수 소포번호와 구분되게 부여 한다.

THEMA 계약소포

계약요금

우편관서와 발송인이 발송물량, 우편물의 규격, 처리비용 등을 종합적으로 고려하여 상호계약에 의해 결정하는 계약소포의 요금

규격·물량단계별 요금	계약요금 중 규격·물량단계에 따라 각 단계별로 구분하여 적용하는 요금
평균 요금	① 계약요금 중 규격·물량단계별 요금을 발송물량의 규격별 점유비에 따라 산출된 요금을 합산하여 적용하는 단일요금 ② 발송물량이 월 평균 1,000통(10,000통 수정) 이상의 연간 계약자에 한하여 적용 가능하며, 규격 구간별 평균요금을 적용할 수 있다.
초소형 특정 요금	① 초소형 계약소포에 대하여 규격·물량 단계별 요금 및 평균요금을 적용하지 않고 본부장 또는 지방우정청장 승인으로 적용하는 요금 ② 월 평균 10,000통 이상 발송업체 중 초소형 물량이 90% 이상인 경우 적용 가능
특별 감액	승인권한이 있는자가 특별히 감액하여 주는 금액 ① 지방우정청장 특별감액 : 지방우정청장이 특별히 감액하여 주는 금액 ② 총괄국장 특별감액 : 총괄국장이 특별히 감액하여 주는 금액

> **초소형 소포**
> 중량이 1kg 이하이고 크기는 50cm 이하 계약 소포

계약의 유형

	일반 계약	개인 또는 업체가 월평균 100통(300통) 이상 계약소포 발송을 위해 우편관서와 체결하는 일반적인 계약
연간 계약 (1년)	연합체 발송계약	물류단지, 지식산업센터, 상가(빌딩), 시장 및 농장 등 일정 장소에 입주한 사업자 또는 임의단체의 회원들이 1개의 우편관서와 계약을 체결하고 한 장소에 집하하여 계약소포를 발송하는 것
	다수지 발송계약	계약자(계약업체)가 주계약 우편관서를 지정하여 계약을 체결하고 여러 우편관서에서 별도의 계약 없이 계약소포를 이용·발송하는 것
	반품계약	반품하는 물품 발송을 위해 체결하는 계약

한시적 발송계약 : 각종 행사 등 1개월(3개월) 이내에 한시적으로 계약소포를 발송하기 위해 체결하는 계약

기타 옵션

① 요금수취인 지불소포(착불소포)
계약소포 수취인이 요금을 납부하는 소포

② 집하발송
우편관서와 발송인이 사전 계약에 따라 계약소포 물품을 일정한 장소에 모아 일괄하여 계약소포로 발송하는 것(예: 편의점택배 등)

③ 반송우편물
수취거절, 수취인불명, 주소불명 등으로 수취인에게 배달하지 못한 우편물을 발송인에게 다시 되돌려 보내는 우편물

④ 반품우편물
수취인에게 정상적으로 배달한 우편물을 수취인 또는 발송인의 요구로 재접수하여 발송인에게 보내는 우편물

⑤ 맞교환우편물
수취인의 교환 요청에 따라 발송인이 접수한 새로운 물품 배달 시 수취인으로부터 회수하여 발송인에게 돌려보내는 우편물

⑥ LMS(Long Message Service) 문자전송 서비스
계약소포 발송 전에 「업체명, 내용품, 발송시각, 주소, 이벤트 홍보문안」 등을 문자로 미리 알려 주는 서비스

SECTION 03 우편물 서비스의 종류

PART 2 | 총론 : 우편물의 종류

우편서비스는 보편적 우편서비스와 선택적 우편서비스로 구분

보편적 우편서비스

① 국가가 국민에게 제공하여야 할 가장 기본적인 보편적 통신서비스
② 전국에 걸쳐 효율적인 우편송달에 관한 체계적인 조직을 갖추어 모든 국민이 공평하게 적정한 요금으로 보내고 받을 수 있는 기본 우편서비스를 제공한다.
③ 서비스 대상
1) 2kg 이하의 통상우편물
2) 20kg 이하의 소포우편물
3) 위 1), 2)의 우편물의 기록취급 등 특수취급우편물
4) 그 밖에 대통령령으로 정하는 우편물

선택적 우편서비스

① 보편적 우편서비스에 부가하거나 부수하여 제공하는 서비스로 이용자가 선택적으로 이용할 수 있는 서비스
② 서비스 대상
1) 2kg을 초과하는 통상우편물
2) 20kg을 초과하는 소포우편물
3) 위 1), 2)의 우편물의 기록취급 등 특수취급우편물
4) 우편과 다른 기술 또는 서비스가 결합된 서비스
: 전자우편, 팩스우편, 우편물 방문접수 등
5) 우편시설, 우표, 우편엽서, 우편요금 표시 인영이 인쇄된 봉투 또는 우편 차량장비 등을 이용하는 서비스
6) 우편 이용과 관련된 용품의 제조 및 판매
7) 그 밖에 우편서비스에 부가하거나 부수하여 제공하는 서비스

MEMO

PART 3 총론·기타

SECTION 01 | 우편물 외부기재 사항

SECTION 02 | 우편물의 배달기한

01 우편물 외부기재 사항

PART 3 | 총론 : 기타

우편물 외부 표시

우편이용자는 우편물 접수 시 우편물의 외부에 다음 각 호의 사항을 표시하여 발송하여야 한다.
① 발송인 및 수취인의 주소, 성명과 우편번호
② 우편요금의 납부표시

우편번호

① 우편번호는 우편물 구분을 편리하게 할 수 있도록 만든 일종의 코드
② 문자로 기재된 수취인의 주소정보를 일정한 기준에 따라 숫자로 변환 한것
③ 우편번호는 국가기초구역 도입에 따라 지형지물을 경계로 구역을 설정한 5자리 국가기초구역번호로 구성

<국가기초구역 체계의 우편번호 구성 체계도>

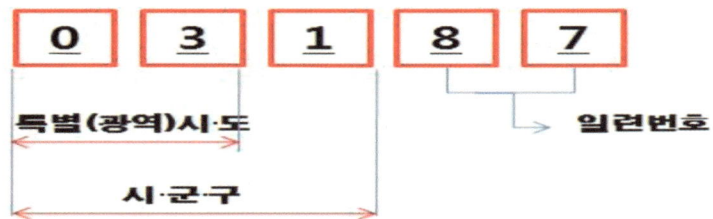

집배코드

① 집배코드는 우편물의 구분·운송·배달에 필요한 구분정보를 가독성이 높은 단순한 문자와 숫자로 표기한 것
② 집배코드는 총 9자리로 도착집중국 2자리, 배달국 3자리, 집배팀 2자리, 집배구 2자리로 구성

<집배코드 구성 체계>

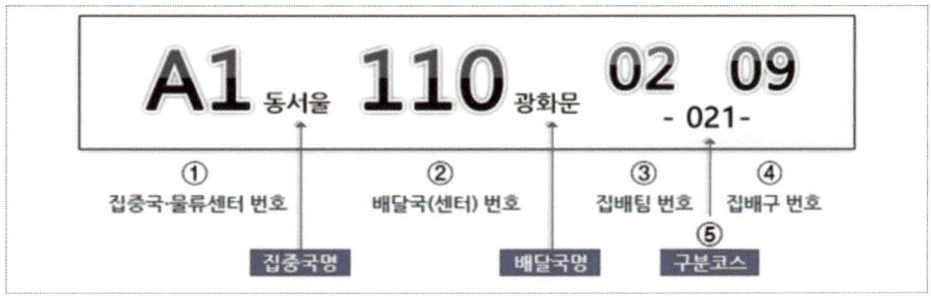

③ 우편물에는 집배코드를 기재할 수 있다.
④ 통상우편물 감액을 받기 위해서는 집배코드별로 구분하여 제출하여야 한다.

우편물의 외부표시(기재) 금지사항

① 우체국과 협의되지 않은 우편요금 표시인영은 표시할 수 없다.
② 공공의 안녕질서나 미풍양속을 저해하는 것으로 인정되는 사항은 기재할 수 없다.
 1) 인간의 존엄성, 국가 안전, 사회 공공질서를 해치는 내용
 2) 폭력, 마약 등 반사회적·반인륜적인 행태를 조장하는 내용
 3) 건전한 성도덕을 해치는 음란하고 퇴폐적 내용
 4) 청소년의 정신적, 신체적 건강에 해를 끼칠 우려가 있는 내용
③ 개인정보보호 법령에 따른 주민등록번호 등 고유식별정보는 기재할 수 없다.
④ 그 밖에 우편법령이나 다른 법령에서 금지하는 사항

02 우편물의 배달기한

PART 3 | 총론 : 기타

우편물 배달기한

우정사업본부가 약속한 우편물 배달에 걸리는 기간

구 분	배달기한	비고
일반통상, 일반소포	접수한 다음 날부터 4일 이내	
등기통상(준등기 포함)	접수한 다음 날부터 3일 이내	
익일특급, 등기소포	접수한 다음 날	※ 제주선편: D+2일

① 'D'는 우편물을 접수한 날을 말하며, 아래와 같은 날은 배달기한에서 제외
② 「관공서의 공휴일에 관한 규정」에 따른 공휴일과 그 밖에 다른 법령으로 정한 유급휴일·토요일과 우정사업본부장이 배달하지 않기로 정한 날은 기간 일수에서 제외

 배달기한의 적용 예외

① 대상 : 주5회 발행하는 일간신문, 관보규정에 따른 관보
② 일반우편물을 다음날까지 배달하도록 정한 규정

도서·산간 오지 등의 배달기한

① 우편물 배달기한은 수집이나 접수한 날의 다음 날부터 8일 이내로 하며, 교통 여건 등으로 인해 우편물 운송이 특별히 어려운 곳은 관할지방우정청장이 별도로 배달 기한을 정하여 공고
② 일반적인 배달기한 적용이 어려운 지역 선정 기준
 ㉠ 접수 우편물 기준 : 접수한 그날에 관할 집중국으로 운송하기 어려운 지역
 ㉡ 배달 우편물 기준 : 관할 집중국에서 배달국의 당일 배달 우편물 준비 시간 안에 운송하기 어려운 지역
③ 운송 곤란 지역의 배달 기한 계산 방법
 ㉠ 접수·배달 우편물의 운송이 모두 어려운 곳은 각각의 필요 일수를 배달기한에 합하여 계산
 ㉡ 다른 지방우정청에서 다르게 적용하도록 공고한 지역이 있는 경우에도 각각의 필요 일수를 합하여 계산

PART 4 우편물의 접수

SECTION 01 | 우편물의 접수 검사
SECTION 02 | 우편물의 포장 검사
SECTION 03 | 소포우편물의 접수
SECTION 04 | 우편물의 크기와 무게 제한

SECTION 01 우편물의 접수 검사

PART 4 | 우편물의 접수

우편물 접수 시 검사사항

① 우편물 접수할 때에는 발송인·수취인 등 기재사항이 제대로 적혀져 있는지 먼저 확인해야 한다.
② 검사 결과 규정에 위반된 것을 발견하였을 때에는 <u>발송인이 보완하여 제출해야 하며, 불응할 때에는 접수를 거부할 수 있다.</u> 다만 이때에는 이유를 자세히 설명해야 한다.

우편금지물품

원칙 : 폭발성 물질, 화약류, 폭약류, 화공품류, 발화성 물질, 인화성물질, 유독성물질, 강산류, 방사성물질은 접수 불가

예외	독약류	① 독약 및 극약으로 ② 관공서(학교 및 군대를 포함), 의사(군의관 포함), 치과의사, <u>한의사,</u> 수의사, 약사, <u>제약업자, 약종상 또는 한약종상의 면허 또는 허가를</u> 받은 자가 <u>등기우편</u>으로 발송하는 것은 예외
	병균류	① 살아있는 병균 또는 이를 함유하거나 부착되어 있다고 인정되는 물건으로 ② 관공서 <u>방역연구소, 세균검사소,</u> 의사(군의관 포함), 치과 의사, 수의사 또는 약사의 면허를 받은 자가 <u>등기우편</u>으로 발송하는 것은 예외
	공안방해와 그 밖의 위험성의 물질	① 음란한 문서, 도화 그 밖의 사회질서에 해가 되는 물건으로서 법령으로 이동, 판매, 반포를 금하는 것으로 ② 법적·행정적 목적으로 공공기관에서 <u>등기우편</u>으로 발송하는 것은 예외

우편물의 포장 검사

우편물의 포장검사 사항과 포장방법

① 내용품의 성질상 송달도중 파손되거나 다른 우편물에 손상을 주지 않을 것인가
② 띠종이로 묶어서 발송하는 정기간행물의 경우 포장용 띠종이 크기는 발송요건에 적합한가
③ 칼, 기타 위험한 우편물은 취급도중 위험하지 않도록 포장한 것인가 : 적당한 칼집에 넣거나 싸서 상자에 넣는 등의 방법으로 포장할 것
④ 액체, 액화하기 쉬운 물건, 냄새나는 물건 또는 썩기 쉬운 물건은 적정한 용기를 사용하여 내용물이 새지 않도록 포장한 것인가 : 안전누출방지용기에 넣어 내용물이 새어나지 않도록 봉하고 외부의 압력에 견딜 수 있는 튼튼한 상자에 넣고, 만일 용기가 부서지더라도 완전히 누출물을 흡수할 수 있도록 솜, 톱밥 기타 부드러운 것으로 충분히 싸고 고루 다져 넣을 것
⑤ <u>독극물 또는 생병원체를 넣은 것은 전호와 같이 포장을 하고 우편물 표면에 품명 및 "위험물"이라고 표시하고 발송인의 자격 및 성명을 기재한 것인가</u>
⑥ <u>독·극물은 두가지 종류를 함께 포장한 것이 아닌가</u>
⑦ 혐오성이 없는 산동물은 튼튼한 상자 또는 기타 적당한 용기에 넣어 완전히 그 탈출 및 배출물의 누출을 방지할 수 있는 포장을 한 것인가

독약.극약.독물 및 극물과 생병원체 및 생병원체를 포유하거나 생병원체가 부착한 것으로 인정되는 것
1) 전호의 규정에 의한 포장을 하고 우편물 표면 보기 쉬운 곳에 품명 및 "위험물"이라고 표시할 것
2) 우편물 외부에 발송인의 자격 및 성명을 기재할것
3) 독약.극약.독물 및 극물은 이를 2가지 종류로 함께 포장하지 말 것

SECTION 03 소포우편물의 접수

PART 4 | 우편물의 접수

THEMA 검사

접수검사

내용품 문의	① 폭발물·인화물질·마약류 등의 우편금지물품의 포함 여부 ② 다른 우편물을 훼손시키거나 침습을 초래할 가능성 여부
의심우편물의 개봉 요구	① 내용품에 대하여 발송인이 허위로 진술한다고 의심이 가는 경우에는 개봉을 요구하고 내용품을 확인한다. ② 발송인이 개봉를 거부할 때에는 접수를 거절할 수 있다.
우편물의 포장상태 검사	① 내용품의 성질, 모양, 용적, 중량 및 송달거리 등에 따라 송달 중에 파손되지 않고 다른 우편물에 손상을 주지 않으며 질긴 종이 등으로 튼튼하게 포장하였는지를 확인해야 한다.

포장검사

① 포장방법이 포장기준에 적합하지 아니한 때에는 보완을 요구하고 이를 발송인이 거절한 때에는 그 우편물의 접수를 거절할 수 있다.
② 기표지가 탈락할 우려가 있는 우편물은 보완하여 발송해야 한다.
③ 우편물류통합시스템에 관련 접수정보를 정확히 입력하여 분실을 사전에 예방하여야 한다.
④ 내용품에 적합하게 포장된 소포우편물의 포장용 끈 사용 억제
: 우편집중국의 소포 구분기에 소포우편물 포장용 끈이 끼어 운행 장애가 자주 발생되기 때문에 내용품에 적합하게 포장된 소포우편물은 끈으로 묶지 않도록 안내한다. 단, 끈으로 묶는 소포우편물도 송달과정에서 끈이 풀리지 않도록 확인해야 한다.

참고 ▶ 포장 부실 접수 사례와 재포장
① 포장이 부실한 것을 알면서도 발송인의 요청을 거절하지 못하고 접수하여 다른 우편물을 오염 또는 훼손시킨 사례(화장품 파손, 유리 액자 파손, 고추장 또는 김치 등의 누출)가 종종 발생하여 민원의 대상이 되고 있다.
② 파손 변질에 취약한 물품 재포장
: 내부 완충재(에어캡, 비닐봉투 등)와 테이프를 이용 재포장

THEMA 기타

요금납부

① 우편요금은 현금이나 신용카드 결제로 납부가 가능하며, 월간의 이용요금을 합산하여 익월에 후납고지서에 의하여 납부할 수도 있다.
② 또한 우표로도 결제가 가능하며 우표로 결제하고자 하는 때에는 우표를 창구에 제출(우표납부)하거나 우편물 표면에 첩부(우표첩부)한다.
③ 착불소포는 우편물 수취인에게 우편요금(수수료 포함)을 수납하여 세입 처리한다.

수기접수 시 표시인 날인

① 소포우편물의 표면 왼쪽 중간에는 "소포" 표시를 한다.
② 소포우편물의 내용에 대하여 발송인에게 문의하여 확인한 후에는 우편물 표면 왼쪽 중간부분에 "내용문의 끝냄"을 표시한다.

소포등기번호 부여 및 운송장, 기타 안내스티커 부착

① 소포등기번호는 우편물류시스템에서 접수국 일련번호로 자동으로 부여
② 소포등기번호의 표시는 발송인/수취인 주소, 등기번호, 접수국명, 중량 및 요금을 표시한 소포운송장을 우편물의 표면 왼쪽 하단에 부착
③ 요금별·후납 등기소포는 우편물의 표면 오른쪽 윗부분에 요금별·후납 표시인을 날인해야 한다.
④ 부가서비스 안내 스티커는 우편물의 품위를 유지하면서 잘 보이는 곳에 깨끗하게 부착한다.

> **참고**
> 우편물류통합시스템에 관련 접수정보를 정확히 입력하여 분실을 사전에 예방하여야 한다.

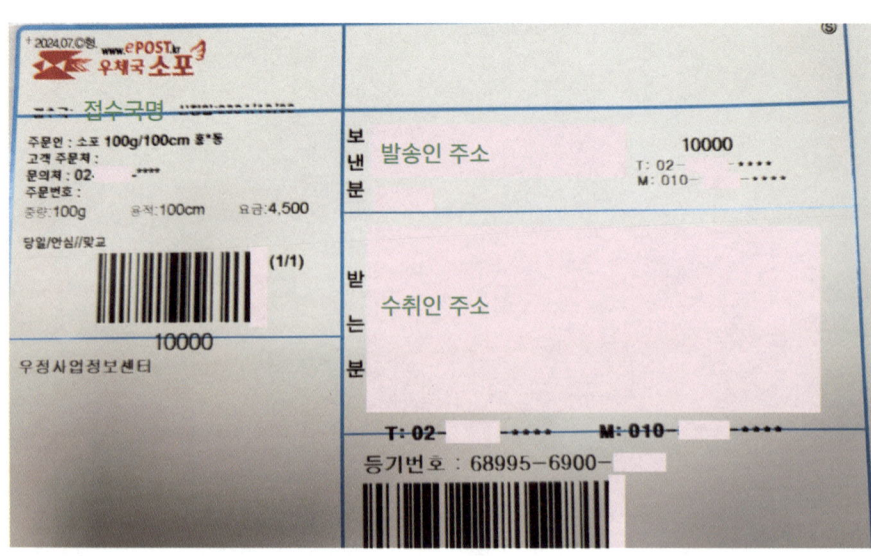

MEMO

SECTION 04

PART 4 | 우편물의 접수

우편물의 크기와 무게 제한

THEMA 우편물의 중량

■ 통상우편물의 규격요건(중량)

봉투에 넣어 봉함 하거나 발송하는 우편물 무게	▲	[50g]
	▼	[3g]
우정사업본부 우편엽서 무게	▲	[5g]
	▼	[2g]
	다만, 세로 크기가 [110㎜]를 <u>넘거나</u> 가로 크기가 [153㎜]를 <u>넘는 경우에는</u> [4~5g]	

■ 우편물의 중량(무게) 제한

통상우편물 무게	▲	[6kg = 6,000g]
	▼	[2g]
	① 정기간행물, 서적, 달력, 다이어리로서 요금감액을 받는 우편물은 [1,200g] 이내 ② 서적, 달력, 다이어리로서 요금감액을 받지 않는 서적과 달력, 다이어리는 [800g] 이내 ③ 국내특급은 [30kg]이 최대 중량 ④ 준등기는 [200g] 이내	
소포우편물 무게	▲	[30kg]
	▼	-
	우편관서의 장과 발송인과의 사전계약에 따라 발송인을 방문하여 접수하는 경우에는 그 계약으로 달리 정할 수 있음	

THEMA 우편물의 용적과 크기

통상우편물의 규격요건(크기)

봉투에 넣어 봉함하거나 발송하는 우편물	▲	① 가로 [235mm], 세로 [130mm] (허용오차 ±[5mm]) ② 두께 [5mm](누르지 않은 자연 상태)
	▼	① 가로 [140mm], 세로 [90mm] (허용오차 ±[5mm]) ② 두께 [0.16mm]
우정사업본부 우편엽서	▲	① 가로 [170mm], 세로 [120mm] (허용오차 ±[5mm])
	▼	① 가로 [140mm], 세로 [90mm] (허용오차 ±[5mm])

우편물의 크기 제한

통상우편물 크기 (서신 등 의사전달물 및 통화)	▲	① 일반 : 가로·세로 및 두께를 합하여 [90cm] 까지 ② 원통 : "지름의 2배"와 길이를 합하여 [1m] 까지 ③ 단, 어느 길이나 [60cm]를 초과할 수 없음
	▼	① 일반 : 평면의 길이 길이 [14cm], 너비 [9cm] 이상 ② 원통 : "지름의 2배"와 길이를 합하여 [23cm] 이상 (단, 길이는 [14cm] 이상)
통상우편물 크기 (소형포장우편물)	▲	① 일반 : 가로·세로 및 두께를 합하여 [35cm] 미만 (단, 서적·달력·다이어리 우편물은 [90cm]까지 허용) ② 원통 : "지름의 2배"와 길이를 합하여 [35cm] 미만 (단, 서적·달력·다이어리 우편물은 [1m]까지 허용)
	▼	① 일반 : 가로 [14cm], 세로 [9cm] 이상 ② 원통 : "지름의 2배"와 길이를 합하여 [23cm] 이상 (단, 길이는 [14cm] 이상)
소포우편물 크기	▲	① 일반 : 가로·세로·높이 세 변을 합하여 [160cm] 까지 ② 단, 어느 변이나 [1m]를 초과할 수 없음
	▼	① 일반 : 가로·세로·높이 세 변을 합하여 [35cm] 까지 (단, 가로는 [17cm] 이상, 세로는 [12cm] 이상) ② 원통 : "지름의 2배"와 길이를 합하여 [35cm] (단, 지름은 [3.5cm] 이상, 길이는 [17cm] 이상)

참고
유일하게 소형포장우편물에서만 '미만'

참고
우편관서의 장과 발송인이 「계약소포우편물의 우편요금 및 이용요건 등에 관한 고시」에 따라 체결한 계약에서 취급 중량의 기준을 달리 정한 경우에는 그 기준에 따른다.

PART 5 부가취급

SECTION 01 | 등기 취급
SECTION 02 | 보험 취급
SECTION 03 | 증명 취급 : 내용증명
SECTION 04 | 증명 취급 : 배달증명
SECTION 05 | 특급 취급
SECTION 06 | 특별송달
SECTION 07 | 민원우편
SECTION 08 | 착불배달우편물

01 등기 취급

PART 5 | 부가취급

THEMA 등기취급 제도의 의의

등기취급의 개념

① 우편물의 접수번호 기록에 따라 접수에서부터 받는 사람에게 배달되기까지의 모든 취급과정을 기록하며, 만일 우편물이 취급 도중에 분실되거나 훼손된 경우에는 그 손해를 배상하는 제도로서 우편물 부가취급의 기본이 되는 서비스이다.
② 다른 여러가지 특수취급을 부가하기 위해서는 기본적으로 등기취급이 되어야 한다.
③ 2kg 이하의 통상우편물과 20kg 이하의 소포우편물에 대한 등기취급을 보편적 우편서비스로 정함으로써 국민의 권리를 더욱 폭넓게 보장할 수 있다.

등기취급의 대상

고객이 우편물의 취급과정을 기록할 필요가 있다고 판단한 우편물과 우편물의 내용이 통화, 귀중품, 주관적으로 가치가 있다고 신고하는 것

등기취급의 특징

① 등기취급은 각 우편물의 접수번호 기록에 따라 접수에서 배달에 이르는 모든 과정을 기록 취급함으로써 취급과정을 명확하게 추적할 수 있다.
② 보험취급이나 내용증명, 배달증명, 특급취급, 그 밖의 부가취급 우편물 등 고가의 물품을 송달하거나 공적증명을 요구하는 물품 송달에 유리하다.
③ 잃어버리거나 훼손하면 이용자의 불만이 많고 손해배상의 문제가 생기는 유가물이나 주관적 가치가 있다고 인정되는 신용카드나 중요 서류 등은 접수 검사할 때 내용품에 적합한 보험취급으로 발송하게 하고 이에 응하지 않을 때는 접수를 거절할 수 있다.
④ 우편물 취급과정에서 분실, 훼손 등의 사고가 일어날 경우에는 등기 취급우편물과 보험등기우편물의 손해 배상액이 서로 다르므로 이용자에게 사전에 반드시 고지하여 발송인이 선택하도록 조치하여야 한다.

'선택등기 서비스'는 준등기와 비교 대상으로 '새로운 우편서비스'에서 준등기와 함께 정리

THEMA 계약등기

계약등기의 개념

등기취급을 전제로 우체국장과 발송인과 별도의 계약에 따라 접수한 통상우편물을 배달하고, 배달결과를 발송인에게 전자적 방법 등으로 알려주는 부가취급 제도이다.

> **참고**
> 방문접수소포의 계약소포와 구별
> 계약소포는 3가지 요금의 종류
> 다양한 계약의 유형을 중심으로 다룸

계약등기의 종류

일반형 계약등기	① 등기취급을 전제로 부가취급서비스를 선택적으로 포함하여 계약 함으로써, 고객이 원하는 우편서비스 제공하는 상품 ② 한 발송인이 1회에 100통 이상, 월 5,000통 이상(두 요건 모두 충족) 발송하는 등기통상 우편물
맞춤형 계약등기	① 등기취급을 전제로 신분증류 등 배달시 특별한 관리나 서비스가 필요한 우편물로 표준요금을 적용하는 상품 ② 1회 및 월 발송물량에 제한이 없다. ③ 취급상품과 요금에 대해서는 과학기술정보통신부장관이 고시

계약등기의 계약

> **참고** 계약소포의 방문접수 지역
> ① 계약소포에서는 계약체결관서를 다루지 않고, 방문접수 지역을 다룸
> ② 4급 또는 5급 우체국이 설치되어 있는 시·군의 시내 배달구(시내지역)
> ③ 그 외 관할 우체국장이 방문접수를 실시하는 지역

계약체결관서	① 우편집중국, 5급 이상 공무원이 우체국장으로 배치된 우체국 ② 맞춤형 계약등기는 소속국(별정우체국, 우편취급국 제외)도 접수 관서로 계약이 가능

> **참고**
> 계약소포에서는 연간계약과 한시적 발송계약

계약기간	① 1년 ② 계약기간 만료 1개월 전까지 계약체결 관서나 이용자가 계약해지·변경에 관한 의사 표시가 없을 경우에는 1년 단위로 자동 연장

부가취급 서비스

SUB 01 본인지정배달

① 등기취급을 전제로 우편물을 <u>수취인 본인에게만</u> 배달하여 주는 부가취급 제도
② 수취인이 개인정보 누출이나 재산상의 피해를 예방하기 위하여 발송인이 수취인 본인에게 배달하도록 지정한 우편물이다.
③ 수취인 본인에게만 배달한다.

SUB 02 우편주소 정보제공

POINT 개념

등기취급을 전제로 <u>이사 등 거주지 이전으로 우편주소가 바뀐 경우</u>(이사감, 주소불명, 수취인 미거주 등) <u>우편물을 바뀐 우편주소로 배달하고, 수취인의 동의를 받아 발송인에게 바뀐 우편주소정보를 제공하는 부가취급제도</u>

POINT 이용조건

① 발송인이 계약관서와 미리 서비스에 대해 이용과 <u>요금후납이 계약</u>되어 있고
② 수취인의 바뀐 주소정보를 발송인에게 알려주기 위해 배달 할 때 <u>수취인의 동의를 받은 우편물이어야 한다.</u>

POINT 취급방법

우편주소 변경사유(이사감, 주소불명, 수취인 미거주 등)가 생긴 때 해당 우편물을 바뀐 수취인의 주소지로 전송해 주고 수취인의 동의를 받아 발송인에게 바뀐 우편 주소 정보를 제공한다.

SUB 03 반송수수료 사전납부

대상		일반형 계약등기 우편물(맞춤형계약등기 X)
납부방법		<u>우편물 접수 시 우편요금 반송률을 적용한 반송수수료를 합산하여 납부</u>한다.
반송률 산정	최초 기준	<u>① 최초 1년은 등기우편물 반환율에 0.5%를 가산하여 적용한다.</u> ② 등기우편물 반송률 적용시에는 1) 계약하고자 하는 등기우편물과 동일한 종류의 등기우편물 반송률 2) 계약하고자 하는 등기우편물과 가장 유사한 종류의 등기우편물 반송률 3) 전체 등기우편물 반송률 순으로 적용
	재산정 기준	<u>계약 우편물의 최근 1년 간 반송률을 산정하여 적용한다.</u>

SUB 04 회신우편

① 등기취급을 전제로 우체국과 발송인과 별도의 계약에 따라
 1) 수취인을 직접 만나서 우편물을 배달하면서
 2) 서명이나 도장을 받는 등 응답이 필요한 하는 사항을 받거나 서류를 넘겨받아
 3) 발송인이나 발송인이 지정하는 자에게 회신하는 부가취급제도
② 발송인이 사전에 배달과 회신에 대한 상세한 사항을 계약관서와 협의하여 정한 계약등기 우편물이어야 한다.
③ 수취인을 직접 만나서 우편물을 배달하고, 회송통지서(개인정보 활용동의서 등)에 필요한 서명, 날인을 받거나 수취인이 넘겨주는 서류를 인계받아 발송인 또는 발 송인이 지정한 자에게 회신한다.

SUB 05 착불배달

① 계약등기 우편물의 요금을 배달할 때 수취인에게 받는 부가취급제도
② 우편요금 등을 수취인이 지불하기로 발송인이 수취인의 승낙을 얻은 계약등기 우편물이어야 한다.
③ 발송인이 우편요금을 납부하지 않고, 우편요금(등기취급수수료 포함)과 착불배달 수수료를 수취인에게서 받는다.
④ 수취인에게 배달하지 못하고, 발송인에게 반송된 착불배달 계약 등기 우편물은 발송인에게 우편물을 반환하고, 발송인에게서 착불수수료를 제외한 우편요금(등기취급수수료 포함)과 반송수수료를 징수하되 맞춤형은 착불수수료를 제외한 우편요금(등기취급수수료 포함)만 징수한다.

계약등기의 요금

SUB 01 요금체계

일반형 계약등기	통상요금 + 등기취급수수료 + 부가취급수수료
	통상 우편요금 : 현행 무게별 요금체계 적용
맞춤형 계약등기	① 표준요금 + 중량 구간별 요금 + 부가취급수수료 * 100g까지 표준요금(등기취급수수료 포함)을 적용하고 100g 초과할 때마다 국내통상우편요금의 중량 구간별 요금을 적용
	① 표준요금 : 상품별 서비스 수준에 맞추어 과학기술정보통신부장관 고시로 정한 요금 ② 중량 구간별 요금 적용 1) 100g까지는 종별 표준요금을 적용한다. 2) 100g부터 초과 100g마다 240원씩 추가한다.(통상우편 초과 100g마다 추가요금 기준)

> **맞춤형 계약등기 특징**
> 맞춤형 계약등기는 익일특급이 기본으로 포함된 서비스이며, 반송수수료는 면제됨

SUB 02 부가취급수수료

부가취급서비스	수 수 료	비 고
회신우편	1,500원	일반형 및 맞춤형 계약등기
본인지정배달	1,000원	
착불배달	500원	
우편주소 정보제공	1,000원	
반송수수료 사전납부	반송수수료 × 반송률	일반형 계약등기

SUB 03 반송수수료 일부 면제(일반형 계약등기)

대상	① 일반형 계약등기 우편물 ② 우편법 시행령 제3조 제8호에 의거 서신 제외 대상인 신용카드 우편물
면제조건	① 면제적용 월 직전 3개월의 평균물량이 10만 통 이상 ② 그리고 해당 월 접수물량이 10만 통 이상인 경우 ※ 월 단위 산정은 매월 1일에서 말일까지로 함
면제비율	월 접수물량의 1 ~ 3% ① 10만 통 이상 20만 통 미만 : 1% 이내 ② 20만 통 이상 30만 통 미만 : 2% 이내 ③ 30만 통 이상 : 3% 이내
징수방법	매월 면제비율에 의해 반송수수료의 일부를 면제하여 정산 후 우편요금과 동일하게 후납으로 징수

SECTION 02 보험 취급

PART 5 | 부가취급

THEMA 보험취급 우편물의 종류

① 보험통상 : 통화등기, 외화등기, 유가증권등기, 물품등기
② 보험소포 : 안심소포

THEMA 보험통상 : 통화등기

통화등기의 개념

① 우편을 이용해서 현금을 직접 수취인에게 배달하는 제도로서 만일 취급하는 중에 잃어버린 경우에는 통화등기 금액 전액을 변상하여 주는 보험 취급 제도
② 주소지까지 현금이 직접 배달되므로 우편환이나 수표와 같이 해당 관서를 방문해야하는 번거로움이 없어 방문시간이 절약되고 번잡한 수속절차를 생략할 수 있으므로 소액 송금제도로서 많이 이용 된다.

STEP ▶ 배달 특례
① 통화등기 송금통지서와 현금 교환업무 취급 시 반드시 참관자를 선정하여 서로 확인하고 봉투의 표면에 처리자와 참관자가 확인하여 날인한다.
② 통화등기 우편물을 배달할 때에는 수취인으로 하여금 집배원이 보는 앞에서 그 우편물의 내용물을 확인하게 하여 내용금액을 표기 금액과 서로 비교 확인한다.

통화등기의 취급

취급대상	강제 통용력이 있는 국내통화에 한정
	다음의 것은 통화등기로 취급할 수 없음 ① 현재 사용 수 없는 옛날 통화 ② 마모·오염·손상의 정도가 심하여 통용하기가 곤란한 화폐 ③ 외국화폐
한도액	10원 이상 100만 원 이하의 국내통화로서 10원 미만의 단수는 붙일 수 없다.
수납금액	일반통상 우편요금 + 등기 취급수수료 + 통화등기 취급수수료 ① 부가취급(배달증명, 특급취급등)이 있을 때에는 그 수수료를 가산 ② 보험등기 봉투요금은 별도로 계산

THEMA 보험통상 : 외화등기

개념	우체국과 금융기관과의 계약을 통해 외국통화(현물)를 고객에게 직접 배달하는 맞춤형 우편서비스
맞춤형 계약등기	본인지정 + 보험취급 + 익일특급
	① 표준요금 통당 10,000원 ② 중량구간별 요금 미적용 ③ 과금에 의한 반송 등을 모두 포함한 금액
이용우체국	접수우체국 : 계약에 따라 지정된 우체국
	배달우체국 : 전국 우체국(익일특급 배달 불가능지역은 제외)
취급통화	계약기관별로 계약에 따라 지정된 외화
취급금액	최소 10만원 이상 150만원 이하 (원화 환산 시 기준, 지폐만 가능)

STEP 2 > 맞춤형 계약등기 특징
맞춤형 계약등기는 익일특급이 기본으로 전제된 서비스이며, 반송수수료는 면제됨

STEP 3 > 배달 특례
수취인으로 하여금 집배원이 보는 앞에서 당해 우편물을 열어 내용물의 금액이 맞는지 확인하게 하여야한다.

THEMA 보험통상 : 유가증권등기

개념	현금과 교환할 수 있는 우편환증서나 수표 따위의 유가증권을 보험등기봉투에 넣어 직접 수취인에게 송달하는 서비스로 우편물을 분실 하거나 훼손한 경우에는 봉투 표면에 기록된 금액을 배상하여 주는 보험 취급제도이다.
취급대상	송금수표, 국고수표, 우편환증서, 자기앞수표, 상품권, 선하증권, 창고증권, 화물상환증, 주권, 어음 등의 유가증권으로 취급할 수 있다.
취급한도	액면 또는 권면가액이 10원 이상 2천만 원 이하 (다만, 10원 미만의 단수를 붙일 수 없다.)
취급조건	① 발송할 유가증권의 액면 금액과 봉투표기 금액을 대조하여 일치하는지 확인한다. ② 등기취급우편물로 발송하여야 한다. ③ 발송할 물품의 가액은 취급한도액을 초과한 것이 아닌지를 확인하여야 한다. ④ 다만, 취급한도액을 초과한 것은 취급할 수 없으나 발송인이 취급한도액까지만 기록하기로 하고 취급을 요구할 때 에는 취급할 수 있다.

STEP 2 > 사용된 유가증권
사용된 유가증권류, 기프트카드 등에 대하여 보험취급을 원할 경우 유가증권등기로 취급할 수 없으나 물품등기로는 접수가 가능

STEP 3 > 배달 특례
수취인에게 겉봉을 열어 확인하게 한 후 표기된 유가증권 증서류명, 금액, 내용을 서로 비교 확인한다.

THEMA 보험통상 : 물품등기

물품등기의 개념

개념	귀금속, 보석, 옥석, 그 밖의 <u>귀중품이나 주관적으로 가치가 있다고 신고하는 것</u>을 보험등기 봉투에 넣어 수취인에게 직접 송달하고 취급 도중 분실되거나 훼손한 경우 <u>표기금액을 배상</u>하는 보험취급제도의 하나로 <u>통상우편물에 한정</u>한다.
취급대상	① 귀금속 : 금, 은, 백금 및 이들을 재료로 한 제품 ② 보석류 : 다이아몬드, 진주, 자수정, 루비, 비취, 사파이어, 에메랄드, 오팔, 가닛 등 희소가치를 가진 것 ③ 주관적 가치가 있다고 신고 되는 것 : 응시원서, 여권, 신용카드류 등
취급한도	<u>물품등기의 신고가액은 10원 이상 300만 원</u> 이하의 물건만 취급하며, 10원 미만의 단수를 붙일 수 없다.
취급조건	① <u>물품 가액은 발송인이 정하며, 취급 담당자는 가액 판단에 관여할 필요가 없다.</u> ② 물품등기우편물은 등기취급우편물로 발송하여야 한다. ③ 발송할 물품의 가액은 취급한도액을 초과한 것이 아닌지를 확인하여야 한다. ④ 다만, 취급한도액을 초과한 것은 취급할 수 없으나 발송인이 취급한도액까지만 기록하기로 하고 취급을 요구할 때 에는 취급할 수 있다.

> STEP 2 > 배달 특례
> 우편물을 확인하지 않고, 수취인에게 봉투와 포장상태의 이상 유무만 확인하게 한다.

THEMA 보험소포 : 안심소포

안심소포의 개념

① <u>고가의 상품 등 등기소포우편물을 대상으로</u> 하며, 손해가 생기면 해당 <u>보험가액을 배상하여 주는 부가취급제도</u>
② 안심소포는 보험가액 한도 내에서 실손해액을 배상한다.(안심소포가 제한되는 전자제품은 분실의 경우만 청구·배상 가능)

안심소포의 취급

취급대상	① 등기소포를 전제로 보험가액 300만 원 이하의 고가품, 귀중품 등 사회통념상 크기에 비하여 가격이 높다고 발송인이 신고한 것으로서 그 취급에 특히 유의할 필요가 있는 물품과 파손, 변질 등의 우려가 있는 물품 ② <u>귀금속, 보석류 등의 소형포장우편물은 물품등기로 접수하도록 안내해야 한다.</u> ③ 부패하기 쉬운 냉동·냉장 물품은 이튿날까지 도착이 가능한 지역이어야 한다. * 우편물 배달기한 내에 배달하기 곤란한 지역으로 가는 물품은 접수 제외
취급가액	① <u>안심소포의 가액은 10만원 이상 300만 원 이하의 물건에 한정하여</u> 취급하며 10원 미만의 단수를 붙일 수 없다. ② 신고가액은 발송인이 정하는 가격으로 하며 취급담당자는 상품 가액의 판단에 관여할 필요가 없다.
취급조건	① 등기소포 안의 내용물은 발송인이 참관하여 반드시 확인하여야 한다. ② 발송할 물품의 가액은 취급한도액을 초과한 것이 아닌지를 확인 하여야 한다. ③ 단, 취급한도액을 초과한 것은 취급할 수 없으나 발송인이 취급한도액까지만 기록하기로 하고 취급을 요구할 때에는 취급할 수 있다.

STEP 2 > 배달 특례
배달할 때에는 안심소포의 포장 상태, 파손, 무게 상이 등을 고객에게 확인하게 한 후 배달한다.

SECTION 03 증명 취급 : 내용증명

PART 5 | 부가취급

THEMA 개념

① <u>발송인이 수취인에게 어떤 내용의 문서를 언제 발송하였다는 사실을 우편관서가 공적으로 증명해 주는 우편서비스</u>이다.
② 내용증명제도는 개인끼리 채권·채무의 이행 등 권리의무의 득실 변경에 관하여 발송되는 우편물의 문서내용을 <u>후일의 증거로 남길 필요가 있을 경우</u>와 채무자에게 <u>채무의 이행 등을 최고(催告)</u>하기 위하여 주로 이용되는 제도이다.
③ 우편관서는 <u>내용과 발송 사실만을 증명</u>할 뿐, 그 사실만으로 <u>법적 효력이 발생되는 것은 아님</u>에 주의해야 한다.

THEMA 접수시 유의 사항

내용증명문서의 내용

① 내용문서는 <u>한글이나 한자 또는 그 밖의 외국어로 자획을 명확하게 기록</u>한 문서에 한정하여 취급하며, 숫자, 괄호, 구두점이나 그 밖에 일반적으로 사용하는 단위 등의 기호를 함께 적을 수 있다.
② 공공의 질서나 선량한 풍속에 반하는 내용이 아니어야 하며 내용 문서의 원본과 등본이 같은 내용임이 쉽게 식별되어야 한다.
③ <u>내용증명의 대상은 문서에 한정</u>하며 문서 이외의 물건(예: 우표류, 유가증권, 사진, 설계도 등)은 그 자체 단독으로 내용증명의 취급 대상이 될 수 없다.
④ 내용문서의 원본과 관계없는 물건을 함께 봉입할 수 없다.

내용증명문서의 기본사항

원칙	내용증명의 발송인은 내용문서의 원본과 그 등본 2통을 제출하여야 한다.
예외	발송인에게 등본이 필요하지 않은 경우에는 등본 1통만 제출이 가능하며, 이 경우 우체국 보관 등본 여백에 "발송인 등본 교부 않음"이라고 표시해야 한다.
동문내용증명	① 동문내용증명 우편물 : 문서의 내용은 같으나 2인 이상의 각기 다른 수취인에게 발송하는 내용증명 우편물 ② 각 수취인의 주소와 이름을 전부 기록한 등본 2통과 각 수취인 앞으로 발송할 내용문서의 원본을 함께 제출하여야 한다.
다수인 연명	다수인이 연명으로 내용증명을 발송하는 경우 그 발송인들 중 1인의 이름, 주소만을 우편물의 봉투에 기록한다.
내용 정정·수정 등	① 내용문서의 원본이나 등본의 문자나 기호를 정정·삽입·삭제한 경우 ② 정정·삽입·삭제한 문자와 정정·삽입·삭제한 글자 수를 난외나 끝부분 빈 곳에 적고 그곳에 발송인의 인장 또는 지장을 찍거나 서명을 하여야 한다. ③ 고치거나 삭제한 문자나 기호는 명료하게 알아볼 수 있도록 하여야 한다.

> **내용증명의 주소·성명**
> ① 내용증명 우편물의 내용문서의 원본과 등본에 기록한 발송인과 수취인의 주소·성명은 우편물의 봉투에 기록한 것과 같아야 한다.
> ② 다만, 동문내용증명 우편물인 경우 각 수취인의 주소·성명을 전부 기록한 등본은 예외로 한다.

【예시】

① 정정의 경우
                  80,000원
………… 금액 ~~30,000원~~ …………… **7자 정정 (인)**

② 삽입의 경우
                  80,000원
………… 금액∨을 변제하여 주십시오 **7자 삽입 (인)**

③ 삭제의 경우
……금액 80,000원을 ~~즉시~~ 변제하여 주십시오 **2자 삭제 (인)**

※ 정정 및 삭제의 경우 본래의 글자를 알아볼 수 있도록 해야 하며 알아볼 수 없도록 완전히 지워서는 안된다(우편법 시행규칙 제50조제2항).

    50,000원   (O)   50,000원   (X)
    ~~30,000원~~   ■30,000원■

내용증명의 취급수수료

원칙	내용증명 취급수수료는 글자 수나 행 수와는 관계없이 A4 용지 규격을 기준으로 내용문서(첨부물 포함)의 매수에 따라 계산한다.
매수	① 매수 계산 1) 내용문서의 원본과 등본의 작성은 양면을 사용하여 작성할 수 있으며, 양면에 내용을 기록한 경우에는 2매로 계산한다. 2) 내용문서의 크기가 A4 용지 규격 보다 큰 것은 A4 용지의 크기로 접어서 총 매수를 계산하고, A4 용지보다 작은 것은 이를 A4 용지로 보아 매수를 계산한다. ② 매수에 따른 가격 내용문서의 매수가 2매 이상일 경우에는 2매부터 최초 1매의 반 값으로 계산한다.
동문내용증명	수취인 수 1명 초과마다 내용문서 매수와 관계없이 내용문서 최초 1매의 금액으로 계산한다.

내용증명의 취급요령

SUB 01 계인

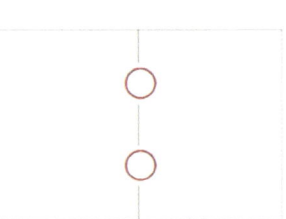

① 수취인에게 발송할 내용문서의 원본, 우체국에서 보관할 등본, 발송인에게 교부할 등본에는 우편날짜도장을 걸쳐 찍거나 원본과 등본을 겹쳐서 같은 위치에 구멍을 뚫는(천공) 방식으로 계인한다.
② 다만, 내용문서가 2매 이상인 경우로서 원본과 등본을 겹쳐서 같은 위치에 구멍을 뚫는(천공) 방식으로 계인한 것은 본문에 따라 간인한 것으로 본다.

SUB 02 간인

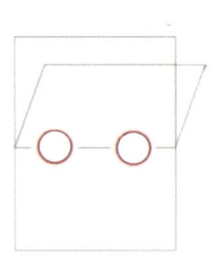

① 내용문서의 원본이나 등본의 수량이 2장 이상일 때에는 내용문서의 원본 및 등본의 글자를 훼손하지 않도록 빈 여백에 우편날짜도장으로 간인하거나, 천공기로 간인하여야 한다.
② 발송인의 인장이나 지장으로 간인하지 않음에 주의해야 한다.

SUB 03 내용증명 수수료 납부 표시

① 내용증명 취급수수료에 해당하는 우표는 우체국에 보관하는 등본의 빈 곳에 붙이고 우편날짜도장으로 소인한다.
② 다만, 즉납으로 출력된 요금증지를 첨부하거나 날짜가 표시되어 있는 후납인을 날인하는 경우에는 소인을 생략하며
③ 후납인 아래에 취급수수료 금액을 표시하여야 한다.

THEMA 내용증명의 재증명과 열람 청구

개념

① 내용증명 발송인 또는 수취인이 내용증명 문서의 등본(수취인인 경우는 원본)을 분실하였거나 새로 등본이 필요할 때
② 우체국의 등본 보관 기간인 3년에 한정하여 발송인·수취인이나 발송인·수취인으로부터 위임을 받은 사람의 재증명 청구에 응하거나 열람 청구에 응하는 것을 말한다.

재증명·열람 청구

청구기간	내용증명 우편물을 접수한 다음 날부터 3년 이내
청구국	전국 우체국(우편취급국 포함) 및 인터넷우체국
청구인	① 내용증명 우편물의 발송인 또는 수취인, 발송인이나 수취인에게서 위임을 받은 사람 ② 인터넷우체국으로 신청할 경우 발송인 및 수취인 본인만 가능(아이핀, 휴대폰 본인인증 실시)

취급수수료

재증명	재증명 당시 내용증명 취급수수료의 반액을 재증명 문서 1통마다 각각 징수한다. ※ 10원 미만의 금액이 발생할 경우에는 절사한다.
	재증명 취급수수료의 계산시점 : 재증명을 요청한 때
열람	열람 당시의 내용증명 취급수수료 반액에 해당하는 수수료를 징수한다.

> 내용증명 열람
> 반드시 취급담당자가 보는 앞에서 열람(보고 옮겨 쓰는 것 포함)하도록 한다.

타국 접수 내용증명 재증명

SUB 01 내용증명 등본보관국 외 (타국) 재증명 청구

① 청구인 본인(또는 대리인)임을 확인한 후, 발송 후 내용증명을 신청
② 등본보관국 외에 신청하는 경우에는 우편(규격외, 익일특급)으로 발송한다.
③ 등본보관국에서는 D+1일 이내에 내용증명 등본을 복사한 후, 재증명 처리하여 우편(익일특급 + 우편사무)으로 청구인에게 발송한다.
④ 등본보관국에서 확인하기 전까지는 취소가 가능하다. 하지만 등본보관국 확인 후에는 내용문서 복사로 인해 취소가 불가능하다.

> 참고 ▶ 우편사무(T)
> 우체국 조직 내부의 요청·필요에 따라 발송되는 우편물

SUB 02 내용증명 재증명 우편발송서비스 요금

내용증명 재증명 수수료(내용증명 수수료 1/2)
+ 우편요금(규격외 중량별 요금)
+ 등기취급수수료 + 익일특급수수료
+ 복사비 (장당 50원) + 대봉투(100원)

SECTION 04

PART 5 | 부가취급

증명 취급 : 배달증명

개념

① 배달증명은 수취인에게 우편물을 배달하거나 교부한 경우 그 사실을 배달우체국에서 증명하여 발송인에게 통지하는 부가취급 우편 서비스
② 배달증명은 등기우편물을 발송할 때에 청구하는 발송 때의 배달증명과 등기우편물을 발송한 후에 필요에 따라 사후에 청구하는 발송 후의 배달증명으로 구분할 수 있다.

> 참고
> 배달증명은 등기우편물에 한정하여 취급할 수 있다.

배달증명 요금체계

통상우편물	일반통상 우편요금 + 등기취급 수수료 + 배달증명 취급수수료 + 배달증명서 송달요금 (5g 일반통상우편요금)
소포우편물	등기소포 우편요금 + 배달증명 취급수수료 + 배달증명서 송달요금 (5g 일반통상우편요금)

우편물배달증명서

수취인의 주거 및 성명

06555
서울 OOO구 OO길 OO

홍 길 동 귀하

* 유의사항 : 우체국에서 보관 중에 있는 우편물을 교부요청하거나, 일괄배달처에서 대리수령 후 수취인이 수취 거절한 경우 등은 배달결과가 변경될 수 있습니다

접수국명	OO 동 우체국	접수년월일	2022년 01월 21일
등기번호		배달년월일	2022년 01월 22일
적요	수령	서울 서초 2022. 01. 25. 2221321 우체국	
상세 배달내역	2022년 01월 22일 13:22에 배달완료		

발송 후의 배달증명 청구

개념	등기우편물을 발송할 당시에는 배달증명을 청구하지 않고 발송하였으나, 사후에 등기우편물의 배달사실의 증명이 필요하게 된 경우에 **발송인이나 수취인**이 우체국에 청구하는 제도
청구기간	① 발송한 다음 날부터 1년 ② 단, 내용증명우편물에 대한 배달증명 청구는 발송한 다음 날부터 3년
처리절차	전국 우체국과 인터넷우체국에서 신청할 수 있으며, 청구 접수국은 정당한 발송인이나 수취인임을 확인한 후 처리한다. 신청인 ⇄ (발송 후 배달증명 청구 / 배달증명서 출력·교부) 접수우체국 ⇄ (데이터 전송 / 데이터 전송 결과) 우정정보관리원

인터넷우체국 발송 후 배달증명 서비스

개념	우체국을 방문하지 않고 인터넷으로 조회하여 프린터로 직접 인쇄하는 서비스
신청기한	① 등기우편물 발송한 다음 날부터 1년 이내(다만, 내용증명은 3년) ② 배달완료일 D+2일부터 신청이 가능하다.
이용요금	1건당 1,600원
특징	① 등기우편물의 발송인이나 수취인만 신청할 수 있다. ② 인터넷우체국 회원에 대해서만 신청이 가능하다.(회원전용 서비스) ③ 결제 후 다음 날 24시까지 (재)출력이 가능하다.

05 특급 취급

PART 5 | 부가취급

개념 및 특징

등기취급을 전제로 국내특급우편 취급지역 상호간에 수발하는 긴급한 우편물을 <u>통상의 송달 방법보다 더 빠르게 송달</u>하기 위하여 접수된 우편물을 <u>약속한 시간 내에 신속히 배달</u>하는 특수취급제도

취급조건

취급 대상	① 등기취급하는 우편물에 한정하여 취급 ② <u>통상우편물에 한정하여 취급(소포우편물 X)</u>
배달기한	① 국내특급우편은 익일특급(통상우편물 한)이 있으며 배달기한은 다음과 같다. ② 익일특급 : 접수 익일 배달
제한 중량	익일특급 통상우편물의 <u>취급제한중량은 30kg</u>
접수우체국	익일특급우편물 : <u>전국 모든 우체국</u>
접수마감시각 및 배달시간	접수지정 우체국별 <u>접수마감시각</u> 및 배달우체국의 <u>배달시간은 관할 지방우정청장이 정하여 고시</u>한다.
국내특급 취급지역	① 익일특급의 취급지역은 전국으로 하되, 접수한 날의 다음날까지 배달이 곤란한 지역에 대해서는 별도의 추가일수 및 사유 등을 관할 지방우정청장이 고시한다. ② 이 경우 우편물의 배달기한에 토요일, 공휴일(일요일 포함)은 산입하지 아니 한다.

SECTION 06 특별송달

PART 5 | 부가취급

참고 ▶ **특별송달 유의점(T)**
① 배달 증명과 유사
② 특별송달은 익일특급 X

특별송달의 개념

① 특별송달은 <u>다른 법령에 따라 「민사소송법」</u>이 정하는 방법으로 송달하여야 하는 서류를 내용으로 하는 <u>등기통상 우편물을 송달하고 그 송달의 사실을 우편송달 통지서로 발송인에게 알려주는 부가취급 서비스</u>
② 등기 취급하는 통상우편물에 한하여 취급할 수 있다.

특별송달의 취급대상

「민사소송법」제187조에 따라 송달하여야 한다는 뜻을 명시하고 있는 서류에 한정하여 취급할 수 있다.
1) 법원에서 발송하는 것
2) 특허청에서 발송하는 것
3) 「군사법원법」에 따라 발송하는 군사재판절차에 관한 서류
4) 국제심판소, 소청심사위원회 등 준사법기관에서 관계규정에 의하여 발송하는 재결절차에 관한 서류
5) 공증인이 「공증인법」에 따라 발송하는 공정증서의 송달「공증인법」제56조의5) 서류
6) 병무청에서 「민사소송법」제187조에 따라 송달하도록 명시한 서류
7) 선관위에서 「민사소송법」제187조에 따라 송달하도록 명시한 서류
8) 검찰청에서 「민사소송법」제187조에 따라 송달하도록 명시한 서류
9) 그 밖의 다른 법령에서 특별송달로 하도록 명시된 서류

요금체계

▶ **특별송달 요금**
① 특별송달우편물에 첨부된 우편송달통지서 용지의 무게는 우편물의 무게에 합산한다.
② 일반통상 기본우편요금은 25g 규격 우편물을 기준으로 한다.

송달통지서 1통	일반통상 우편요금	+	등기취급 수수료	+	특별송달 취급 수수료	+	(회송) 일반통상 기본우편 요금
송달통지서 2통	일반통상 우편요금	+	등기취급 수수료	+	2통의 특별송달 취급 수수료	+	(회송) 2통의 일반통상 기본 우편요금

07 민원우편

PART 5 | 부가취급

개념 및 특징

① 국민들의 일상생활에 필요한 각종 민원서류를 관계기관에 직접 나가서 발급받는 대신 우편이나 인터넷으로 신청하고 그에 따라 발급된 민원 서류를 등기취급하여 민원우편 봉투에 넣어 일반우편물보다 우선하여 송달하는 부가취급 서비스
② 우정사업본부장이 정하여 고시하는 민원서류에 한정하여 취급할 수 있다.
③ 민원우편은 익일특급의 배달방법에 따라 신속히 송달한다.

민원우편 취급 과정

SUB 01 1단계 : 우편을 통한 민원우편 신청과 요금 수납

① 민원우편의 송달에 필요한 왕복우편요금과 민원우편 부가취급수수료를 접수(발송)할 때 미리 받는다.
② 이때, 민원발급 수수료와 회송할 때의 민원발급 수수료 잔액을 현금으로 우편물에 봉입하여 발송할 수 있다.
③ 민원발급수수료의 송금액을 5,000원으로 제한한다.
(민원발급 수수료가 건당 5,000원을 초과하는 경우는 예외)

SUB 02 2단계 : 발급기관에서 서류를 발급하여 민원서류 발송

민원서류의 발급기관에서 서류를 발급하여 민원우편 취급봉투(회송용) 봉투에 넣어 익일특급으로 신청인에게 발송

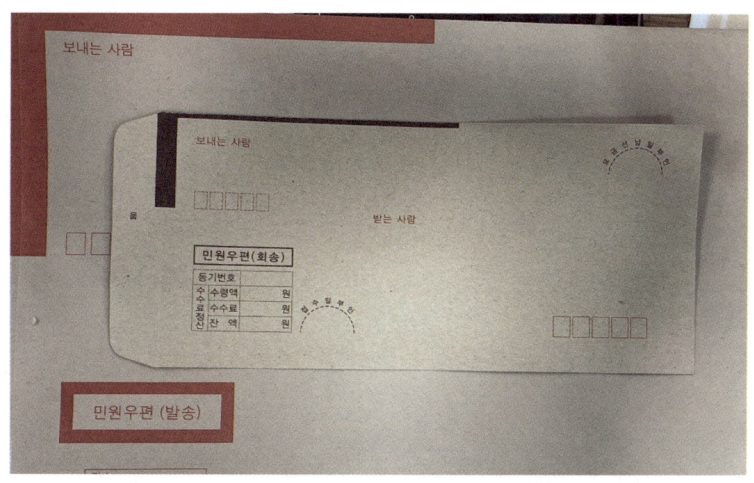

민원우편 봉투
우정사업본부에서 발행한 민원우편 취급용 봉투(발송용, 회송용)를 사용해야 한다.

🟨 민원우편 요금

① 발송할 때의 취급요금(우편요금 + 등기취급수수료 + 익일특급 수수료)과
② 회송할 때의 취급요금(50g 규격요금 + 등기취급수수료 + 익일특급 수수료)를 합하여 접수 시에 선납한다.

🟨 취급시 주의사항

SUB 01 회송용 봉투의 요금선납 날짜도장 날인

① 민원우편 회송용 봉투에 날인하는 요금선납 날짜도장은 <u>최초의 발송 민원우편 접수우체국의 접수한 날의 우편날짜도장으로 날인하는 것</u>이며
② 회송민원우편 접수우체국에서 날인하는 것이 아님에 주의하여야 한다.

SUB 02 봉투의 봉함

발송용 봉투	발송인이 봉함할 때는 인장(지장) 또는 서명(자필 서명)으로 한다.
회송용 봉투	① 회송용 민원우편물의 봉함은 <u>민원발급기관의 취급담당자(우체국 취급담당자가 아님)</u>가 인장(지장) 또는 서명(자필)을 날인하여 봉함하여야 하며 ② 수수료 잔액 등 내용품 확인에 대하여는 우체국 담당자는 참관 하지 않는다.

08 착불배달우편물

PART 5 | 부가취급

개념 및 특징

① 등기취급 소포우편물과 계약등기우편물 등의 요금을 발송인이 신청 할 때 납부하지 않고 우편물을 배달받은 수취인이 납부하는 제도
② 취급대상 : 수취인이 우편요금 등을 지불하기로 발송인이 수취인의 승낙을 얻은 등기우편물

착불배달우편물의 반송

① 착불배달 우편물이 수취인 불명, 수취거절 등으로 반송되는 경우 발송인에게 우편요금 및 반송수수료를 징수한다.
② 다만, 맞춤형 계약등기는 우편요금(표준요금 + 중량구간별 요금)만 징수한다.
※ 접수담당자는 발송인에게 위 사항을 반드시 설명해야 한다.

참고 ▶ 착불배달우편물의 반송 특징
① 착불수수료X(반송되었으므로)
② 맞춤형 계약등기인 경우 반송수수료도 없다.

PART 6 새로운 우편서비스

SECTION 01 | 우체국쇼핑
SECTION 02 | 전자우편
SECTION 00 | 생활정보홍보우편서비스
SECTION 03 | 팩스 우편 서비스
SECTION 04 | 나만의 우표
SECTION 05 | 인터넷 우표
SECTION 06 | 고객맞춤형 엽서(올인원)
SECTION 07 | 인터넷우체국
SECTION 08 | 유사 등기(선택등기 / 준등기)
SECTION 09 | 기타

SECTION 01 우체국쇼핑

PART 6 | 새로운 우편서비스

개념 및 특징

전국 각 지역에서 생산되는 <u>특산품과 중소기업 우수 제품을 우편망을 이용하여 주문자나 제3자에게 직접 공급</u>하여 주는 서비스

구 분	주요 내용
특산물	검증된 우수한 품질의 농·수·축산물을 전국 우편망을 이용해 생산자와 소비자를 연결해주는 서비스
제철식품	출하시기의 농수산 신선식품, 소포장 가공식품, 친환경 식품 등을 적기에 판매하는 서비스
생활마트	경쟁력을 갖춘 우수 중소기업의 공산품 판매 서비스
B2B	우수 중소기업상품의 판로를 확보하고 기업의 구매비용 절감과 투명성을 높이기 위하여 기업과 기업 간의 거래환경을 제공하는 서비스
꽃배달	우체국이나 인터넷을 이용하여 꽃배달 신청을 할 경우 전국의 업체에서 지정한 시간에 수취인에게 직접 배달하는 서비스
전통시장	대형 유통업체의 상권 확대로 어려워진 전통시장 소상인들의 판로 확보를 위해 전국의 전통시장 상품을 인터넷몰에서 판매하는 서비스
창구판매	창구에서 우체국쇼핑상품을 즉시 판매하는 서비스

손실·분실 등에 따른 반품우편물의 처리

우체국쇼핑 상품이 운송 중 손실·분실·내용품 훼손 등의 사유로 수취인이 수취를 거절하는 경우

반품과정	① 반품우편물의 교환·환불 요구의 여부를 확인하고 우편물류시스템 반품관리에 등록한 후 우편물을 회수하여 반송 처리한다. ② 공급우체국에서는 우체국쇼핑 상품의 반품우편물이 도착하면 우편물류시스템의 반품확인 관리에서 '반품확인' 처리하고
환불과정	① 지정된 우체국 공금계좌에 환불 요금 입금 여부를 수시로 확인하여 ② 환불 요금이 입금되는 즉시 등록된 입금 계좌로 환불 요금을 송금 처리하고 우편물류시스템 환불관리에서 '환불 처리'로 등록하여야 하며 ③ 신용카드로 결제한 경우에는 '신용카드결제 취소'로 처리하여야 한다.

특산물

접수	① 고객은 우체국창구, 인터넷(ePOST), 우편고객센터, 모바일을 이용해 직접 주문 ② 결제는 신용카드, 현금, 계좌이체, 핸드폰결제, 기타 간편결제 서비스 등을 이용
주문정보 통보	① 우정정보관리원의 전산서버에서 주문정보 처리 ② 주문이 정상 처리된 건에 대해서는 공급우체국으로 자동 통보
공급	① 공급우체국에서는 직접 주문 현황을 확인할 경우, 공급업체로 주문내역 통보 ② 공급업체에서는 수시로 주문 현황을 확인하여 발송기한 내 상품 발송
발송	① 주문내역을 정확히 확인하고 상품별로 발송준비 ② 타업무 연계접수를 통한 등기소포 접수 후 발송 ③ 발송 때 우체국쇼핑 담당이 상품상태를 재확인 ※ 생활마트 및 B2B 등의 상품 중 일부 소포우편물로 취급할 수 없는 품목은 부득이 민간택배를 이용하며, 우체국 꽃배달은 화훼업체에서 직접 수취인에게 배달
상품배달	배달우체국에서 수취인에게 배달
정산	배달완료 후 판매대금 및 소포요금 정산

제철식품, 생활마트, 전통시장

우편주문 접수를 한 후에는 공급업체에서 주문확인 및 상품발송을 진행하며, 특이사항 없이 특산물과 동일한 과정으로 업무처리

창구판매

상품 선정	① 한국우편사업진흥원에서 선정한 창구전시판매 상품 목록 중 선택 ② 목록에 없는 상품을 판매하고자 하는 경우, 한국우편사업진흥원 상품관리팀과 협의 ③ 선정 사유 등을 명시하여 상품선정 문서 내부결재 시행 ※ 총괄우체국은 10개 이내로 선택하고, 관내우체국은 최소한의 상품을 판매하되 가급적 총괄우체국 판매상품 중에서 선정
상품 주문 및 입고확인	① 창구에서 보관·판매가 가능한 적정 수량을 묶음 단위로 주문 ② 신청 상태가 '업체확인'으로 표시된 것을 클릭하고 실제 받은 수량을 입력하여 입고 확인 처리 → 입고 처리 후 자동 재고 반영
상품 판매	① 견본 진열 및 판매 ② 현금영수증 발행이 가능하며, 세금계산서는 요청 시 업체에서 발행 ③ 결제수단 변경 등 기존 결제변경이 필요한 경우 취소한 후 다시 결제
재고등록 ·관리·반납	① 재고등록 : 상품 입고 처리 시 자동 재고등록(기타수입) 처리 ② 재고관리 : 등록된 재고와 현물재고가 일치되도록 관리하고, 미판매 재고분은 인근 관서와 '관리전환' 등을 통해 적극적으로 판매 ③ 재고반납 ㉠ 우체국 통폐합, 상품 불량, 배송 중 파손 및 천재지변으로 인한 판매 불가 상품에 대하여 반납 가능 ㉡ 수량 또는 상품을 잘못 신청하거나 고객변심으로 판매가 어려울 경우, 입고일 기준 7일 이내(공산품은 2개월)에 공급업체와 협의하여 반납(우편사무로 발송)
환불·배상	환불 ① 판매 가능한 정상 상품은 구입가격으로 환불(박스개봉, 파손시 불가) ※ 영수증 확인필(증정품 및 경품이 있는 경우에는 함께 반납) ② 농수축산물은 함량, 용량, 중량, 개수부족, 표시내용 상이, 부패, 변질, 소비기한 경과, 이물 혼입에 대해서 교환·환불 ③ 공산품은 '공산품 소비자분쟁 해결기준'에 따라 처리
	배상 ① 부작용 , 용기파손 등으로 인한 사고는 공급업체에서 치료비, 경비 및 일실소득 배상 ※ 일실소득 : 피해로 인하여 소득상실이 발생한 것이 입증된 때에 한하며, 금액을 입증할 수 없는 경우에는 시중 노임단가를 기준으로 배상

꽃배달 서비스

참고 ▶ 꽃배달 주문 및 환불
: 특산물과 동일

SUB 01 상품 제작

① <u>공급업체에서는</u> 상품 주문내용(주문 상품, 수취인, 배달날짜, 시간, 리본 표시사항 등)을 확인하고 발송상품을 제작한다.
② 상품 발송할 때 반드시 우체국 꽃배달 태그를 동봉하여야 한다.

SUB 02 상품 배달

① 주문자가 지정한 시간에 수취인에게 상품을 배달해야 한다.
② 배달결과 입력 : <u>공급업체에서 직접 입력</u>한다.
③ 입력과 동시에 배달결과가 주문자의 SMS나 이메일로 자동적으로 통보된다.

SUB 03 상품 환불 및 교환

상품을 수취인에게 배달하는 중에 공급업체의 잘못으로 상품에 결함이 생기면 모든 비용은 <u>공급업체에서 부담</u>한다. 소비자가 교환이나 환불을 요구할 때에는 즉시 보상해야 한다.

상품 교환 조치	① 상품의 훼손, 꽃송이의 부족 등으로 교환을 요구할 경우
전액 환불 조치	① 상품을 정시에 배달하지 못한 경우 ② 신청인이 배달 하루 전 주문을 취소할 경우 ③ 상품에 하자(상품의 수량·규격 부족, 변질, 훼손 등)가 발생할 경우 ④ 주문과 다른 상품이 배달된 경우
일부 환불 조치	① <u>수취인이 수취거부 할 경우</u> 신청인이 환불요구시 공급업체는 꽃의 경우 30%, 화분의 경우 50% ② 케이크 포함 상품의 경우 케이크 제외한 금액의 30%를 환불해야 한다.

TIP ▶
단, 배송정보 기재 오류 등 신청인의 귀책사유로 인한 교환 및 환불 불가

SECTION 02 전자우편

PART 6 | 새로운 우편서비스

개념

① 고객(정부, 지자체, 기업체, 개인 등)이 <u>우편물의 내용문과 발송인·수신인 정보(주소·성명 등)를 전산매체에 저장하거나 정보통신망을 통하여 우체국에 접수하거나 인터넷 우체국을 이용하여 신청</u>하면
② <u>내용문 출력과 봉투 제작 등 우편물 제작에서 배달까지 전 과정을 우체국이 대신하여 주는 서비스</u>로서 편지, 안내문, DM 우편물을 빠르고 편리하게 보낼 수 있는 서비스

종류

구분		주요내용	규격	전자우편 이용수수료
봉함식	소형	편지, 안내문, 고지서 등의 안내문(최대 6장)을 편지형태로 인쇄하여 규격봉투에 넣어 발송하는 우편 서비스(동봉서비스 최대 6매 포함)	흑백(A4)	- 기본 1매: 90원 - 추가 1매(5매까지): 30원
			칼라(A4)	- 기본 1매: 280원 - 추가 1매(5매까지): 180원
			동봉서비스(A4)	- 기본 1매: 20원 - 추가 1매(5매까지): 10원
	대형	다량의 편지 등 내용문(최대 150장)을 A4용지에 인쇄하여 대형봉투에 넣어 발송하는 우편 서비스 (동봉서비스 최대 20매 포함)	흑백(A4)	- 기본 1매: 130원 - 추가 1매(149매까지): 30원
			칼라(A4)	- 기본 1매: 340원 - 추가 1매(149매까지): 180원
			동봉서비스(A4)	- 추가 1매(20매까지): 15원
접착식		주차위반과태료, 교통범칙금, 통지서 등을 봉투 없이 제작 발송하는 우편 서비스	흑백(A4/B5)	- 단면: 60원 - 양면: 80원 - 품지: 30원
			칼라(A4)	- 단면: 220원 - 양면: 370원
그림엽서		동창회 모임안내 등 내용문을 간략하게 그림엽서에 인쇄하여 발송하는 우편 서비스	148×105mm	- 1통: 40원

STEP 2 ▶ 전자우편 제작발송 시 부과요금

(예시) 등기우편 이용 시 부과요금
: 통상우편요금 + 특수취급 수수료(요금) + 전자우편 이용수수료

STEP 2 ▶ 동봉서비스(A4규격만 취급 가능) 이용 시

규격봉투에는 최대 6장, 대형봉투에는 최대 20장까지 동봉가능하며 전자우편 이용수수료는 아래와 같이 적용
① 내용문이 있는 경우 : 규격봉투(소형) 규격은 기본 1장에는 20원, 초과 분량은 장당 10원, 대형봉투 규격은 구분 없이 장당 15원 적용
② 내용문이 없는 경우 : 기본 1장은 해당 규격 흑백 제작수수료를 적용.
(예시) 봉함식(소형) 규격봉투 규격에 동봉물 2장을 발송할 경우 :
  1장 흑백 이용수수료(90원)
+ 1장 동봉서비스수수료(20원)
= 합산 적용(110원)

부가서비스

전자우편은 통상우편물로서 취급방법에 따라 일반우편물과 등기우편물로 나누어지며, 반송 불필요는 고객이 원하는 경우에 적용함

부가서비스 명	서비스 내용	제작 수수료
내용증명	전자우편을 이용하여 다량의 내용증명을 제작, 발송	기존 제작수수료와 같음
계약등기	전자우편을 이용하여 우편물을 제작하고 계약등기로 배달	
한지(내지)	전자우편 내지의 기본 사양인(A4복사용지) 대신 고급 한지 이용	제작수수료에 30원 추가

접수방법

우체국 창구접수 (우편취급국 포함)	① 우체국 창구접수는 발송인이 제출한 접수정보에 대하여 접수심사 ② 접수심사 완료한 후 발송인에게서 우편요금과 제작수수료 수납으로 성립한다. 우편물의 접수 취소 또는 수정 ① 발송인이 우편물 접수를 철회하거나 해당 우체국 접수 담당자의 잘못으로 우편물 접수를 취소하거나 수정할 경우에는 ② 접수 화면에서 해당 우편물의 접수번호를 검색한 후 접수 취소(수정)처리한다. ③ 다만, 접수 취소나 수정은 위탁제작센터에 접수한 당일(접수정보를 전송하기 전)에만 할 수 있다.
인터넷우체국 접수	① 이용자가 인터넷우체국이 제공하는 접수방법에 따라 접수하고 ② 우편요금 및 수수료 결제가 완료되면 접수가 성립된 것으로 본다.
계약고객 전용시스템 접수	① 우체국과 계약을 통해 정기적으로 등기우편물을 발송하는 고객이 계약고객시스템에서 주소록 및 내용문 파일을 가접수하고 ② 계약 우체국에서 가접수 내용을 검색하여 연계 접수하고 결제가 완료되면 접수가 성립된 것으로 본다.
기관연계 시스템 접수	① 각 기관에서 외부연계(행정공동망, ESB, 상용솔루션)를 통해 ② 우정정보관리원으로 접수정보 데이터를 전송하면 자체 검증 후 ③ 편집센터(현재 포스토피아)로 송수신하고(한국우편사업진흥원은 데이터 수신 후 선제작, 후결제) ④ 송수신 작업이 완료되면 계약우체국에서 접수정보를 조회/결제가 완료되면 접수가 성립된 것으로 본다.

기타 서비스

SUB 01 동봉 서비스

개념	① 봉함식(소형봉투와 대형봉투) 우체국전자우편(e-그린우편)을 이용할 때 내용문 외에 다른 인쇄물을 추가로 동봉하여 보낼 수 있는 서비스
이용 시 주의사항	② 이용할 때 별도의 수수료를 내야 하며, 우체국 창구에서 신청할 때만 이용이 가능하다.(인터넷우체국은 이용 불가) ③ 동봉서비스로 접수된 동봉물은 최선편으로 위탁제작센터가 지정한 제작센터로 무료등기 소포우편물(무게 20kg까지)로 발송한다. ④ 동봉물이 20kg을 초과하면 초과분에 대해 등기소포 우편요금을 적용하고 신청인이 그 요금을 납부하여야 한다.

SUB 02 고객맞춤형 서비스

POINT 개념

① 다량으로 발송할 때
② 봉투 표면(앞면·뒷면) 또는 그림엽서에 발송인이 원하는 로고나 광고문안(이미지)을 인쇄하여 발송할 수 있는 서비스

POINT 이용대상 및 규격

① 이용대상

구 분			이용 기준수량	비 고
봉함식	대형	소 형	1회 3만 통 이상	※ 반드시 '고객 맞춤형 이용신청서' 작성
		봉투/속지 칼라인쇄	1회 3만 통 이상	
		봉투만 칼라인쇄	1회 1만 통 이상	
접 착 식			1회 1만 통 이상	
그림엽서			1회 4만 통 이상	

② 접수기한
(1) 발송 희망일 10일 전에 접수하되 사전에 위탁제작센터와 반드시 협의 후 접수 처리하여야 함
(2) 서비스 최소 소요기간(이미지 교정이 간단한 경우에는 8일도 가능함)

이미지 교정	➡	제판	➡	자재 조제	➡	납품	➡	제작·발송	총소요일
3일		1일		2일		1일		1일	8일

※ 위의 소요기간은 토요일, 공휴일, 우편물 배달 소요일을 제외된 기간임

감액조건과 감액률

SUB 01 우편요금

POINT 1) 일반통상 우편요금 감액조건 및 감액률

① 발송인(계약자)이 동일하며, 1회 1만 통 이상 발송하는 우편물로서 우편물의 종류,
중량 및 규격이 동일한 일반통상우편물
② 우편번호는 우정사업본부 고시(「도로명주소 연계 우편번호 조정 고시」)에 따른 우편번호 사용
③ 물량구간별 감액률

구 분	물량감액률(%)	비 고
1만통 이상 ~ 5만통 미만	1	o 우편요금 감액률은 총 우편요금의 합계에 감액률 적용
5만통 이상 ~ 10만통 미만	2	
10만통 이상	3	

POINT 특수통상 우편요금(수수료 포함) 감액조건 및 감액률

「등기통상우편물의 우편요금 감액대상, 감액요건, 감액범위 및 계약등기 우편물의 부가취급 서비스에 대한 고시(우정사업본부 고시)」적용
(단, '집배코드 인쇄 및 연번식 제출' 감액률은 적용 제외)

SUB 02 제작수수료

POINT 감액조건

① 발송인(계약자)이 동일하며, 1회 1만 통 이상 발송하는 우편물로서 우편물의 종류,
중량 및 규격이 동일한 통상우편물
② 우편번호는 우정사업본부 고시(「도로명주소 연계 우편번호 조정 고시」)에 따른 우편번호 사용

POINT 물량구간별 감액률

구 분	감액률(%)	비 고
1만통 이상 ~ 5만통 미만	2	o 제작수수료는 총 제작수수료의 합계에 감액률 적용
5만통 이상 ~ 10만통 미만	5	
10만통 이상 ~ 20만통 미만	8	
20만통 이상	11	

PART 6 | 새로운 우편서비스
생활정보홍보우편서비스

개념

① 생활정보홍보우편은 「우편법 시행규칙」 제85조제1호사목의 '상품광고우편물의 맞춤형 서비스'로서 일정지역 내(배달우체국 관할)의 불특정 수취인(세대주 등)에게 생활정보에 관한 상품(재화·용역)의 홍보물(광고전단지, 카탈로그, 쿠폰북 등)을 일반통상우편물로 취급하여 발송하는 서비스
② 고객이 우편물의 제작부터 발송까지 처리를 우체국에 위탁하여 제작하거나, 직접 제작하여 배달우체국 등에 접수하여 발송한다.

서비스 이용 제한 우편물

① 받는 사람의 개인정보(실명, 전화번호 등)가 기재된 우편물 등
② 우편법 제17조(우편금지물품, 우편물의 용적·중량 및 포장 등)에 따라 접수가 제한되는 우편물
③ 그 밖에 사회적으로 물의를 일으킬 수 있다고 판단되는 내용이 포함된 우편물

접수우체국

우체국 위탁 제작	1) 전국 우체국(우편취급국 제외) 및 인터넷우체국 2) 배달국 당 500통 이상만 접수 가능
고객(발송인) 직접 제작	1) 우편물을 직접 배달할 우체국을 관할하는 5급 이상 우체국 2) 우편물을 직접 배달할 6급 이하 관서(별정우체국 포함)도 접수 가능

생활정보홍보우편물별 1회에 발송할 최소 우편물 수

구 분	전단지형	책자형
우편물 종류	접착형, 봉투형, 봉입형, 브로마이드형	카탈로그형
최소 우편물 수	500통	

물량(기본) 감액율

구 분	전단지형				책자형
	접착형	봉투형	봉입형	브로마이드형	카탈로그형
우편요금 감액률	30%	30%	30%	30%	27%
이용중량한도	50g	50g	50g	1,200g	1,200g
적용 우편요금	규격			규격 외	

홍보우편물의 종류 및 형태

구 분		형 태
전단지형	접착형	o 용지 1장(3단 접지, 6면)의 1면에 고객(발송인) 및 수취인 주소를 인쇄하고, 나머지 면에 홍보 내용을 인쇄하여, 3단으로 접어 접착방식으로 봉함한 우편물 o 중량 50g를 초과하지 않은 규격의 일반통상우편물
	봉투형	o 내용(홍보)문을 인쇄용지 양면에 인쇄하여 봉함한 우편물 o 중량 50g를 초과하지 않은 규격의 일반통상우편물
	봉입형	o 고객(발송인)이 홍보물을 제공하고 봉투제작은 우체국에 위탁한 우편물 o 중량 50g를 초과하지 않은 규격의 일반통상우편물
	브로마이드형	o 내용(홍보)문이 인쇄된 용지 1장(2절지, 4절지)을 접지(4회, 3회)하고 홍보내용을 인쇄하여 봉함한 우편물 o 중량 1,200g를 초과하지 않은 규격 외의 일반통상우편물
책자형	카탈로그형	o 철침, 풀 등에 의해 내용(홍보)문을 책자 형태로 제본하여 봉함한 우편물(카탈로그, 쿠폰북 등) o 중량 1,200g를 초과하지 않은 규격 외의 일반통상우편물

우편물의 규격

① 우정사업본부 고시 「우편물의 용적, 중량 및 포장방법」의 요건에 적합해야 한다.
② 우편물의 외부기재사항은 우정사업본부 고시 「통상우편물의 규격요건 및 우편물의 외부표시 사항」의 기준에 적합해야 한다.

우편물 제출방법

기본 제출요건	① 서비스 이용 신청서를 작성하여 제출해야 한다. ② 수취인 주소, 우편번호, 요금인영 등 우편물의 외부기재 사항이 국내 통상우편물 기준에 적합해야 하며, 수취인의 주소는 한글로 표기해야 한다. ③ 우편물 표면 왼쪽 중간에 생활정보홍보우편 및 반송불필요를 표시해야 한다. ④ 우편물 표면에는 연속번호(Serial Number)를 표기해야 한다. ⑤ 우편물 표면 왼쪽 아래에 약도, QR(Quick Response) 코드, 쿠폰 등을 표시할 수 있다. ⑥ 집배코드를 표기해야 한다.
구분 제출요건	① 집배코드를 사용하여 배달국-집배팀 번호별로 구분하여 제출해야 한다. ② 집배코드 표기는 항목별 규격에 모두 적합해야 한다. ③ 아파트 지역에 배달하는 우편물은 아파트 동 별로 구분하고 호수는 순차적으로 정리하여 제출해야 한다. ④ 우체국의 순로구분기 구분요건에 적합하도록 제출해야 한다.
묶음 형태로 우편물 제출	① 묶음 1개의 두께는 30㎝ 이하로 최소 10통 이상이어야 하나, 동일한 행선지의 자투리 우편물은 10통 이내로 할 수 있다. ② 우편물을 묶을 때에는 흐트러지지 않도록 가로, 세로 '+' 형태 등으로 견고하게 묶어야 한다. ③ 각 묶음에는 정확한 아파트별 동별 또는 집배코드 및 배달국명이 기재된 표지가 잘 보이도록 앞·뒤에 끼워야 함. 단, 아파트 동(번호) 및 집배코드는 글자크기가 14포인트 이상일 경우 표지 부착 생략이 가능하다. ④ 배달국-집배팀별로 구분(묶음)하여 제출할 때 1개의 묶음에 들어 있는 우편물은 집배팀이 동일하여야 하며, 동일 묶음내의 우편물은 집배구 번호가 연번으로 정렬되어 있어야 한다. 다만, 10통 미만의 자투리 물량은 2개 이상의 팀을 한 묶음으로 제출할 수 있으며, 이때 집배팀은 연번으로 정렬하고 팀 간에 간지를 삽입해야 한다. ⑤ 집배코드 인쇄 시 한글 표기 도착집중국명과 배달국명은 생략이 가능하다. ⑥ 제출된 우편물은 집배코드 및 아파트 동별 구분의 정합성 여부 및 인쇄 상태 등을 무작위 샘플로 추출 검사하여 감액을 적용한다.

우체국 위탁 제작

① 고객은 우체국 및 인터넷우체국을 통해 생활정보홍보우편의 봉투 제작, 내용물 제작, 봉입, 발송을 우체국에 위탁할 수 있다.
② 우체국이 생활정보홍보우편을 제작하는 경우에는 우편요금과 별도로 생활정보홍보우편 내용물, 봉투 제작과 봉입, 동봉물 봉입 수수료를 고객은 우체국에 지급하여야 한다.
③ 고객이 광고전단지 및 봉투 또는 동봉물만 제작하고, 생활정보홍보우편물에 봉입 또는 동봉 작업을 우체국에 위탁하는 경우, 고객은 우체국이 지정한 업무대행기관(한국우편사업진흥원)에 광고전단지 및 봉투 또는 동봉물을 소포 등으로 송부해야 한다.

생활정보홍보우편 위탁제작 수수료

SUB 01 접착형 및 봉투형

구분	접착형	봉투형		
		A4 / B5용지	A3 / B4용지	A2 / B3용지
홍보물 인쇄비	80원/장(2면)	90원/장(2면)	140원/장(2면)	240원/장(2면)
디자인 제작비	20,000원/1건(2면)	20,000원/1건(2면)	40,000원/1건(2면)	80,000원/1건(2면)

※ A4/B5용지는 4장까지 가능하며, 기본 1장 초과 시 1장당 제작수수료 50원과 디자인 제작비 20,000원 부과

SUB 02 봉입형: 내용물 1장에 한하여 이용 가능

구 분	A4 / B5용지	A3 / B4용지	A2 / B3용지
봉입 수수료	60원	65원	70원

SUB 03 동봉서비스 수수료

1장당 20원을 적용(5장까지 가능)

요금별납인 사용 특례

① 홍보우편물에 표시하는 요금별납인에는 접수우체국명을 표시하는 것이 원칙이다 (기본형).
② 다만, DM사(인쇄사, 광고기획사 포함)에서 작업하여 접수하는 홍보우편물이 다수의 접수우체국일 경우에는 별납표시인에 접수우체국명 대신에 「우체국」으로 표시(확장형)해야 하며, 접수우체국명은 연속번호(Serial Number) 기재란 뒤에 표시해야 한다.

SECTION 03 팩스 우편 서비스

PART 6 | 새로운 우편서비스

개념 및 요금

① 팩시밀리(이하 '팩스'라 함)를 수단으로 통신문을 전송하는 서비스
② 이용수수료
  ㉠ 시내, 시외 모두 동일한 요금을 적용한다.
  ㉡ 최초 1매 500원, 추가 1매 당 200원, 복사비 1장 당 50원

취급조건

① 취급대상은 서신, 서류, 도화 등을 내용으로 한 통상우편물이어야 한다.
② 통신문 용지의 규격은 A4규격(210mm×297mm)에 통신내용을 기록, 인쇄한 것으로 한다.
③ 통신문은 몹시 치밀하여 판독이 어려워서는 안 되고, 선명하여야 하며 검은 색이나 진한 파란색으로 표시한 것이어야 한다.
④ 다만, 발신·수신시 원형 그대로 재생이 곤란한 칼라통신문은 취급은 하지만 그에 따른 불이익은 의뢰인이 부담한다.
⑤ 우정사업본부장이 지정 고시하는 우체국에서만 취급할 수 있다.
 - 우편취급국은 제외
 - 군부대 내에 소재하는 우체국은 우정사업본부장이 지정, 고시하는 우체국만 가능

04 나만의 우표

PART 6 | 새로운 우편서비스

개념

① 개인의 사진, 기업의 로고·광고 등 고객이 원하는 내용을 신청
② 우표를 인쇄할 때 비워놓은 여백에 컬러복사를 하거나 인쇄하여 신청고객에게 판매하는 IT기술을 활용한 신개념의 우표 서비스

접수 신청

신청서 접수기관	전국 우체국(별정우체국, 우편취급국 포함), 인터넷우체국, 모바일 앱, 한국우편사업진흥원 및 접수위탁기관에서 접수할 수 있다.
신청 안내	① 접수할 때 제작과 발송에 걸리는 기간, 신청수량, 판매가격, 할인율 등을 신청자에게 안내한다. ② 신청인에게 신청서를 작성하게 한 후 사진, 데이터 파일 등과 함께 제출하도록 안내한다.
기록사항	① 신청서에 배달 희망주소와 이름, 우편번호, 전화번호 등이 정확히 기록하였는지 확인한다. ② 신청자가 사진을 제출한 경우 사진 뒷면에 이름과 전화번호를 기록한다.
신청서 관리	① 접수자는 신청서에 우편날짜도장으로 날인하여 원본은 우체국에 1년 동안 보관하고 ② 신청자에게 사본 1부를 접수증으로 교부하고 ③ 1부는 제작기관에 사진이나 데이터와 함께 송부한다.

종류와 제공 이미지

① 종류 : 기본형, 홍보형, 시트형, 카드형
② 기본형은 고객 이미지 1종이 기본
③ 홍보형 및 시트형은 기본 종수(1종) 외에 큰 이미지 1종을 무상으로 제공한다.
④ 기본이미지 외 이미지 추가 요청 시 1종 추가마다 600원씩 추가됨
⑤ 신청량이 전지 기준 101장부터 추가 이미지(최대 20종) 무료 제공

> 참고 ▶ 주의
> 우표 전지 한장 당 가격은 언급하지 않음

전지 신청량	1~100장	101장 이상
기본 이미지 종수	1종	20종

접수 시 유의사항

SUB 01 자료 사용 권한 확인

① 나만의 우표를 신청하는 사람은 사진 등의 자료를 사용할 수 있는 권한이 있어야 하며, 자료의 내용이 초상권, 저작권 등 다른 사람의 권리를 침해하면 이에 대한 법적 책임이 있다는 것을 설명해야 한다.
② 접수할 때 신청 자료의 내용이 다른 사람의 초상권, 저작권 등을 침해 한 것으로 확인된 경우에는 신청 고객이 해당 권리자에게서 받은 사용 허가서나 그 밖의 사용 권한을 증명할 수 있는 서류를 제출하도록 안내한다.
③ 서류 보관기간 : 접수한 날부터 5년(이미지 : 3개월)

SUB 02 이미지 선명도 확인

① 접수자는 선명도가 낮은 사진 등에 대해서는 우표품질이 떨어진다는 사실을 설명한 후 신청자가 원하는 경우에만 접수하고, 그렇지 않은 경우에는 보완하여 제출하게 한다.
② 접수자는 사진 등 관련 자료는 명함판(반명함판)이 적정하나 제출한 사진 자료의 크기가 너무 크거나 작을 경우에는 축소 또는 확대 복사, 인쇄에 따라 선명도가 낮아질 수 있음을 설명해야 한다.

SUB 03 기타

① 나만의 우표를 우편물에 붙인 경우 고객의 사진부분에 우편날짜도장이 날인될 수 있음을 사전에 설명해야 한다.
② 접수된 이미지나 자료는 우표 제작이 완료된 후에 신청고객이 반환을 요구하는 경우에만 반환하고 반환하지 않은 이미지는 제작기관에서 일정기간 보관 후 폐기한다는 것을 설명한다.
③ 영원우표가 아닌 구 권종(300원, 270원, 250원권 등)은 판매가 중지되었다.

접수할 때 거절해야 하는 사항

① 공공의 질서와 선량한 풍속, 국민의 건전한 소비생활에 해를 끼치는 내용
② 국가 정책을 비방하거나 우정사업에 지장을 주는 내용
③ 선거법 등 각종 법령에서 제한하는 내용
④ 과대 또는 거짓임이 명백한 내용, 다른 사람을 모독하거나 명예를 훼손하는 내용
⑤ 정치적·종교적·학술적 논쟁의 소지가 있는 소재
⑥ 그 밖에 사회적으로 물의를 일으킬 수 있다고 판단되는 내용

SECTION 05 인터넷 우표

PART 6 | 새로운 우편서비스

개념과 종류

SUB 01 개념

① 고객이 인터넷우체국을 이용하여 발송 우편물에 해당하는 우편요금을 지불하고 본인의 프린터에서 직접 우표를 출력하여 사용하는 서비스
② 인터넷우표는 고객편의 제고와 위조, 변조를 방지하기 위하여 단독으로 사용할 수 없으며 수취인 주소가 함께 있어야 한다.

SUB 02 종류

① 일반통상과 등기통상 두 종류가 있으며, 등기통상의 경우 익일특급서비스도 부가할 수 있다.
② 국제우편물과 소포우편물은 이용대상이 아니다.

결제

결제방법	신용카드, 즉시계좌이체, 전자지갑, 휴대폰, 간편 결제 등
구매 취소	① 구매한 후 출력하지 않은 인터넷 우표에 한정하여 구매 취소가 가능하다. ② 요금을 결제한 우표 중 일부 출력 우표가 있는 경우에는 구매 취소를 할 수 없다. EX) 1회에 10장을 구입하여 1장을 출력한 경우 구매 취소가 불가 ③ 결제 취소는 결제일 다음날 24시까지 가능하다. *다만, 휴대폰 결제인 경우 당월 말까지 취소가 가능하다.

참고 ▶ 인터넷우체국 발송 후 배달증명 서비스
결제 후 다음 날 24시까지 (재)출력이 가능하다.

유효기간

① 인터넷 우표는 국가기관이 아닌 개별 고객의 프린터에서 출력하여 사용하기 때문에 우표의 품질이 일정하지 않으며, 또 장기간 보관에 따른 우표의 오염이나 훼손 우려가 있어 출력일 포함 10일 이내에 사용하도록 하였다.
② 유효기간이 경과한 인터넷 우표를 사용하려 할 경우에는 유효기간 경과 후 30일 이내에 재출력을 신청하여야 사용이 가능하다.

후속 조치

SUB 01 재출력 대상

① 인터넷우표 출력 도중 비정상 출력된 우표
② 요금은 지불하였으나, 고객 컴퓨터의 시스템 장애로 출력하지 못한 우표
③ 정상 발행되었으나 유효기간 경과한 우표
④ 그 밖에 다시 출력할 필요가 있다고 인정되는 우표

SUB 02 우표류 교환

① 정가 판매한 인터넷우표는 우표류 교환 대상에서 제외한다.
② 인터넷 우표는 장기간 보유하지 않으며, 수취인 주소가 기록되어 있어 다른 이용자에게 판매할 수 없기에 우표류 교환 대상에서 제외한다.

06 고객맞춤형 엽서(올인원)

PART 6 | 새로운 우편서비스

개념과 종류

SUB 01 개념

우편엽서에 고객이 원하는 그림·통신문과 함께 발송인과 수취인의 주소·성명, 통신문 등을 인쇄하여 발송까지 대행해 주는 서비스

SUB 02 종류

기본형	① 우편엽서의 앞면 왼쪽이나 뒷면 한 곳에 고객이 원하는 내용을 인쇄하여 신청고객에게 판매하는 서비스 ② 앞면 왼쪽에 고객이 원하는 내용을 인쇄하는 경우에는 희망 고객에 한하여 발송인이나 수취인 주소·성명을 함께 인쇄
부가형	① 우편엽서의 앞면 왼쪽과 뒷면에 고객이 원하는 내용을 인쇄하여 신청 고객에게 판매하는 서비스 ② 희망하는 고객에게만 발송인·수취인의 주소·성명, 통신문까지 함께 인쇄하여 신청고객이 지정한 수취인에게 발송까지 대행

접수

SUB 01 접수창구

전국 우체국(별정우체국, 우편취급국 포함), 인터넷우체국 및 모바일앱

SUB 02 자료 사용 권한 확인

① 고객맞춤형 엽서를 신청하는 사람은 사진 등의 자료를 사용할 수 있는 권한이 있어야 하며, 자료의 내용이 초상권, 저작권 등 다른 사람의 권리를 침해하면 이에 대해 법적 책임이 있다는 사실을 설명해야 한다.
② 접수할 때 신청 자료의 내용이 다른 사람의 초상권, 저작권 등을 침해한 것으로 확인한 경우에는 신청고객이 해당 권리자에게서 받은 사용허가서나 그 밖의 사용권한을 증명할 수 있는 서류를 제출하도록 안내한다.
③ 서류 보관기간: 접수한 날부터 5년(이미지: 3개월)
④ 신청고객이 제출한 사진이나 이미지 데이터가 수록된 저장매체의 자료는 신청고객 본인이나 그 데이터의 소유자가 사용을 허락한 것으로 간주하며, 법적인 문제가 생길 경우에는 모든 손해배상 책임은 신청고객에게 있음을 안내한다.

SUB 03 이미지 선명도 확인

① 신청고객이 제출한 사진이나 이미지 데이터의 선명도가 낮은 경우에는 신청고객이 원하는 경우에만 접수하고, 그렇지 않은 경우에는 보완하여 제출하게 한다.
② 사진이나 이미지 데이터의 규격이 너무 크거나 작을 경우에는 축소하거나 확대하여 인쇄해야 하므로 선명도가 낮아질 수 있음을 설명해야 한다.

고객맞춤형 엽서의 교환

① 고객맞춤형 엽서를 우편물로 발송하기 이전에는 엽서에 표기되어 있는 액면금액만을 우편요금으로 인정하며, 교환을 청구할 때에는 훼손엽서의 처리 규정을 적용함을 안내해야 한다.
② 다만, 부가형은 교환대상에서 제외
③ 고객이 교환을 요청한 때에는 훼손엽서로 규정하여 교환금액(현행10원)을 수납한 후 액면금액에 해당하는 우표, 엽서, 항공서간으로 교환해 준다.

07 인터넷우체국

PART 6 | 새로운 우편서비스

THEMA 개념

우정사업본부장이 우체국 서비스를 컴퓨터, 스마트폰 등 정보통신설비를 이용하여 거래할 수 있도록 설정한 가상의 영업장

THEMA 접속방법 및 회원가입

접속방법	PC(www.epost.go.kr), 우체국 앱으로 접속하여 회원·비회원으로 이용
가입절차	① 연령 제한은 없으며, 개인회원, 외국인회원, 사업자 회원, 아동회원으로 구분 ② 가입할 때는 본인확인(아이핀인증 또는 휴대폰인증)을 거친 후 ③ '이용약관', '개인정보 수집 및 이용안내', '개인정보 취급위탁', '개인정보 제3자 제공(선택)'에 대해 동의해야만 회원가입 가능

THEMA 인터넷우체국 서비스 종류

우편 서비스

전자우편	e-그린우편(소형봉투, 대형봉투, 접착식), 맞춤형 편지 등 전자우편 서비스
증명서비스	생활정보홍보우편 신청접수 및 증명서비스(내용증명, 발송 후 내용증명, 발송 후 배달증명)
접수서비스	간편사전접수서비스(등기통상, 창구소포, 국제우편물), 주소라벨(등기통상)인쇄, 간편사전접수 우체통접수서비스
우표 서비스	기념우표 사전예약판매, 우표류 판매(일반우표, 우표책·첩 및 초일봉투, 인터넷우표), 나만의우표 제작, 우표역사·우표이야기·우표제작방법을 안내하는 한국우표포털 등 우표 서비스
엽서·카드	그림엽서, 기념엽서, e-그린엽서, 고객맞춤형엽서, 모바일엽서, 축하카드, 연하카드 등 엽서류·축하카드 서비스
고객 편의	방문결제영수증출력, 모바일영수증 보관함, 우편물배달조회(등기, EMS), 우편번호 검색(지번·도로명), 우체국전화번호안내, 우체국·우체통 위치안내, 국내·국제 우편요금 조회 등 고객 편의 서비스
기타	① 현금배달, 주거이전서비스, 수취인 배달장소 변경, 무인우체국 가입, 전자지갑 등 부가서비스 ② 우편물 손해배상 신청(모바일만 제공)

우체국소포

① 방문접수소포 예약, 방문접수소포 반품예약, 창구소포접수 예약, 창구(다량)소포라벨 인쇄
② 착불배달우편물 결제 서비스

우체국EMS·국제우편

① 국제우편스마트접수 : 국제특급(EMS), EMS프리미엄(창구), 국제소포(항공·선편), 등기소형포장물(항공)
② 통관절차대행수수료 납부 행방조회/조사청구

우체국쇼핑

- 농산물, 수산물, 농산가공품, 축산물/공예품, 전통주 등 우리특산물 서비스
- 신선 농산물, 신선 수산물, 즉석/가공식품, 건강식품 등 제철식품 서비스
- 의류/패션/화장품, 가구/생활/유아/가전, 가공식품 등 생활마트 서비스
- 꽃테마, 커뮤니티 등 꽃배달 서비스
- 국내산 식품의 해외판매를 위한 해외배송몰 서비스
- 전국의 전통시장 상품을 판매하는 전통시장 서비스
- 기업고객 대상 빠른구매, 입찰구매, 법적의무 구매 등 우체국B2B 서비스
- 임직원 대상 직원몰 및 우체국보험 FC를 위한 선장품몰 서비스
- 결제수단으로 신용카드, 즉시계좌이체, 무통장, 간편결제 등 제공

우체국알뜰폰

- 이동통신 재판매로써 기존 휴대전화 고객을 위한 저가형 휴대전화 서비스
- 알뜰폰 소개, 요금제 안내, 단말기 안내, 가입절차, Q&A 등 안내 서비스
- 알뜰폰 온라인 숍, 판매우체국 찾기 등 가입 서비스
- 본인인증수단으로 우체국, 신용카드, 간편인증 등 제공

우체국골드바

- 금 시세 안내 서비스
- 미니골드바, 우표형골드바 등 판매 서비스

계약고객전용시스템

SUB 01 이용절차

우체국과 계약	(계약)고객번호 부여 *계약체결 세부내용은 제3편 제2장 제5절 계약등기, 제7절 계약소포 및 제3장 제5절 국제우편 이용계약 참고
회원가입 인터넷우체국 (www.epost.go.kr)	① 신규고객인 경우 : 고객회원종류 선택(개인, 사업자) >> 약관동의 >> 기본정보 입력 시 계약고객번호 입력 및 고객유효성 검증 >> 가입완료 ② 기존고객인 경우 : 로그인 후 고객정보수정에서 계약고객번호 입력 >> 고객유효성 검증 * 계약고객번호를 모를 경우 계약우체국에 문의
시스템 접속	① 인터넷우체국(www.epost.go.kr) → 계약고객전용 클릭 ② 계약고객전용시스템(http://biz.epost.go.kr) 직접 접속
시스템 사용설정	사용할 시스템(계약소포, 계약EMS/K-Packet, 다량등기, e-그린우편, 소포기업간연계) 및 접수우체국 설정

SUB 02 서비스 종류

계약고객 전용 서비스	계약고객 대상 계약소포, 계약EMS, 기업간연계, 다량등기 및 E-그린우편 등
오픈 API	우편번호조회, 국내우편물 종추적, EMS/K-Packet 종추적, EMS/K-Packet 신청, 소포신청, 집배코드조회, 공지사항조회, 우체국명조회

08 유사 등기

PART 6 | 새로운 우편서비스

THEMA 선택등기 서비스

	선택등기
개념	① 등기취급 및 발송인의 우편물의 반환거절을 전제로 우편물을 배달하되 ② 우편물을 수취인에게 배달할 수 없는 경우에는 준등기 취급에 따라 우편물을 배달하는 특수취급 제도이다. ③ 2회 배달(하루에 1회 배달) 시까지는 일반등기처럼 배달을 시도하고, 폐문부재인 경우 우편함에 투함(우편함 투함시 수취인의 수령여부는 확인되지 않음. 보험취급·내용증명 불가)
취급대상	① 통상우편물 ② 6kg까지 가능 ③ 특급 취급 시 30kg 가능
요금	중량별 통상우편요금 + 선택등기 취급수수료 2,400원
배달기한	접수한 다음 날부터 3일 이내
부가서비스	① 전자우편, 익일특급, 발송 후 배달증명, 계약등기 ② 단, 발송 후 배달증명은 수령인의 수령사실 확인 후 배달완료된 경우 (무인우편함 포함)에 한해 청구가 가능하고, 우편함에 배달완료된 경우에는 청구가 불가하다.
손해배상	① 손실, 분실에 한하여 최대 10만원까지 손해배상을 제공하고 ② 배달완료(우편함 등) 후에 발생된 손실, 분실은 제외
배달방법	① 1회차: 대면 배달(수령인 확인) ② 2회차: 대면 배달 시도 후 폐문 부재일 경우 우편 수취함에 배달

THEMA 준등기

	준등기
개념	① 우편물의 접수에서 배달 전(前)단계까지는 등기우편으로 취급 ② 수취함에 투함하여 배달을 완료하는 제도 ③ 등기우편으로 취급되는 단계까지만 손해배상을 하는 서비스
취급대상	① 국내 통상우편물 ② 200g 이하
요금	① 1,800원(정액 요금) ② 전자우편 제작수수료 별도
배달기한	접수한 다음 날부터 3일 이내
부가서비스	전자우편(우편창구 및 연계 접수에 한함)
손해배상	① 우체국 접수 시부터 배달국에서 배달증 생성 시까지만 최대 5만원 까지 손해배상을 제공 ② 배달완료 후에 발생된 손실.분실은 제외
접수	전국 우체국(우편집중국, 별정우체국 및 우편취급국 포함)
번호체계	첫째 자리가 "5"로 시작하는 13자리 번호 체계로 구성
알림서비스	① 발송인은 준등기 우편서비스의 배달결과를 문자 또는 전자우편(e-Mail)으로 통지받을 수 있음 ② 접수시 우편물 접수 시에 발송인이 연락처 정보를 제공하지 않는 경우에는 배달결과 서비스를 받지 못함을 발송인에게 안내 ③ 집배원이 배달결과를 PDA에 등록하면 배달결과 알림 문자가 자동으로 발송인에게 전송 ④ 접수 시 발송인이 '통합알림'을 신청한 경우에는 배달완료일 다음날(최대 D+4일)에 발송인에게 배달결과를 함께 전송

전송
반송
반환
	① 전송: 준등기 우편물로 처리(수수료 없음)
	② 반송: 일반 우편물로 처리(수수료 없음)
	③ 반환: 일반우편물로 처리
	  ㉠ 우편물이 우편집중국으로 발송되기 전까지 반환청구 수수료는 무료
	  ㉡ 우편물이 우편집중국으로 발송한 후에는 반환청구 수수료를 징수함
	  ㉢ 반환청구 수수료는 통상우편기본요금을 적용

종적조회	① 접수 시부터 수취함 투함 등 배달완료 시까지 배달결과에 대한 종적 조회가 가능(전송우편 포함) ② 반송 시에는 결과 값이 반송 우편물로만 조회가 되고, 발송인에게 도착되기까지의 종적정보는 제공되지 않음

09 기타

PART 6 | 새로운 우편서비스

🟨 월요일 배달 일간신문

① 토요일 자 발행 조간신문과 금요일 자 발행 석간신문(주3회, 5회 발행)을 토요일이 아닌 다음주 월요일에 배달(월요일이 공휴일인 경우 다음 영업일)하는 일간신문

② 신문사가 토요일 자 신문을 월요일 자 신문과 함께 봉함하여 발송하려 할 때에 봉함을 허용하고 요금은 각각 적용한다.

MEMO

PART 7 우편에 관한 요금

SECTION 01	요금별납
SECTION 02	요금후납
SECTION 03	요금수취인부담
SECTION 04	착불배달우편물
SECTION 05	선납 라벨 서비스
SECTION 00	우편요금표시기사용 우편물
SECTION 00	무료 우편물
SECTION 00	통신사무 우편물
SECTION 00	우표류의 관리와 판매
SECTION 06	우편요금 등의 반환청구

SECTION 01

PART 7 | 우편에 관한 요금

요금별납

개념

① 동일인이 동시에 우편물의 종류, 중량, 우편요금 등이 동일한 우편물을 다량으로 발송할 경우에 개개의 우편물에 우표를 첩부하여 요금을 납부 하는 대신 우편물 표면에 "요금별납"의 표시만을 하고, 요금은 일괄하여 현금(신용카드 결제 등 포함)으로 별도 납부하는 제도
② 발송인이 개개의 우편물에 우표를 붙이는 일과 우체국의 우표 소인을 생략할 수 있어 발송인 및 우체국 모두에게 편리한 제도

취급조건

물량 요건	① 10통 이상의 통상우편물이나 <u>소포우편물</u> 발송 시 이용이 가능하다. ② 단, 동일한 10통 이상의 우편물에 중량이 다른 1통 이상의 우편물이 추가되는 경우에도 별납으로 접수가 가능하다.
기타 요건	① 우편물의 종별, 중량, 우편요금 등이 같고 동일인이 동시에 발송해야 한다. ② 발송인이 우편물 표면에 '요금별납'을 표시해야 한다. ③ 관할 지방우정청장이 별납우편물을 접수할 수 있도록 정한 우체국이나 우편취급국에서 이용이 가능하다.

> **STEP 2 국제우편 요금별납 요건**
> ① 통상우편물 : 10통 이상
> ② 국제특급우편물과 소포우편물의 우편요금은 현금과 신용카드(혹은 체크카드)로 결제하므로 별납취급에 특별한 요건이 없음

접수요령

① 발송인이 요금별납 표시를 하지 않은 경우에는 우체국에 보관된 요금별납 고무인을 사용하여 발송인에게 날인하도록 하거나, 요금즉납으로 접수한다.
② 요금별납 고무인은 책임자(5급 이상 관서: 과장, 6급 이하 관서: 국장)가 수량을 정확히 파악해서 보관해야 하며, 담당자는 책임자에게 필요할 때마다 받아서 사용한다.
③ 요금별납 우편물은 책임자가 보는 앞에서 접수하고, 접수담당자와 책임자는 요금별납 발송신청서의 해당 칸에 각각 서명한다.
④ 요금별납 우편물에는 원칙적으로 우편날짜도장을 찍지 않는다.
⑤ 요금별납 우편물은 우편창구 업무 시간 내에 접수하는 것이 원칙이다.
⑥ 요금별납 우편물은 우편창구에서 접수하는 것이 원칙이다.

02 요금후납

PART 7 | 우편에 관한 요금

개념

① 우편물의 요금(부가취급수수료 포함)을 우편물을 발송할 때에 납부하지 않고 1개월간 발송 예정 우편요금액의 2배에 해당하는 금액을 담보금으로 제공받고, 1개월 간의 요금을 다음 달 20일까지 납부하는 제도
② 접수 시 신용카드로 결제할 수 있다.
③ 우편물을 자주 발송하는 공공기관, 은행, 회사 등이 요금 납부를 위한 회계 절차상의 번잡함을 줄이는 동시에 우체국은 우표의 소인 절차를 생략할 수 있다.

취급 가능 우체국

① 우편물을 발송할 우체국 또는 배달할 우체국
② 우편취급국은 총괄우체국장의 사전 승인을 받은 후 이용 가능

취급 대상우편물

① 한 사람이 매월 100통 이상 발송하는 통상·소포우편물
② 발송우체국장이 정한 조건에 맞는 국가 또는 지방자치단체 우편물
③ 반환우편물 중에서 요금후납으로 발송한 등기우편물
④ 팩스우편물, 전자우편물
⑤ 우편요금 수취인부담 우편물
⑥ 우편요금표시기 사용 우편물

STEP > 국제우편 요금후납
① 취급우체국 : 후납계약을 맺은 우체국에서 발송(우편취급국 포함)
② 취급요건 : 한사람(후납승인을 받은사람)이 매월 100통 이상 발송하는 통상 및 국제 소포우편물

담보금

SUB 01 담보금 제공

담보금액	계약자가 납부할 1개월 분의 우편요금을 개략적으로 추산한 금액의 2배 이상
담보금액 조정	납부한 담보금액이 실제 1개월 발송 우편요금의 2배액에 미달되거나 초과되는 경우에는 담보금액을 증감 조치할 수 있다.
제공방법	① 보증금 ② 본부장이 지정하는 이행보증보험증권이나 지급보증서

SUB 02 담보금 면제

1/2 면제	최초 계약한 날부터 체납하지 않고 2년간 성실히 납부한 사람
전액 면제	① 최초 후납계약일부터 체납하지 않고 4년간 성실히 납부한 사람 ② 국가, 지방자치단체, 공공기관, 은행법에 따른 금융기관과 특별법에 따라 설립된 공공기관 ③ 우체국장이 신청자의 재무상태 등을 조사하여 건실하다고 판단한 사람 ④ 신용카드사 회원으로 등록하고, 그 카드로 우편요금을 결제 ⑤ 1개월간 납부하는 요금이 100만 원 이하인 사람 ⑥ 우체국소포 및 국제특급(EMS) 계약자 면제

STEP ▶ 우체국소포, EMS 계약자 면제 조건

다음의 기준을 모두 충족하는 경우
① 우편관서 물류창고 입점업체로서 담보금 수준의 물품을 담보로 제공하는 사람
② 최근 2년간 체납하지 않은 사람
③ 신용보증 및 신용조사 전문기관의 신용평가 결과가 B등급 이상인 사람

SUB 03 담보금 제공 면제의 취소

담보금 제공을 면제받은 후 2년 이내에 요금을 2회 이상 체납한 경우	① 담보금 1/2 면제 대상 : 담보금 제공 면제 취소 ② 담보금 전부 면제 대상: 담보금 제공 1/2 면제로 변경
담보금 전부면제 대상이 담보금 제공을 면제받은 후 2년 이내에 요금을 3회 이상 체납한 경우	담보금 제공 면제 취소
우체국소포 및 국제특급(EMS) 계약자인 경우	① 신용보증 및 신용조사 전문기관의 평가 결과가 B등급 미만으로 하락한 경우 ② 담보금 제공을 면제받은 후 요금납부 기준일부터 요금을 1개월 이상 체납한 경우 ③ 담보금 제공을 면제받은 후 요금을 연속 2회 이상 체납하거나, 최근 1년 이내에 3회 이상 체납한 경우

STEP ▶

우편요금후납 계약우체국장은 우편요금 체납을 이유로 면제 취소를 받은 사람에 대해서 담보금 면제 혜택을 2년간 금지할 수 있다.

요금후납 계약국 변경 신청 제도

SUB 01 개념

① 계약자가 다른 우체국으로 요금후납 계약국을 변경하는 제도
② 신청 대상 : 모든 우편요금후납 계약

SUB 02 처리 절차

① 이용자의 요금후납 계약국에 변경신청서를 제출한다.
② 접수국은 인수하는 우체국이 업무처리가 가능한지 검토한다.
 1) 인수하는 우체국의 운송 여력과 운송시간표
 2) 인수하는 우체국의 업무량 수준
 3) 고객 불편이 예상되는 경우 사전 안내하여 변경 신청 여부를 다시 확인
③ 계약국 변경이 가능한 경우에는 계약국, 이관국, 이용자에게 변경 사항을 알리고 우편요금후납 계약서류와 담보금을 이관국으로 송부한다.
* 담보금이 이행보증증권(피보험자=계약우체국장)인 경우 계약국 변경 시 보증증권 재발행 필요
④ 인수국은 계약사항을 우편물류시스템에 입력한 후 후납계약 업무를 시작

요금후납 접수 방법

SUB 01 요금후납의 표시

① 발송인이 요금후납 표시를 하지 않은 경우, 우체국에 보관된 고무인으로 표시한다.(발송인에게 날인하도록 할 수 있음).
② 우편날짜도장 날인은 생략한다.
③ 요금후납 고무인 관리와 안내에 대한 사항은 요금별납의 처리 방법에 따른다.

SUB 02 접수와 참관

① 후납우편물 접수 후 '접수통지서'는 책임자에게 결재를 득하여 접수부서에서 보관하고, 책임자는 결재 시 요금과 물량을 확인한다.
② 발송표에 적힌 등기우편물 승인번호를 조회하여 접수 처리한다.
③ 발송표 및 접수통지서의 날인은 요금별납우편물의 처리 방법을 따른다.
④ 창구업무 시간 내 접수하는 것이 원칙이다. 다만, 정기발송계약을 맺어 발송하는 일간신문과 시한성 주간신문은 창구업무 시간 외에도 접수 가능하다.

SUB 03 요금후납우편물 발송표의 처리

① 접수 검사가 끝나면 '요금후납우편물 발송표'와 '접수통지서'에 우편날짜도장을 날인한다.
② 발송표는 접수 부서에서 접수통지서는 발송 부서에서 보관하고, 영수증은 발송인에게 내어준다.
③ 발송표는 접수일자별로 구분하여 매월 정리하고, 발송 기간과 매수가 표시된 표지를 붙여 보관한다.

SECTION 03 요금수취인부담

PART 7 | 우편에 관한 요금

개념(1형)

① 요금수취인부담이란 배달우체국장(계약등기와 등기소포는 접수우체국장)과의 계약을 통해 그 우편요금을 발송인에게 부담시키지 않고 수취인 자신이 부담하는 제도이다.
② 통상우편물은 주로 "우편요금수취인부담"의 표시를 한 사제엽서 또는 봉투 등을 조제하여 이를 배부하고 배부를 받은 자는 우표를 붙이지 않고 그대로 발송하여 그 요금은 우편물을 배달할 때에 또는 우체국의 창구에서 교부받을 때는 수취인이 취급수수료와 함께 지불하거나 요금후납계약을 체결하여 일괄 납부하는 형태이다.
③ 일반통상우편물은 통신판매 등을 하는 상품 제조회사가 주문을 받기 위한 경우 또는 자기 회사의 판매제품에 관한 소비자의 의견을 알아 보기 위한 경우 등에 많이 이용되고 있다.

착불배달우편물과 구별
① 계약등기와 등기소포를 대상
② 수취인의 승낙 필수
③ 발송 유효기간과 무관

취급 방법

SUB 01 취급대상

통상우편물, 등기소포우편물, 계약등기이며, 각 우편물에 부가서비스도 취급할 수 있다.

SUB 02 우편날짜도장

요금수취인부담 우편물에는 우편날짜도장의 날인을 생략한다.

SUB 03 요금의 징수

① 요금수취인부담 우편물의 우편요금은 수취인이 우편물을 받을 때에 납부한다. 다만, 요금후납 계약을 맺은 때에는 요금후납의 예에 준하여 처리한다.
② 우편요금은 부가취급 수수료를 포함한 금액의 110%이다. 우편요금 합계금액에 원 단위가 있을 경우에는 절사한다.
예시) 우편요금이 430원인 경우 수수료는 10%인 43원, 우편요금 합계금액은 470원(원 단위 3원 절사)

📙 발송 유효기간 : 착불배달과 구별되는 요금수취인부담의 특징

① 발송 유효기간은 요금수취인부담 계약일로부터 2년이 원칙이다.
② 다만, 국가기관, 지방자치단체 또는 정부투자기관에 있어서는 발송 유효기간을 제한하지 아니할 수 있어 2년을 초과하여 발송 유효기간을 정할 수 있다.
③ 발송 유효기간의 표시의 생략
국가기관, 지방자치단체 또는 정부투자기관에 있어서는 발송 유효 기간을 표시하지 아니할 수 있다.
④ 발송 유효기간을 경과하여 발송한 요금수취인부담 우편물은 발송인에게 반환한다.
⑤ 계약의 해지 후 발송 유효기간 내에 발송된 요금수취인부담 우편물은 수취인에게 배달한다.

📙 비교 정리

국내 별납	① 10통 이상의 통상우편물이나 소포우편물 발송 시 이용이 가능하다. ② 단, 동일한 10통 이상의 우편물에 중량이 다른 1통의 우편물이 추가되는 경우에도 별납으로 접수가 가능하다.	국제 별납	① 통상우편물 : 10통 이상 ② 국제특급우편물과 소포우편물의 우편요금은 현금과 신용카드(혹은 체크카드)로 결제하므로 별납취급에 특별한 요건이 없음
국내 후납	한 사람이 매월 100통 이상 발송하는 통상우편물, 소포우편물 + α	국제 후납	한사람(후납승인을 받은사람)이 매월 100통 이상 발송하는 통상 및 국제 소포우편물
국내 별납	관할 지방우정청장이 별납우편물을 접수할 수 있도록 정한 우체국이나 우편취급국에서 이용이 가능	국제 별납	우편취급국을 제외한 모든 우체국
국내 후납	① 우편물을 발송할 우체국 또는 배달할 우체국 ② 우편취급국은 총괄우체국장의 사전 승인을 받은 후 이용 가능	국제 후납	① 후납계약을 맺은 우체국에서 발송(우편취급국 포함) ② 다만, 취급국의 경우 등기취급우편물과 공공기관에서 발송하는 일반 우편물에만 허용

SECTION 04 착불배달우편물

PART 7 | 우편에 관한 요금

개념 및 특징

① <u>등기취급 소포우편물과 계약등기우편물</u> 등의 요금을 발송인이 신청 할 때 납부하지 않고 우편물을 배달받은 수취인이 납부하는 제도
② 취급대상 : <u>수취인이 우편요금 등을 지불하기로 발송인이 수취인의 승낙을 얻은 등기우편물</u>

착불배달우편물의 반송

① 착불배달 우편물이 수취인 불명, 수취거절 등으로 반송되는 경우 발송인에게 우편요금 및 반송수수료를 징수한다.
② 다만, 맞춤형 계약등기는 우편요금(표준요금 + 중량구간별 요금)만 징수한다. ※ 접수담당자는 발송인에게 위 사항을 반드시 설명해야 한다.

참고 ▶ 착불배달우편물의 특징
① 착불수수료X
② 맞춤형 계약등기인 경우 반송수수료도 없다.

WOO ▶
수취인에게 배달하지 못하고, 발송인에게 반송된 착불배달 계약등기 우편물은 발송인에게 우편물을 반환하고, 발송인에게서 착불수수료를 제외한 우편요금(등기 취급수수료 포함)과 반송수수료를 징수하되 맞춤형 계약등기는 착불수수료를 제외한 우편요금(등기취급수수료 포함)만 징수한다.

SECTION 05

PART 7 | 우편에 관한 요금

선납 라벨 서비스

> THEMA **선납 등기통상라벨**

■ 개념

등기번호 및 발행번호가 부여된 선납라벨을 우체국 창구 등에서 구매하여 첩부하면 창구 외(우체통, 무인우편접수기)에서도 **등기 우편물**을 접수할 수 있도록 하는 서비스

■ 접수

접수채널	전 관서 우편창구 및 우체통 투함, 무인우편접수기
판매가격	① 중량별 차등 적용되는 등기통상우편물의 요금 ② 기본 : 중량별 일반통상우편요금 + 등기취급 수수료 ③ 부가서비스 선택 : 익일특급 수수료, 배달증명 수수료
등기우편물로 효력발생 시점	① 창구접수 : 우체국 창구 접수 시 ② 우체통 투함 : 수거 후 우체국 창구 접수 시 ③ 무인우편접수기 이용 : 무인우편접수기 접수 완료 시

THEMA 선납 선택등기통상라벨

개념

등기번호 및 발행번호가 부여된 선납라벨을 우체국 창구 등에서 구매하여 첩부하면 우편창구 외에서도 **선택등기우편물**을 접수할 수 있도록 하는 서비스

접수

접수채널	전 관서 우편창구 및 우체통 투함
판매가격	① 중량별 차등 적용되는 선택등기통상우편물의 요금 ② 기본 : 중량별 일반통상우편요금 + 선택등기취급 수수료 ③ 선택 : 익일특급 수수료
등기우편물로써 효력발생시점	① 창구접수: 우체국 창구 접수 시 ② <u>우체통 투함: 수거 후 우체국 창구 접수 시</u>

THEMA 선납 준등기통상라벨

개념

준등기 번호 및 발행번호가 부여된 선납라벨을 우체국 창구 등에서 구매하여 첩부하면 창구 외(우체통, 무인우편접수기)에서도 **준등기 우편물**을 접수할 수 있도록 하는 서비스(준등기우편 발송요건에 맞지 않는 경우 접수 불가)

접수

접수채널	전 관서 우편창구 및 우체통 투함, 무인우편접수기
판매가격	200g까지 1,800원(정액(단일)요금)
준등기우편물로 취급 시점	① 창구접수 : 우체국 창구 접수 시 ② <u>우체통 투함 : 수거 후 우체국 창구 접수 시</u> ③ 무인우편접수기 이용 : 무인우편접수기 접수 완료 시

THEMA 선납 일반통상라벨

개념

① 우편요금과 발행번호가 부여된 선납라벨을 우체국 창구에서 구매 후 일반통상우편물에 우표대신 첨부하여 우편물을 접수할 수 있도록 하는 서비스
② 대상: 일반통상 우편물 (등기우편물에도 부착 가능)

접수

접수채널	전 관서 우편창구 및 우체통 투함, 무인우편접수기
판매가격	중량별 일반통상 우편요금

THEMA	선납 라벨 공통사항

이용원칙	① 발송인은 우편물 당 1개의 선납라벨만 부착 ※ 단, 선납일반통상라벨은 우편물에 기 부착한 선납라벨의 우편요금이 부족한 경우에는 동일 우편물에 추가로 부착 가능 ② 우편물 봉투 우측 상단(우표 부착위치)에 부착
판매채널	전국 우체국 우편창구(별정우체국, 우편취급국 포함)
유효기간 (사용권장기간)	① 구입 후 1년 이내 ※ 선납통상라벨은 시간이 경과하면 인쇄상태가 흐려질 수 있으므로 유효기간 내 사용을 권장하며, 다만 유효기간이 경과하더라도 고객 요청 시 재출력 가능 ※ 선납등기(선택등기, 준등기) 라벨의 경우 유효기간 경과에 따른 고객의 라벨 재출력 요청 시 판매일자 기준으로 1년, 2년, 3년 중 유효기간 연장 선택하여 처리 ② 선납라벨 사용기간 권장 사용기간(1년 이내) 경과로 인해 인쇄상태가 불량하거나 라벨 일부 훼손 등으로 사용이 어려운 경우, 해당 라벨 소지 후 우체국에 방문하여 동일한 발행번호와 금액으로 재출력 받을 수 있다.
재출력	① 선납라벨로 접수된 우편물에 대해 접수를 취소하면, 선납라벨을 재출력하여 교부한다. ② 선납라벨 훼손 정도가 심각하여 판매정보(발행번호, 바코드, 요금 등)의 식별이 불가능한 경우에는 재출력(교환)이 불가하다.
분할	① 미사용 선납 등기(선택등기, 준등기) 통상라벨은 라벨 금액 범위 내에서 1매 이상의 선납일반통상라벨로 교환하여 발행 받을 수 있다. ② 미사용 선납일반통상라벨은 라벨 금액 범위 내에서 2매 이상의 선납일반통상라벨로 분할하여 발행 받을 수 있다.
환불	① 선납라벨 구매 취소 및 환불은 구매 당일에 한해 구매자가 영수증을 소지하고, 판매 우체국에 방문 시 환불 가능하고, 부분 환불은 불가하다. ② 선납라벨을 부착한 우편물 접수 시 실제 우편요금 보다 선납라벨 금액이 많은 경우 차액은 환불이 불가하다.

00 우편요금표시기사용 우편물

PART 7 | 우편에 관한 요금

📙 개요

① 개념
우편요금을 표시할 수 있는 기계를 가진 사람이 발송할 우체국과 계약을 하고 우편물을 발송하며 요금을 따로 납부하는 제도
② 이용 방법
㉠ 기계를 사용하여 우편물에 직접 요금인영을 표시하거나, 별도 증지에 표시하여 우편물에 부착
㉡ 발송할 때마다 요금을 납부하거나 1개월 사용요금을 한 번에 정산하여 납부

📙 사용 계약

SUB 01 계약 과정

요금표시기 인영번호 부여신청	→	요금표시기 인영번호 부여	→	계약 신청	→	계약 요건 심사	→	계약
· 인영번호 부여 신청서 제출 · 요금표시기 인영 제출		· 인영각인상태 점검 및 시정 · 요금표시기 인영 번호 부여 · 번호부여 원부 등재		· 요금표시기 사용 계약 신청서 제출 · 요금표시기 제출		· 기록 사항 확인 · 요금표시기 인영 확인 · 작동상태 검사		· 인가 통보 · 요금표시기에 필요한 조치 · 각종 이용에 관한 사항

SUB 02 계약 절차

POINT 요금표시기 인영번호 부여 신청서 접수와 인영번호 부여 : 신청서 접수와 검사

① 인영의 크기: 최대 가로 70㎜ × 세로 35㎜
② 날짜도장 크기: 최대 지름 30㎜, 날짜도장 안에 다른 모양이나 선 표시 금지
③ '대한민국 우편'이라고 표시, 위치는 오른쪽 위 모서리 기준 가로·세로 어느 쪽으로도 표시 가능. 다만, 반드시 '대한민국 우편'이라고만 표기해야 함
※ '대한민국 우표' 등 다른 문자사용은 금지
④ 광고 인영 크기 : 최대 가로 55㎜
⑤ 그 밖에 인영 주위의 무늬 도안 등 디자인에 대해서는 우편요금표시기 신청자에게 사용할 수 있는 권한이 있어야 하며, 디자인이 초상권, 저작권 등 다른 사람의 권리를 침해하면 이에 대한 법적 책임이 있다는 것을 설명
※ 접수할 때 신청 자료의 내용이 다른 사람의 초상권, 저작권 등을 침해한 것으로 의심되는 경우에는 신청고객이 해당 권리자에게서 받은 사용동의서나 그 밖의 사용권한을 증명할 수 있는 서류를 제출하도록 안내

> **POINT** 계약신청서 접수검사

① 인영번호가 새겨진 표시기와 사용계약신청서가 접수되면 다음의 사항을 확인
  · 표시기의 명칭 · 구조 · 조작방법
  · 인영 번호
  · 발송우체국명
  · 발송인의 주소
  · 성명과 우편번호
  · 인영 견본 10장
② 계약신청서 검사
  · 신청서 기록 사항과 표시기 내용이 다르지 않는지
  · 인영에 발송우체국 이름, 우편요금액, 발송연월일, 인영번호 등이 바르고 선명히 나타나는지
    ※ 광고 인영은 계약요건 대상이 아니므로 계약서를 작성할 때 광고 인영을 표시하지 않으며, 사용자가 임의로 사용하여도 됨
  · 요금표시기는 원활하게 작동하고 요금검사에 지장이 없는지
  · 요금납부나 그 밖의 의무사항을 성실하게 이행할 사람인지
  · 요금납부방법을 별납으로 하는지 후납으로 하는지

> **POINT** 계약을 체결할 때 사용자에게 알려야 할 사항

① 후납인 경우, 요금표시기 사용 우편물에 대한 담보금의 납부방법 및 금액
② 요금표시기 및 잠금장치의 제시에 관한 사항
③ 우편요금 등의 납부에 관한 사항
④ 요금표시기 사용에 관한 주의사항
⑤ 요금표시기 사용 우편물의 발송요령에 관한 사항
⑥ 요금표시기가 고장 난 때의 처리와 수리에 관한 사항
⑦ 요금표시기 사용에 관한 각종 신고 사항
⑧ 요금표시기 계약의 취소에 관한 사항

> **POINT** 계약이 성립되었을 때

우편요금표시기 사용계약원부를 비치하고 필요한 사항을 적어 관리하여야 함
※ 계약원부 등록 및 관리는 요금후납계약 방법에 따라 처리

SUB 03 담보금 및 요금징수와 관련된 업무

요금후납계약 방법에 따라 처리

SUB 04 신고사항의 처리

① 계약자가 개명, 대표자의 교체 등으로 발송인 명의가 바뀐 때에는 바뀐 날부터 5일 안에 신고하여야 함
② 발송인이 표시기 사용 계약을 해지하려 할 때에는 표시기 사용해지신고를 하여야 하며, 이 경우에는 표시기를 발송우체국에 보여주어야 함
③ 발송우체국 또는 표시기가 바뀐 때에는 새로운 계약으로 판단하고 처리

SUB 05 계약 취소

① 계약자가 아래의 사항에 해당하는 경우, 계약을 취소할 수 있음
- 우편요금표시기를 부정하게 사용한 때
- 우편요금표시기의 인영을 위조하거나 변조하여 사용한 때
- 우편요금표시기의 인영을 잃어버리고 즉시 알리지 않은 때
- 우편요금의 납부를 게을리 한 때
② 계약을 해지한 때에는 사용자에게 문서로 알려야 함
③ 후납요금 미납으로 말미암은 정지와 해지
- 지정 기한까지 납부하지 않았을 때에는 독촉을 하고 독촉 기한도 지키지 않았을 경우, 사용을 정지함
- 정지한 날부터 15일 안에 납부하지 않으면 계약을 해지하여야 함

요금표시기인영 첩부우편물 취급방법

SUB 01 발송표 및 우편물 제출

1) 요금표시기 별납우편물 발송표 2부와 요금인영이 표시된 우편물을 계약한 우체국의 창구에 제출
2) 잘못 표시되거나 그 밖의 사유로 사용하지 않은 인영증지, 인영봉투가 있는 경우, 발송표에 첨부하여 제출

SUB 02 접수 검사

1) 접수하는 우체국과 계약한 것인지 확인
2) 우편물 오른쪽 윗부분에 정확히 인영이 표시되어 있는지 확인
 - 확인사항: 우편요금, 발송우체국명, 발송연월일, 요금표시기 인영번호
3) 신청내용과 실제 우편물이 같은지 확인
4) 인영에 표시된 날짜가 접수하는 날과 같은지 확인
5) 사용하지 않고 제출한 인영증지·인영봉투는 정당한지 확인
6) 표시기 사용금액(이번에 사용한 금액과 지난번에 사용한 금액의 차액)이 발송하는 우편요금과 사용하지 않은 인영증지·인영봉투의 금액을 합한 금액과 일치하는지 확인
7) 그 밖의 발송표에 적힌 사항이 정당한지 확인

SUB 03 요금 납부

1) 요금표시기 별납 요금(부가취급수수료 포함)은 발송표의 지난번 표시액과 이번 표시액의 차액을 현금 등으로 납부
2) 사용하지 않은 인영증지·인영봉투 등을 발송표에 첨부하여 제출한 때에는 그 금액을 납부요금에서 공제
3) 요금표시기 후납계약을 한 경우에는 사용자별로 매월 사용액을 집계하여 요금후납 세입조정 절차에 따라 처리

SUB 04 날짜도장 날인

1) 요금표시기사용 우편물에는 우편날짜도장의 날인을 생략
2) 다만, 요금이 부족하여 추가로 우표나 요금증지를 붙인 경우에는 우표는 소인하며, 요금증지는 소인하지 않음

SUB 05 발송표의 처리

1) 접수검사가 끝난 발송표 2장은 우편날짜도장을 찍어 1장은 발송인에게 교부
2) 사용자별로 매월분을 정리하여 사용자명, 사용기간, 발송표 매수를 적은 표지를 붙여 보관

SUB 06 발송표 정리부의 기록

접수우체국은 요금표시기별(후)납 월별 발송실적과 요금표시기별(후)납 발송표를 계약업체별로 구분하여 관리하여야 함

SUB 07 사용하지 않은 인영·봉투를 처리할 때의 확인사항

1) 제출된 인영증지나 봉투의 사용 여부를 확인
2) 발송표에 기록한 사용하지 않은 인영·봉투의 매수와 금액이 실제 물건과 일치하는지 확인

00 무료 우편물

PART 7 | 우편에 관한 요금

개요

SUB 01 개념과 의의

1) 송달에 필요한 우편요금을 내지 않고 보내는 우편물
2) 재해지역 구호, 전쟁포로 인권 보호 등 공익을 위해 법률로 지정하여 무료로 우편서비스를 이용할 수 있도록 한 제도

SUB 02 이용할 수 있는 우편물

1) 우편사무우편물
- 과학기술정보통신부와 그 소속기관이 발송하는 우편물 중 우편업무와 관련된 것
- 과학기술정보통신부와 그 소속기관으로 발송하는 우편물 중 우편물에 관한 손해배상, 우편요금 등의 반환청구, 우편물에 관한 사고조회 및 과학기술정보통신부와 그 소속기관의 우편업무상 의뢰에 의한 것
2) 구호우편물
- 구호기관이 이재민을 구호하기 위하여 서로 주고받는 우편물
* 대상 구호기관 : 군·행정기관 또는 이재민의 구호를 목적으로 특별히 설치한 기관

- 구호기관에서 재해지역의 이재민에게 발송하는 우편물
3) 전쟁포로우편물
- 전쟁포로가 발송하는 우편물
- 전쟁포로사무를 보는 기관에서 전쟁포로사무에 관하여 발송하는 우편물
4) 시각장애인용 우편물
- 시각장애인용 점자
 · 종이 위에 도드라진 점을 모아 만든 시각장애인용 점자 우편물
 · 법률에 따라 설치된 시각장애인 단체 등이 보내는 점자·묵자* 혼용우편물
* 묵자 : 점자를 해석하여 일반문자 등으로 표시한 것
- 시각장애인용 녹음물 : 공인된 시각장애인 단체 등이 보내는 것

접수요령

SUB 01 접수검사

1) 무료 우편물 대상인지 확인
2) 우편물 종류에 따른 표시가 맞는지 확인
- 종류별 표시: 우편사무, 구호우편, 전쟁포로우편, 시각장애인용우편
3) 발송인 및 수취인의 구별에 따른 표시가 맞는지 확인
- 발송인과 수취인이 국가·지방자치단체인 경우 기관명을 표시
- 발송인과 수취인이 공무원인 경우 소속·직위·성명을 표시
- 우편사무인 경우, 발송인과 수취인의 우편번호 반드시 표시
- 우편사무로 발송되는 일반 문서류는 표면 왼쪽 아래에 내용품 표시

【주의】외부 표시 사항이 빠진 우편물의 처리
- '2)'와 '3)'에서 정한 표시가 빠진 경우, 무료우편물로 취급하지 않음

SUB 02 부가취급

1) 다른 우편물의 원활한 소통을 위해서 일반우편물로 취급하고 부가취급은 중요하거나 시한성이 있는 특별히 필요한 경우에만 발송인 요구에 따라 제한적으로 허용
2) 부가취급을 할 수 있는 무료우편물
- 우표류·수입인지 등 우편업무 관련 유가증권류
- 귀금속·보석·옥석·기계부속품(형체에 비해 가격이 비싼 것) 등 귀중품
- 특별송달우편물의 송달통지서
- 우편부서에서 보내는 것으로 관서장이 중요하다고 인정하는 문서
- 시각장애인용 점자·녹음물, 전쟁포로우편물, 구호우편물
- 그 밖에 법령에서 규정한 것

무료 우편물 종류별 취급방법

SUB 01 우편사무우편물의 취급방법

POINT 과학기술정보통신부와 그 소속기관(우체국 포함) 간 이용절차

기존과 동일
※ 시한성 우편물을 제외하고는 일반우편물로 취급

POINT 과학기술정보통신부와 그 소속기관(우체국 포함)과 개인 간 이용절차

① 발송가능 우편물
- 기관/단체로 발송하는 우편사업 홍보 안내문
- 우편취급관서*의 업무종료 및 개국 이전 안내 등
  * 우체국, 우편집중국, 우편취급국 등
- 우편요금 후납 고지서, 임대료 고지서 등
- 배송 진행 중 기표지 탈락 물품 및 이탈품, 오배달 등
- 우편 우수고객 선장용품 및 홍보(포상)용품
- 계약서류, 송달확인서, 영수증 등 고객 교부용 서류
- 전자우편 및 생활정보홍보우편 제작 시 제작센터 발송물품

② 중요하거나 시한성 있는 우편물을 제외하고는 일반우편물로 취급

POINT 무료물품등기우편물의 취급방법

① 취급대상
- 우편관서 간에 보내는 우표류·수입인지
- 발송우편관서의 장이 인정하는 중요 우편물

② 포장 방법
- 우표류 훼손 및 상호접착 등을 방지하기 위해서 2중 포장하여 묶음 처리한 후 우표발송 전용용기로 포장
- 우표류를 발송할 때에는 입회 공무원과 함께 포장한 봉함지에 3개처 이상 날인. 다만 한국조폐공사에서 봉함한 것으로 포장에 이상이 없는 경우, 그대로 발송

③ 표시사항 검사
- 우편물 표면과 국명표에 무게와 가격이 표시되어 있는지 확인
- 표시된 무게와 실제 무게가 같은지 확인

④ 부피와 무게가 우편사무우편물 제한 범위를 넘지 않는지 확인
- 부피 : '일반우편자루 나호'에 넣을 수 있는 범위
- 무게 : 20kg 이내

POINT 우정사업조달센터 무료우편자루우편물의 취급방법

① 우표류와 수입인지를 포장한 물품은 붉은 색의 우정사업조달센터 전용우편용기에 넣은 후 우편관서에서 무료물품등기우편물로 접수
② 우편용기 국명표에는 발송기관명, 수취기관명, 우편번호와 빨간색 직선 2줄을 세로로 표시하고 라벨을 붙여 발송

> 참고 ▶ 우정사업조달센터
> 무료우편용기 성격
> ① 접수단계와 배달단계에서는 1통의 우편물로 취급하기 때문에 배달증 필요
> ② 운송단계에서는 운송용기로 취급하기 때문에 운송용기 송달증 필요

SUB 02 구호우편물의 취급방법

1) 발송표 2부를 제출받아 실제 물량과 대조 확인
2) '구호우편' 표시와 발송기관 이름이 적혀 있는지 확인
3) 일반적인 우편물 처리방법에 따라 접수하되, '구호우편물'을 선택하여 등록
4) 접수우체국장은 취급 장소를 따로 지정할 수 있고, 종류별·지역별·수취인 우편번호별로 구분하여 제출하도록 요구할 수 있음
5) 관할 지방우정청장은 재해가 발생하면 구호기관을 확인하여 신속히 소속 우체국에 알려주어야 함

SUB 03 전쟁포로우편물의 취급방법

1) 발송표 2부를 제출받아 실제 물량과 대조 확인
2) '전쟁포로우편' 표시가 되어 있는지 확인
3) 수취인 주소지가 송달 가능지역인지 확인

SUB 04 시각장애인용 우편물의 취급방법

1) 외부표시 사항 확인
① '시각장애인용우편'이 표시되어 있는지 확인
② 시각장애인용 녹음우편물과 점자·묵자 혼용우편물에는 시각장애인복지기관의 법인 설립인가번호가 표시되어 있는지 확인
* 예) 보건복지부장관 인가 제85호 한국시각장애인복지협회

2) 내용물 확인
① 해당 우편물의 견본을 받아 무료취급 적정 여부 확인(확인 후 돌려줌)
② 적정여부 판단기준
- 시각장애인용 점자
 · 종이 위에 도드라진 점들을 모아 만든 시각장애인용 점자만 허용
- 법률에 따라 설치된 단체에서 보내는 시각장애인용 점자·묵자 혼용우편물
 · 묵자는 점자를 해석한 것을 전제로 하며 점자 분량을 넘을 수 없음
 · 묵자는 점자에 병기해서 표기하거나, 별도 페이지에 수록할 수 있으나, 한 가지 내용의 점자·묵자는 하나로 제본되어 있어야 함
* 법률에 따라 설치된 단체 등이 보내는 경우에 한정하여 일반문자나 그림을 그대로 돋아낸 것 또한 묵자의 일종으로 인정

- 시각장애인용 녹음물: 영상없이 음성만 포함된 녹음물

3) 우편물 접수
① 위의 1), 2)의 조건을 모두 충족하는 경우, 무료로 취급
- 무료로 취급하는 경우에는 가급적 일반우편물로 취급하고, 발송인의 요구가 있는 경우에만 등기취급
- 접수 시 포스트넷에 무료우편물 종류를 구분하여 선택*
* 점자, 점자·묵자혼용, 녹음물, 구호우편물, 전쟁포로우편물
② 위의 1), 2)의 조건 중 어느 하나라도 충족하지 못하는 경우에는 유료로 취급하거나 보완을 요청

SUB 05 그 밖의 무료우편물

그 밖의 무료우편물(국민투표법 등)의 발송방법, 취급절차 등에 관해서는 관계법령과 우정사업본부장이 정하는 취급지침 등을 참고하여 처리

통신사무 우편물

PART 7 | 우편에 관한 요금

개요

SUB 01 개념

① 우정사업본부와 그 소속기관이 발송하는 것으로 '우편사무'와 관련없는 우편물
② 발송하는 부서에서 직접 요금을 납부하지 않고 각 사업부분별 요금을 본부에서 해당 사업비용과 우편사업 수익으로 회계 처리하여 정산하는 제도

SUB 02 의의

통신사무우편물은 접수 당시 요금을 계산하지 않을 뿐, 일반적인 우편물과 동일한 요금을 적용하기 때문에 무료우편물인 우편사무우편물과는 다름

접수요령

SUB 01 접수검사

1) 간편 사전접수를 통해 접수된 내역과 실제 우편물이 같은지 확인
2) 한 번에 발송하는 우편물의 무게가 각각 달라 적기가 어려운 경우, 평균 무게 단위로 통일하여 적음
3) 청남색(인쇄할 때는 검정색)으로 '통신사무' 표시를 했는지 확인
4) 우정사업조달센터에서 발송하는 우편물은 내용에 따라 예금, 보험, 기타로 분류

SUB 02 접수방법

POINT 일반우편물과 등기우편물

일반적인 방법과 동일하게 접수

> **POINT** 우편관서 간 자금송부, 사무용품 등 특별히 취급하는 우편물의 접수

① 통화등기 · 유가증권등기의 접수
- 우편관서 간 자금송부나 과초금을 납부하는 현금 송달은 통화등기우편물로, 수표는 유가증권등기로 접수
- 통화등기 및 유가증권등기를 접수할 때에는 각각의 자 · 과초금 송부용 봉투나 운송자루를 사용
- 봉함상태 이상 유무, 봉투 표면 · 운송자루 국명표에 수령우체국, 우편번호, 통신사무 글자가 확실히 적혀 있는지 확인한 후 무게 · 금액이 적힌 라벨을 붙여 발송

② 일반사무용품의 접수
- 내용품 성격과 목적에 따라 일반통상 · 등기통상 · 등기소포우편물로 접수
- 우편물 표면에는 '사무용품'이라고 표시
- 동일 기관으로 보내는 물품이 '보통우편자루 나호'를 가득 채울 정도로 많으면 그 자루를 하나의 우편물(특별체결우편물)로 하여 발송
- 위 경우, 국명표에 발송기관 · 수취기관 · 우편번호 등을 정확히 적은 다음 국명표에 빨간색 직선을 1줄을 그어 표시

③ 특별체결우편물 접수부서: 발송담당 부서에서 직접 접수하여 발송

④ 특별체결우편물의 성격
- 접수 · 배달할 때: 우편물 성격을 가지므로 배달증 필요
- 운송할 때: 운용용기 성격을 가지므로 운송용기 배달증 필요

⑤ 우정사업조달센터에서 발송하는 식지류와 일반용품의 우편물 접수
- 식지류와 일반용품은 특별한 경우를 제외하고는 물품등기우편물로 접수
- 우정사업조달센터 전용 우편자루에 넣어 발송하며, 국명표에는 발송기관
- 우편번호 · 무게를 정확히 적고 빨간색 직선을 1줄을 그어 표시
- 우정사업조달센터에서는 우편물과 함께 현황 자료를 우체국이나 집중국에 보내야 함

⑥ 우정정보관리원에서 발송하는 법원 진술최고서 답변 우편물 접수
- 등기우편물 접수 방법에 따라 처리
- 법원에서 진술최고서와 함께 보내 온 회신용 우표는 별도 종이에 붙여 접수국에 제출하고, 접수국에서는 우표를 소인하여 보관

발송증 처리

접수내역은 창구직원이 '우편물 발송증'에 입력하고, 마감 시 책임직이 시스템에서 확인(필요시 출력)

요금정산

1) 우체국예금과 보험관련 통신사무의 우편요금은 매월 우정사업본부에서 우체국예금특별회계 · 우체국보험특별회계 · 우편사업특별회계 간의 전출입금으로 일괄 계산하여 징수하고, 예금 · 보험의 사업비용과 우편사업수익(별납우편료)으로 회계처리
2) 다만, 우정정보관리원에서 발송하는 법원 진술최고서 답변 우편물 중 우표를 첨부한 경우의 우편요금은 정산 대상에서 제외

우표류의 관리와 판매

PART 7 | 우편에 관한 요금

우표류 판매기관과 판매 우표류 종류

SUB 01 우표류 판매기관 : 우표류는 우편관서와 다음에 해당하는 사람이 판매

1) 우표류 판매 업무에 관한 계약을 체결한 국내 판매인
2) 우표류 수집과 취미우표 등을 보급하는 업무에 관한 계약을 체결한 국내외 보급인

SUB 02 우표류 판매기관이 판매할 수 있는 우표류 종류

1) 국내판매인: 우표, 우편엽서, 항공서간, 그 밖의 우정사업본부장이나 계약우체국장이
필요하다고 인정하는 우표류
2) 국내외보급인: 우취보급용 우표류(다만, 국제반신우표권과 우편물의 부가취급에 필요한 봉투 제외)

우표류 판매 방법

SUB 01 정가판매

1) 우표류는 「우편법 시행규칙(이하 '규칙'이라고 함)」 제76조의3에 따라 할인 판매하는 경우를 제외하고는 정가로 판매해야 함. 다만, 「규칙」 제25조제1항11호에 따른 의한 광고우편엽서는 정가와 판매가를 함께 표시하여 할인 판매할 수 있으며 그 할인금액은 정가의 100분의 30 범위에서 우정사업본부장이 미리 정하여 고시

2) 우표류 판매기관에서 판매한 우표류는 환매나 교환의 청구 불가. 다만, 다음의 경우 에는 동일한 금액에 해당하는 우표류로 교환 청구 가능
① 사용하지 않은 우표로서 더럽혀지거나 헐어 못쓰게 되지 아니한 우표는 같은 금액에 해당하는 우표로 교환 가능
② 우편요금이 표시된 인영 외의 부분이 더럽혀지거나 헐어 못쓰게 되어 사용하지 아니한 우편엽서 및 항공서간으로서 우정사업본부장이 고시하는 교환금액을 납부한 경우에는 같은 금액에 해당하는 우편엽서나 항공서간으로 교환 가능. 다만, 헐어 못쓰게 된 경우에는 남은 부분이 전체의 3분의 2 이상이어야 함

SUB 02 할인판매

1) 우체국은 별정우체국·우편취급국, 국내판매인, 국내외보급인에게, 별정우체국은 우편취급국과 국내판매인에게 우표류 할인 판매가능(「규칙」 제76조의3제1항)

2) 할인율은 「규칙」 제76조의3제2항에서 정한 범위에서 우정사업본부장이 정하여 고시

별정우체국, 우편취급국, 국내판매인	① 구입 월액 50만원까지 : 15% ② 구입 월액 50만원 초과 100만원까지 : 10% ③ 구입 월액 100만원 초과 1,000만원까지 : 5% ④ 구입 월액이 1,000만원을 초과하는 금액 : 3%
국내 보급인	판매할 우표류를 매수할 때 매수액의 15%
국외 보급인	판매할 우표류를 매수할 때 ① 1종당 구입 수량이 50,000장까지: 구입액의 35% ② 1종당 구입 수량이 50,000장 초과 100,000장까지: 구입액의 30% ③ 1종당 구입 수량이 100,000장 초과 시: 구입액의 25%

우표류 판매업무의 계약

국내 판매인은 지역주민에게 우편이용 편의를 제공하는 최일선 창구로서 우표류 판매에 필요한 재력과 신용이 있는 사람이어야 하며, 신청 장소의 소재를 관할하는 총괄우체국장과 우표류 판매업무 계약을 체결해야 우표류 판매 가능

SUB 01 계약과정

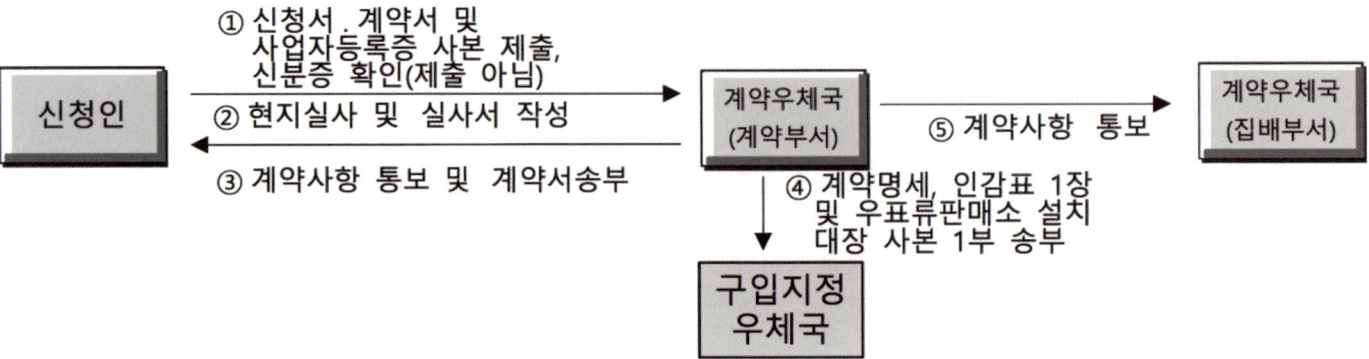

SUB 02 우표류 판매계약 절차

POINT 신청서 제출

국내 판매인이 되려는 사람에게서 다음 각 호의 사항을 기록한 신청서를 우표류 판매 소재지를 관할하는 우체국장에게 제출
【주의】
열차나 선박에서 우표류를 판매하려는 경우에는 그 출발지·종착지, 선적항을 관할하는우체국장에게 제출해야 함

POINT 신청서 접수 후 다음 사항의 적정 여부를 검토해야 함

① 우표류를 일반 사람들에게 판매할 것인지
② 허가신청일 전 1년 이내에 우표류 판매업무의 허가취소를 받은 사실이 없는지
③ 판매소 설치장소가 일반 사람이 쉽게 발견할 수 있는 곳인지
④ 판매소를 운영할 수 있는 능력과 일반적인 신용을 갖추고 있는지
*「장애인복지법」제2조에 따른 장애인이나 65세 이상의 노인이 국내판매인이 되려고 신청한 경우에는 우선적으로 허가 가능

【주의】우표류 판매업무 계약 때의 검토 사항
- 일반 사람들을 대상으로 판매할 목적이 아닌, 자기 수요가 목적인 사람은 허가대상에서 제외
- 우표류의 대량 수요자는 계약대상이 아니며 또한 수요의 주목적이 특정인(우표류의 다량 수요자)을 위한 것으로 판단될 때에는 계약대상에서 제외
- 판매소가 난립할 우려가 있거나 지역적 특수 여건으로 그 운영관리가 어려울 때에는 계약을 제한 가능
- 판매인이 인근 무집배우체국에서 매수를 희망한 경우에는 계약우체국장은 자국배달 관할이나 계약우체국과 같은 총괄국 관할 무집배우체국 중에서 구입우체국을 지정

SUB 03 설치장소의 지정

1) 우표류 판매소를 허가할 때에는 허가우편관서가 일반 사람이 쉽게 발견할 수 있는 설치장소를 지정하여야 함
2) 판매소의 설치장소로 지정할 장소가 우편집배구 관할지역의 경계지점에 있을 경우에는 그 인접 관할 우체국장과 사전에 협의하여야 함
3) 판매소 사이의 거리는 제한하지 아니함. 다만, 관할 우체국장이 필요하다고 인정하는 지역이나 한 건물 내에 2개소 이상의 판매소 설치는 제한할 수 있음

SUB 04 계약통보

1) 신청서를 접수하여 심사한 후 계약 여부를 결정하여 신청인에게 통보하고, 계약한 경우에는 신청인에게 계약서 1부를 보냄
2) 판매인이 우표류 매수 우체국을 별도로 지정한 경우에 계약우체국 국장은 구입지정 우체국장에게 계약사실을 알려야 함

SUB 05 계약원부의 등록 관리

우표류 판매 업무를 계약한 때에는 설치사항을 우편물류시스템에 등록하고 변경 사항이 있을 때는 즉시 수정하여 현행 관리에 철저를 기해야 함

SUB 06 승계와 신고 사항의 처리

POINT 우표류 판매업무의 승계 신청

① 우표류 판매업무의 계약을 맺은 사람이 그 사업을 양도하거나 사망한 때에는 그 양수인이나 상속인 즉, 승계한 사람은 3월 이내에 다음 각 호의 서류를 첨부한 승계신고서를 계약우체국에 제출해야 함
㉠ 상속의 경우 : 상속인임을 증명할 수 있는 서류
* 주민번호 등 개인식별번호가 적힌 서류는 보관하지 않고 확인 후 내어 줌
㉡ 사업양수의 경우: 사업양수 증명 서류(매매계약서, 임차계약서 사본)
② 계약우체국은 적합여부를 심사한 후 승계 여부를 신청인에게 알리고 승계한 때에는 구입지정우체국에 통보

POINT 우표류 판매소 이전 계약신청

우표류 판매업무의 계약을 맺은 사람이 우표류 판매소를 옮기려 할 때에는 그 2일 전에 계약우체국에 이전장소 약도와 신청서를 계약우체국에 제출하여야 함

POINT 국내판매인의 판매업무 계약해지, 주소·성명 변경신고

판매인이 판매 업무를 계약해지하고자 할 때 또는 판매인이 이름이나 주소를 변경하려 할 경우에는 곧바로 계약우체국에 이 사실을 알려야 함. 다만, 판매인이 개명을 한 경우에는 구입지정우체국에 신고하고 구입지정우체국에서는 그 사실을 계약우체국에 통보

POINT 기타

신청서를 접수하여 첨부서류 등을 확인하고 적합 여부를 심사하여 그 계약 여부를 신청인에게 알리고 설치대장의 정해진 사항을 정정하여야 함

SUB 07 계약해지

1) 국내판매인이 다음에 해당하는 때에는 우표류 판매업무의 계약을 해지하여야 함
가) 우표류 판매소 허가기준의 자격요건에 미달할 때
나) 우표류를 정가로 판매하지 않거나 판매가를 위반하여 우표를 판매한 때
다) 판매인의 의무를 이행하지 아니한 때
2) 우표류 판매업무의 계약을 해지하였을 때에는 판매인과 구입지정우체국에 그 사실을 문서로 각각 알려야 함

우표류의 관리와 기증 등

SUB 01 우표류의 관리 등

1) 우표류는 우정사업본부장이 지정하는 물품출납공무원 또는 물품운용관이 이를 관리
2) 물품출납공무원 또는 물품운용관이 관리하는 우표류를 잃어버린 때에는 그 정가에 해당하는 금액을, 더럽혀지거나 헐어 못쓰게 된 때에는 그 조제에 쓰인 실비액을 변상해야 함(다만, 천재지변 등 불가항력적인 경우에는 그러하지 아니함)

SUB 02 우표류의 기증과 사용

1) 우정사업본부장은 국제 협력의 증진과 우정사업의 발전 및 우표의 홍보 등을 위하여 특히 필요하다고 인정할 경우에는 우표류를 기증할 수 있음
2) 우표류는 조제를 위한 자료로 사용하거나 판매를 위한 견본으로 사용할 수 있음
3) 우표류의 기증에 필요한 사항은 우정사업본부장이 정함

우표류의 판매대금 관리

SUB 01 창구판매용

1) 판매한 우표류의 대금은 정가판매로 등록하고 마감 후 출력되는 금융입금의뢰서(2연식)와 대금을 함께 금융부서의 수납담당자에게 제출
2) 금융부서의 수납담당자는 우표대금과 금융입금의뢰서에 적힌 금액을 대조 확인한 후 금융입금의뢰서에 환금수납일부인과 담당자인을 각각 날인하여 1부는 금융부서에 보관하고 1부는 창구부서에 교부
3) 우표종별 정수 외에 우표류를 판매할 경우에는 물품출납공무원에게 특별청구 신청하여 판매
4) 집배원 휴대판매 우표류는 창구주임이 받아서 처리하고 집배원은 그날 복무를 마칠 때 우표류는 반환
5) 수납마감 후 판매요청에 따른 판매대금은 영업마감을 재실시하고 시간외 금융 입금의뢰서에 따라서 책임자에게 넘겨주고 다음날 업무개시 후 즉시 즉납처리

SUB 02 우표류 판매소용

1) 판매인이 우표류의 구입대금과 구입청구서 2장을 제출하면 구입청구서에 확인 날인한 후 1장은 판매인에게 우표류와 함께 내주고 1장은 우표류 판매국에서 보관
2) 판매 신청인의 우표류 구매실적을 조회하여 해당 할인율에 따라서 할인하여 구입 대금 수령
3) 구입청구서 명세를 우편물류시스템 정가할인판매관리에서 등록한 후,
4) 제1항에 따라 그날 판매인에게 판매한 우표류의 대금은 정가판매와 할인판매분을 구분하여 금융입금 의뢰서에 따라 즉납처리

우표류의 교환청구

SUB 01 개념

1) 「우편법 시행규칙」 제76조의2제2항에 따라 사용하지 아니한 우표류로서 오염되거나 훼손되지 아니하여 판매가 가능한 것은 같은 금액의 우표류로 상호 교환
2) 엽서와 항공서간 중 오염되거나 훼손되어 판매가 불가능한 것은 일정한 교환수수료를 납부하는 조건으로 같은 금액의 우표, 엽서, 항공서간으로 교환

SUB 02 교환대상

1) 미사용 우표
① 종류: 보통우표, 기념우표, 나만의 우표(조합형)
② 대상: 오염되거나 훼손되지 아니하여 판매 가능한 것
③ 오염되거나 훼손되어 판매가 불가능한 것은 교환이 불가능함
2) 미사용 우편엽서와 항공서간
① 종류: 통상엽서, 기념엽서, 왕복엽서, 봉함엽서, 항공서간, 축하엽서, 고객맞춤형 엽서, 국내용 고객맞춤형 엽서(기본형), 국제용 고객맞춤형 엽서(기본형)
② 대상: 오염되거나 훼손되지 아니하여 판매가 가능한 것
③ 오염되거나 훼손되어 판매가 불가능한 것 중 교환 가능한 엽서와 항공서간은 교환수수료 징수 대상임
3) 국제반신권은 우표로만 교환 가능
4) 우표책·첩, 우편연하장은 교환 대상에서 제외

SUB 03 교환처리의 절차

POINT 교환청구서 제출

청구인에게 우체국에서 교부한 우표류 교환청구서 용지에 해당 사항을 기록하여 교환대상 우표류와 함께 제출하게 함
【주의】청구인의 도장 날인
훼손엽서 교환청구인의 인장이 없을 경우에는 지장을 찍거나 서명(자필로 이름을 적음) 하여도 괜찮음

POINT 청구서 내용, 우표나 훼손엽서, 항공서간의 검사

① 청구인이 제출한 교환청구서의 기록내용을 검사
② 청구인이 제출한 훼손엽서와 항공서간에 관하여는 다음 사항을 검사
㉠ 우편요금이 표시된 인영 외의 부분의 오염·훼손에 따른 비사용 여부와 기록과 인쇄에서 잘못은 없는지
㉡ 사용 여부
③ 우표는 사용여부와 오염이나 훼손 여부 검토

【주의】
- 교환청구에 응할 수 없는 경우
훼손엽서와 항공서간의 교환청구에 응할 수 없는 경우에는 청구인에게 그 사유를 충분히 설명하여 청구인의 오해가 없도록 하여야 함
- 우편날짜도장 소인이 누락된 경우에 사용 여부의 판별
우편날짜도장의 소인 누락으로 사용 여부의 판별이 곤란한 경우에는 기록된 내용문안을 검사하여 우편엽서와 항공서간의 사용여부에 대해 판별
- 기부금이 첨가된 훼손엽서의 교환
기부금이 첨가된 사용하지 아니한 훼손엽서의 교환을 청구한 경우에는 그 우편엽서에 표시된 기부금 상당액의 현금을 교환수수료에 별도 첨부하여 청구하는 경우에 한정하여 교환에 응함. 다만, 교환하여 주는 엽서가 기부금이 표시되지 않은 일반엽서인 경우에는 교환금액만 징수
- 훼손된 봉함엽서와 잘못 소인한 왕복엽서의 교환
훼손된 봉함엽서와 왕복엽서의 반신부를 착오로 소인한 경우에 그 왕복엽서의 수취인이 교환을 청구한 때에는 그 청구에 응하되 교환수수료를 징수하고 같은 금액의 통상엽서나 기념엽서로 교환해도 무방함
- 판매중지된 왕복엽서와 봉함엽서 교환
왕복엽서와 봉함엽서는 2007년 9월 4일에 판매가 중지되었으나 고객이 교환을 요청할 경우에는 교환해 주어야 하며 훼손된 경우에는 교환수수료를 징수
- 교환 가능한 훼손엽서와 항공서간의 훼손 범위
우편엽서와 항공서간의 일부가 찢어져 없어진 경우에는 우편요금이 표시된 인영을 포함하여 대략 전체의 3분의 2 이상이 남아 있어야 하며 우편요금이 표시된 인영이 찢어져 없어진 것은 물론 우편요금이 표시된 인영이 남아 있어도 찢어져 없어진 부분이 전체의 3분의 1을 초과한 훼손엽서나 항공서간 훼손엽서는 교환할 수 없음

> **POINT** 교환수수료의 징수

청구인이 제출한 우표류를 검토한 결과 교환이 가능하다고 인정하는 우표, 훼손엽서, 항공서간에는 교환수수료를 징수

【참고】 우표류의 교환수수료

구분	단위	교환금액
우표	1장마다	무료
통상엽서, 기념엽서	〃	10원
왕복엽서	발송엽서나 회송엽서 1장마다	10원
	발송엽서와 회송엽서를 합한 1장마다	20원
그림엽서, 항공엽서, 봉함엽서, 항공서간	1장마다	20원
국내용 고객맞춤형 엽서	〃	10원
국제용 고객맞춤형 엽서	〃	10원

* 빠른 엽서 폐지

【주의】
- 요금인상 전의 구권 훼손엽서의 교환청구가 있는 때에는 신권과 구권의 차액에 교환수수료를 합산하여 현금으로 제출
- 사용하지 않은 훼손엽서와 항공서간의 교환수수료는 훼손분을 기준으로 산정
  * 훼손엽서 190원 권 5장을 240원 권 4장으로 교환할 경우, 교환수수료는 통상엽서 5장에 해당하는 50원을 받아야 함
- 교환수수료의 영수증을 청구한 경우에는 우편요금 수령증 및 동원부를 작성하여 교부

> **POINT** 교환 등록과 수수료의 계산

① 교환 청구 명세에 따라 전산 등록하고 청구인에게서 받은 항공서간의 교환수수료, 훼손엽서의 교환수수료, 요금인상 이전의 구권종 엽서와 신권종 엽서와의 차액은 출력된 금융입금의뢰서에 따라 금융부서에 넘겨주어 즉납 처리

② 금융부서의 수납담당자는 각각의 대금과 금융입금의뢰서(2연식)에 적힌 금액을 대조 확인한 후 금융입금의뢰서에 환금수납일부인과 담당자인을 각각 날인하여 1부는 금융부서에서 보관하고 1부는 창구부서에 교부

> **POINT** 훼손엽서와 항공서간의 보관 처리

① 교환이 끝난 훼손엽서와 항공서간은 그날 분을 모두 모아서 맨 윗부분의 엽서와 항공서간에 2개의 대각선을 긋고 그 대각선이 마주치는 중앙부분에는 교환한 날의 우편날짜도장을 찍음
② 교환이 끝난 훼손엽서와 항공서간은 물품운용관이 일정기간(15일 또는 1개월간) 보관한 후에 우편엽서와 항공서간의 보충 청구를 한 때에는 물품출납공무원에게 넘김
③ 물품출납공무원은 넘겨받은 훼손엽서와 항공서간을 우정사업조달센터에 반납하고 우정사업조달센터는 연 1회 총괄하여 불용 처분

> **POINT** 우편엽서와 항공서간의 보충 청구

물품운용관은 반납 등록하고 같은 우편엽서와 항공서간을 청구 등록 처리하여 보충

> **POINT** 엽서와 항공서간의 불출과 정산

물품관리관은 청구와 출급증, 반납과 인수증 거래에 따라 훼손엽서 및 항공서간의 수량 등을 확인한 후 보충 청구수량 만큼의 새로운 엽서와 항공서간을 물품운용관에게 내줌

수입인지 교환과 환매

① 판매인은 그가 가지고 있는 수입인지 중 그의 고의나 중대한 잘못으로 오염되거나 훼손되어 판매에 부적합하다고 인정되는 것을 제외하고는 그 수입인지를 공급한 공급기관에 교환을 청구할 수 있음

② 판매인이 수입인지의 판매 업무를 폐지하거나 사망한 경우에는 본인이나 상속인이 남은 수입인지를 그 할인판매가격으로 되팔 수 있도록 이를 공급한 기관에 청구할 수 있음

③ 금융기관·우정관서·판매인(이하 이 항에서 '금융기관 등'이라 함)에게서 수입인지를 구입한 사람으로서 이제는 소용이 없게 된 수입인지를 가지고 있는 사람은 오염되거나 훼손되어 판매에 부적합하다고 인정되는 것을 제외하고는 금융기관 등에 교환이나 환매를 청구할 수 있음. 이 경우 환매 가격은 액면 금액의 100분의 95에 상당하는 금액으로 하되 10원 미만의 금액은 10원으로 함(원 단위 절상)

> 【예시】수입인지의 교환과 환매
> ① 교환과 환매의 범위 : 우체국에서 정가로 판매한 수입인지 중 오염되거나 훼손되어 판매에 부적합하다고 인정되는 것을 제외한 수입인지
> ② 절차
> · 교환 : 우표류 교환절차에 따름
> · 환매 : 환매정산통합으로 판매국의 판매량과 상관없이 전국우체국에서 환매
> 가능하며 환매가격은 액면금액의 100분의 95에 상당하는 금액을 지급하되 10원 미만의 금액은 10원으로 함(「수입인지에 관한 법률 시행령」제9조)
> * 정가로 판매한 수입인지를 같은 금액의 인지나 다른 종류의 인지로 교환할 경우에는 무료
>
> ③ 환매할 때의 계산 지침: 수입인지 판매대금계정에서 수입인지 액면금액의 96%를 찾아서 고객에게 95%를 교부하고 환매 차이 1%를 수탁영업수익으로 계리
> * 예시: 수입인지 10,000원 환매할 때의 판매대금계정에서 9,600원(96%)를 찾아서 고객에게 9,500원을 지급하고 환매수수료 100원(1%)은 수탁영업수익으로 회계처리

④ 신청인은 「현물 수입인지 환매 신청서」를 작성하여야 하며, 접수직원은 정당 본인 확인, 개인정보 및 처벌조항 동의 확인 후 환매요청한 수입인지가 위·변조로 판명 될 경우 형사고발 조치됨을 안내하여야 함

⑤ 접수직원은 신청인이 환매요청한 수입인지를 우체국에서 보유하고 있는 수입인지 실물 및 '수입인지 위·변조장치 식별방법'을 참조하여 위·변조 여부를 반드시 확인 후 환매하고 위조판정 시 즉시 관할 경찰서에 신고하여야 함

MEMO

06 우편요금 등의 반환청구

PART 7 | 우편에 관한 요금

개념

① 우편요금은 과학기술정보통신부가 제공하는 우편의 서비스에 대한 대가로 납부하는 것이기 때문에
② 이 서비스를 제공하지 않은 경우에는 채무불이행으로 요금을 발송인에게 반환해야 하며
③ 발송인이 요금을 초과 납부한 경우에는 부당이득이 되므로 발송인에게 반환 해야 한다.
④ 그러나 이 모든 경우에 요금을 반환하면 반환사유의 인정이 극히 곤란한 경우가 있을 뿐만 아니라, 이의 해결을 위해 시간이 걸리므로 우편업무의 신속성을 해칠 염려가 있어
⑤ 한 번 납부한 요금이나 초과 납부한 요금은 원칙적으로 반환하지 않으나,
⑥ 대통령령으로 정한 경우에만 납부한 사람의 청구에 따라 요금을 반환하고 있다.

우편요금 등의 반환사유, 반환범위 및 반환청구기간

가. 우편요금 등의 반환사유, 반환범위 반환기간(「우편법 시행령」 제35조)

반환사유 및 반환범위	근거규정	반환청구우체국	청구기간
1. 우편관서의 과실로 인하여 과다징수한 우편요금등	영 제35조 제1항 제1호	해당 우편요금 등을 납부한 우체국	해당우편요금 등을 납부한 날부터 60일
2. 우편관서에서 우편물의 특수취급의 수수료를 받은 후 우편관서의 과실로 인하여 특수취급을 하지 아니한 경우 그 특수취급수수료	영 제35조 제1항 제2호	″	″
3. 사설우체통의 사용을 폐지하거나 사용을 폐지시킨 경우 그 폐지한 다음날부터의 납부수수료 잔액	영 제35조 제1항 제3호	″	폐지한 날로부터 30일
4. 납부인이 우편물을 접수한 후 우편관서에서 발송이 완료되지 아니한 우편물의 접수를 취소한 경우	영 제35조 제1항 제4호	″	우편물 접수 당일

우편요금 반환 청구서의 접수

청구인의 반환청구를 검토하여 지급하기로 결정한 때에는 우편요금 반환청구서에 해당사항을 적은 후에 봉투 등의 증거자료를 첨부하여 제출하도록 한다.

우편요금 등의 반환

① 우표로 반환하는 경우
우표로 반환할 때에는 우선 창구에서 보관 중인 우표로 반환 금액에 상당하는 우표를 청구인에게 교부하고 영수증을 받는다.
② 현금으로 반환하는 경우
현금으로 반환할 때에는 지출관이 반환금 등에서 반환 후 청구인에게서 영수증을 받는다.

PART 8 우편에 관한 요금 : 감액

SECTION 01 | 기본감액과 구분감액

SECTION 02 | 서적우편물(통상)

SECTION 03 | 다량우편물(통상)

SECTION 04 | 상품광고 우편물(통상)

SECTION 05 | 비영리민간단체 우편물(통상)

SECTION 06 | 정기간행물 감액(통상)

SECTION 07 | 상품안내서(카탈로그) 우편물

SECTION 08 | 등기통상우편물

SECTION 09 | 소포우편물의 감액

SECTION 01

PART 8 | 우편에 관한 요금 : 감액

기본감액과 구분감액

THEMA 기본감액

> **참고** 통상우편물 감액의 취지
> 우편 이용의 편의와 우편물의 원활한 송달을 확보할 수 있는 방법으로 발송하는 다량의 통상우편물에 대하여 그 요금의 일부를 감액할 수 있다.

집배코드 별로 구분하여 제출

① 집배코드를 사용하여 <u>배달국 번호, 또는 배달국-집배팀 번호별</u>로 구분하여 제출하여야 함
② 1개의 묶음 및 용기에는 집배코드의 <u>배달국 번호가 동일한</u> 우편물을 담아 제출해야 함

우편물 제출형태 준수 사항

묶음 제출	① 묶음 1개의 두께는 20cm 이하로 하여야 하며, 흐트러지지 않도록 가로, 세로 '+' 형태 등으로 단단히 묶어야 함
	② 각 묶음에는 정확한 행선지별 집배코드, 배달국명 등을 표시한 표지를 잘 보이도록 <u>앞에 끼워야 한다.</u>
	③ 단, 집배코드 글자 크기가 14포인트 이상일 경우 표지 부착을 생략 가능(한글 표기 도착 집중국명과 배달국명은 최소 9포인트 가능)
발송인이 준비한 종이상자에 담아서 제출	① 상자 표면에는 상자 속에 들어 있는 우편물의 행선지별 집배코드, 배달국명 등을 정확히 표시해야 함
	② 종이 상자는 크기, 재질 등이 같고 우편물 운반 시 변형되지 않는 골판지 등을 사용해야 함
우본이 지정하는 운반차(pallet)에 실어서 제출	① 운반차(pallet) 높이 기준으로 최소 50% 이상, 최대 100% 이하를 실어야 함
	① 우편물은 도착 우편집중국별로 분류하여 운반차(pallet)에 실어야 함 ② 정렬 방식 1) 우편물은 집배코드 순서로 정렬하거나 2) 도착 우편집중국별 기계구분계획 순서(sorting plan) (규격 우편물)로 정렬하거나 3) 우편집중국별 (시,군,구)(규격외 우편물)로 정렬함 ③ 구별할 수 있도록 종이 등을 끼워야 함(집배코드 정렬 시에는 배달국 번호 단위로 간지 삽입)
	⑤ 대형우편물(가로 360mm, 높이 265mm, 두께 20mm 초과)과 띠지, 반봉투를 사용한 우편물은 묶어서 실어야 함

제출 서류

제출 서류	① 접수신청서 : 우편물의 종류, 구분정도, 묶음 및 용기 수, 우편물 수 등을 기재 ② 접수목록표 : 일련번호, 집배코드, 우편물 수 등을 기재
접수신청서	서면으로 제출
접수목록표	파일(엑셀)로 제출

> **STEP 2 ▶ 접수목록표 생략**
> 서적우편물 소량 접수분은 접수우체국과 협의한 경우 접수목록표 생략 가능

THEMA 기타

우편물의 외부기재 사항

① 수취인 주소, 우편번호, 요금인영 등이 국내 통상우편물 기준에 적합해야 하며, 수취인의 주소는 한글로 표기해야 함
② 집배코드 표기는 다음 아래 항목별 규격에 모두 적합해야 함

항 목		규 격
글꼴 및 속성	글씨체	- 바탕체, 명조체, 고딕체, 굴림체, 돋움체, 중고딕, 맑은고딕 등
	글씨크기	- 9 point이상(최소)
	글씨모양	- 기울임체, 밑줄, 위줄, ( )를 제외한 특수문자* 사용 제한 * @, /, - (하이픈), &, 쉼표 등
	인쇄품질	- 200dpi 이상(최소)
단어간 공백		- 단어와 단어 사이는 일정 간격을 유지 (예 : 키보드 자판의 스페이스 1칸 이상)
인쇄 위치		- 우편번호 하단에 표기하되 우편물 밑면에 17mm 이상, 오른쪽면에 20mm 이상 여백 필요) * 우편물의 표기면이 부족할 경우 우편번호 바코드 인쇄 생략 가능

표기 형식		- 집배코드와 도착집중국 및 배달국명 표기
		- 도착집중국명과 배달국명은 한글 표기하되 집배코드 바로 하단 또는 집배코드와 나란히 기재
		  * A1 110 01 05
		     동서울집 광화문 또는 A1(동서울집) 110(광화문) 01 05

③ 요금후납 표시 인영 : 우편물을 접수하는 우체국(우편집중국 포함)의 이름을 표기해야 함

배달국 관할 우편집중국으로 접수시

요금후납 계약 체결 우편집중국이 아닌 배달국 관할 우편집중국으로 접수 시
 : 계약승인번호를 제출해야 하며, 요금 납부는 계약 체결 시에 등록된 신용카드로 결제해야 함

THEMA 구분감액

구분감액 적용 (기초)요건

① 물량(기본) 감액 적용요건 충족
② 집배코드를 사용

우편집중국에 접수하는 경우

SUB 01 올바른 집배코드 사용 인증

올바른 집배코드 사용률 인증서 발급방법	① 최근 1개월간 발송한 우편물량(1개월 이내 발송물량이 없을 경우 최근 3개월 이내 발송한 우편물량) 중에서 ② 1회 접수물량(정기 발송하는 고지서 등 동일한 내용의 우편물을 분할 접수하는 경우에는 분할 접수한 물량을 합산) 최대치의 90% 이상의 '주소목록 전산자료(우편번호, 주소, 집배코드 9자리)'를 제출해야 함 ③ 접수국은 그 중 10만건을 무작위 추출(제출된 주소 목록이 10만건 이하일 경우 제출 목록 전체)하여 정확도 판단
올집 인증서 제출	① 집중국(우체국)에서 발급한 "올바른 집배코드 사용률 인증서(유효기간 : 발급일로부터 1개월)"를 우편물과 함께 제출해야 함
올집 정확도 기준	① 배달국별 구분감액 : 집배코드의 집배팀 번호 정확도가 92%이상 되어야 감액 ② 배달국-집배팀별 구분감액 : 집배구 번호 정확도가 92% 이상 되어야 감액

MEMO

SUB 03 수취인 주소 인쇄 규격 준수

① 집중국에서 발급한 "수취인 주소 인쇄규격 사용인증서(유효기간: 발급일로부터 3개월)"를 우편물과 함께 우편집중국에 제출해야 함
② 우편물의 수취인 주소의 인쇄표기는 다음 항목별 규격에 모두 적합해야 함

항목		규격(필수 요구사항)
1. 글꼴 및 속성	1-1. 글씨체	바탕체, 명조체, 고딕체, 굴림체, 돋움체, 중고딕, 맑은 고딕, Arial 등
	1-2. 글씨크기	9 ~ 14 Point
	1-3. 글씨모양	- 볼드체, 이탤릭체(기울임체), 주소 밑줄, 윗줄 사용금지 - 주소 정보 표현 특수 문자(@, /, -(하이픈), ( ), [ ], &, ,(쉼표)) 이외의 특수문자 사용금지
	1-4. 인쇄품질	200 dpi 이상(최소)
2. 글자간격	2-1. 최소	0.35mm 이상
3. 단어 간 공백	3-1. 최소	단어와 단어 사이는 일정간격 (예 : 키보드 자판의 스페이스 1칸 이상)을 유지해야 함
4. 문단간격	4-1. 최소	1.5mm 이상
5. 주소와 바코드 간격	5-1. 상하	2mm 이상(최소)
	5-2. 좌우	7mm 이상(최소)
6. 주소와 홍보 문구 사이의 공백확보 (도안 포함)	6-1. 상하	10mm 이상(최소)
	6-2. 좌우	10mm 이상(최소)
7. 행정구역 명칭	7-1 명칭 표기 방법	"시","군","동","읍","면","리","가", "길","로","대로" 등은 생략 금지(지번, 도로명 주소 공통사항) ※ 예시) 수원시 권선구 권선동 (o), 수원 권선 권선 (x) 　　　　수원시 권선구 권선대로 (o), 수원 권선 권선 (x)

참고
기본감액의 묶상차와 구별

SUB 04 묶상차

POINT 묶음

배달국 별로 구분(묶음) 제출	① 1개의 묶음에 들어 있는 우편물은 배달국이 동일하여야 함 ② 동일 묶음내의 우편물은 집배팀 번호가 오름차순으로 정렬되어 있어야 함
배달국-집배팀별로 구분(묶음) 제출	① 1개의 묶음에 들어 있는 우편물은 집배팀이 동일하여야 함 ② 동일 묶음내의 우편물은 집배구 번호가 연번으로 정렬되어 있어야 함 ③ 예외 : 묶음 두께가 10cm 이하의 자투리 물량은 2개 이상의 팀을 한 묶음으로 제출할 수 있으며, 이때 집배팀은 연번으로 정렬하고 팀간에 간지를 삽입해야 함

POINT 운반차 적재

우편집중국별 운반차(pallet) 적재	① 1개의 운반차(pallet)에는 단일 우편집중국에서 처리할 우편물만 실어야 한다. ② 운반차(pallet) 높이 기준으로 <u>80% 이상</u>을 채워야 한다. ③ 집중국(시, 군, 구)별 적재 시 집중국 관할지역(우정사업본부 홈페이지에 게시)에 따라 묶음 제출의 형태로 집중국별로 운반차(pallet)에 실어서 접수해야 함

우편물을 직접 배달할 우체국에 접수하는 경우

집배코드 구분 묶음	① <u>집배코드의 배달국-집배팀 단위로 구분 제출</u> ② <u>묶음 제출 및 발송인이 준비한 종이상자에 담아서 제출방법을 준수</u> ③ <u>집배코드 인쇄 시 한글 표기 도착 집중국명과 배달국명은 생략 가능</u>
구분감액 요건	① 올바른 집배코드 사용인증서(동일) ② 수취인 주소 인쇄규격 사용인증서(동일)

구분감액률

구 분			규격·규격외 우편물		규격	규격외	비고(최고)	
			접수국 기준	우편 집중국별 운반차적재	수취인 주소 인쇄규격	우편 집중국별 (배달국별) 적재	규격	규격외
집배코드	배달국별 구분	집중국 접수	0.5%	1%	0.5%	0.5%	2.0%	2.0%
		집중국 접수 (배달국관할)	3%		0.5%	0.5%	3.5%	3.5%
	배달국 -집배 팀별 구분	집중국 접수	2%	1%	0.5%	0.5%	3.5%	3.5%
		집중국 접수 (배달국관할)	4%		0.5%	0.5%	4.5%	4.5%
		배달국 접수	6%		0.5%		6.5%	6.0%

※ 구분 감액률은 정기간행물·서적우편물·다량우편물·상품광고우편물에만 적용

① 집배코드 배달국별 구분 시 묶음의 우편물은 팀번호가 오름차순으로 되어 있어야 함
② 집배코드 배달국별-팀별 구분 시 묶음의 우편물은 집배구 번호 연번식으로 되어 있어야 함

02 서적우편물(통상)

PART 8 | 우편에 관한 요금 : 감액

THEMA 서적우편물 감액대상 /감액요건

감액대상

SUB 01 서적우편물 일반 요건

서적	① 표지를 제외한 쪽수가 48쪽 이상인 책자의 형태로 인쇄·제본되어 ② 발행인·출판사 또는 인쇄소의 명칭 중 어느 하나와 ③ 쪽수가 각각 표시되어 발행된 종류와 규격이 같은 서적
요금별·후납 일반우편물	우편요금 감액요건을 갖춰 접수하는 요금별납 또는 요금후납 일반우편물
광고	상품의 선전 및 광고가 전 지면의 10%를 초과하는 것은 감액대상에서 제외
공인된 출판물	공중이 이용할 수 있도록 가격정보(출판물에 가격이 표시된) 또는 국제표준도서번호(International Standard Book Number ; ISBN), 국제 표준일련간행물번호(International Standard Serial Number ; ISSN)가 인쇄된 출판물
비정기적 간행물	① 비정기적으로 발간되는 출판물에 대해서만 감액을 적용한다. ② "정기간행물의 우편요금 감액대상, 감액범위, 감액요건 등에 관한 고시"에 따라 감액을 적용 받지 않는 정기간행물(격월간, 계간 등)은 비정기적 간행물로 간주
서적 표기	우편물의 표면 왼쪽 중간 부분에 '서적'이라고 표기해야 한다.
동봉 가능	① 우편엽서, 빈 봉투, 지로용지, 발행인(발송인) 명함은 각각 1장만 동봉이 가능 ② 이를 본지 및 부록과 함께 제본할 때는 수량의 제한이 없음
서신성 내용	서신성 인사말, 안내서, 소개서, 보험안내장을 본지(부록 포함)에 제본하거나 동봉하는 우편물은 감액을 받을 수 없음

SUB 02 부록 관련 요건

서적우편물 부록	① 우편물에는 본지의 게재내용과 관련된 물건(이하'부록'이라 함)을 첨부하거나 제본 가능 ② 부록은 본지에는 부록이 첨부되었음을 표시하고, 부록의 표지에는 '부록'이라고 표기해야 함 ③ 부록을 본지와 별도로 발송하거나 부록임을 판단하기 어려운 경우에는 감액 불가
무게 제한	① 본지, 부록 등을 포함한 우편물 1통의 총 무게는 1,200g을 초과할 수 없음 ② 본지 외 내용물(부록, 기타 동봉물)의 무게는 본지의 무게를 초과해서는 안됨

우편요금 감액요건

> **POINT** 우편물 제출할 우체국

오 집 배	① 5급 이상 공무원이 우체국장으로 배치된 우체국 ② 우편집중국(우편물 접수부서가 없는 집중국에 설치된 우체국 포함) ③ 직접 배달할 우체국

> **POINT** 1회 발송 최소 우편물 수

기본 감액	구분 감액	비 고
요금별납 100통 요금후납 50통	요금별납 2천통 요금후납 1천통	-

> **POINT** 물량(기본) 감액 적용요건 : 서적우편물 요건과 동일

> **POINT** 기타 사항 : 서적우편물 요건과 동일

> **POINT** 구분 감액 적용 요건 : 서적우편물 요건과 동일

감액 대상 우체국 정리(기본감액) : 추가

	서	다	광	비	정	상
오	O	O	O	O	O	X
집	O	O	O	O	O	O
배	O	O	O	X	O	X

① '서다광 + 정'은 구분감액도 적용
② 단, 오집배 중 오(5급 이상 공무원이 우체국장으로 배치된 우체국)는 구분감액이 적용되지 않음

THEMA **서적우편물 감액률**

POINT 물량(기본) 감액률 : 일반우편요금의 40%

POINT 구분 감액률: 정기간행물 감액률과 동일

03 다량우편물(통상)

PART 8 | 우편에 관한 요금 : 감액

THEMA 다량우편물 감액대상 / 감액요건

■ 감액대상

① 우편물의 종류, 무게 및 규격이 같고
② 우편요금 감액요건을 갖춰 접수하는 요금별납 또는 요금후납 일반우편물

■ 우편요금 감액요건

SUB 01 우편물 제출할 우체국

| 오집배 | ① 5급 이상 공무원이 우체국장으로 배치된 우체국
② 우편집중국(우편물 접수부서가 없는 집중국에 설치된 우체국 포함)
③ 직접 배달할 우체국 |

SUB 02 1회 발송 최소 우편물 수

기본 감액	구분 감액	비고
<u>1만통 이상</u>	요금별납 2천통 요금후납 1천통	-

POINT 물량(기본) 감액 적용요건 : 서적우편물 요건과 동일

POINT 기타 사항 : 서적우편물 요건과 동일

POINT 구분 감액 적용 요건 : 서적우편물 요건과 동일

THEMA 다량우편물 감액률

POINT 물량(기본) 감액률

1회 접수물량 구 분	1만 통 이상		5만 통 이상		10만 통 이상	
	동일지역	타지역	동일지역	타지역	동일지역	타지역
다량우편물	1%	0.5%	2%	1%	3%	1.5%

① 우편물의 1회 접수물량, 우편물 접수·배달권역(동일지역 또는 타지역)에 따라 감액률을 적용
② 동일지역 타지역 미 구분시 전체물량에 대해 타지역 감액률 적용

< 우편물 접수·배달권역 분류 기준 >

구분	동일지역 (아래 표 1개의 지역을 1개의 권역으로 구분)									타지역
지역명	서울 경기 인천	부산 울산 경남	대전 충남 세종	광주 전남	대구 경북	충북	전북	강원	제주	접수권역과 다른 권역으로 배달되는 우편물

③ 동일지역(우편물 접수지역과 배달지역을 권역화하여 권역내인 경우)과 타지역(접수지역와 배달지역을 달리할 경우)으로 구분함

POINT 구분 감액률: 정기간행물 감액률과 동일

SECTION 04. 상품광고 우편물(통상)

PART 8 | 우편에 관한 요금 : 감액

THEMA 상품광고 우편물 감액대상 / 감액요건

■ 감액대상

① 상품의 광고에 관한 우편물로서 종류와 규격이 같고 우편요금 감액 요건을 갖춰 접수하는 요금별납 또는 요금후납 일반우편물
② 부동산을 제외한 유형상품에 대한 광고를 수록한 인쇄물(별도 쿠폰 동봉) 또는 시디(CD)(디브이디(DVD) 포함)에 대해서만 감액을 적용

■ 우편요금 감액요건

SUB 01 우편물 제출할 우체국

오집배	① 5급 이상 공무원이 우체국장으로 배치된 우체국 ② 우편집중국(우편물 접수부서가 없는 집중국에 설치된 우체국 포함) ③ 직접 배달할 우체국

SUB 02 1회 발송 최소 우편물 수

기본 감액	구분 감액	비고
1만통 이상	요금별납 2천통 요금후납 1천통	-

> **POINT** 물량(기본) 감액 적용요건 : 서적우편물 요건과 동일

> **POINT** 기타 사항 : 서적우편물 요건과 동일

> **POINT** 구분 감액 적용 요건 : 서적우편물 요건과 동일

THEMA 상품광고 우편물 감액률

POINT 물량(기본) 감액률

구분 \ 1회 접수물량	1만 통 이상 동일지역	1만 통 이상 타지역	5만 통 이상 동일지역	5만 통 이상 타지역	10만 통 이상 동일지역	10만 통 이상 타지역
상품광고우편물	1%	0.5%	2%	1%	3%	1.5%

① 우편물의 1회 접수물량, 우편물 접수·배달권역(동일지역 또는 타지역)에 따라 감액률을 적용
② 동일지역 타지역 미 구분시 전체물량에 대해 타지역 감액률 적용

< 우편물 접수·배달권역 분류 기준 >

구분	동일지역 (아래 표 1개의 지역을 1개의 권역으로 구분)								타지역
지역명	서울 경기 인천	부산 울산 경남	대전 충남 세종	광주 전남	대구 경북	충북	전북	강원	제주	접수권역과 다른 권역으로 배달되는 우편물

③ 동일지역(우편물 접수지역과 배달지역을 권역화하여 권역내인 경우)과 타지역(접수지역와 배달지역을 달리할 경우)으로 구분함

POINT 구분 감액률: 정기간행물 감액률과 동일

SECTION 05

PART 8 | 우편에 관한 요금 : 감액

비영리민간단체 우편물(통상)

THEMA 감액대상

비영리민간단체지원법 제4조에 따라 등록된 비영리민간단체가 공익활동을 위하여 발송하는 요금별납 또는 요금후납 일반우편물로 공익활동을 위한 직접적인 내용이어야 한다.

THEMA 비영리민간단체 우편물 감액요건

■ 우편물 제출할 우체국

오 집	① 5급 이상 공무원이 우체국장으로 배치된 우체국 ② 우편집중국(우편물 접수부서가 없는 집중국에 설치된 우체국 포함)

우편물 제출방법

SUB 01 비영리민간단체 자격 증명

① 우편물 제출 시(최초) 비영리민간단체는 주무장관이나 시·도지사에게 등록된 비영리민간단체 등록증 사본을 제출해야 한다.
② 우편물 발송은 비영리민간단체 또는 대표명의로 발송해야 한다.
③ 다만, 비영리민간단체의 하부기관(지사, 지점 등)에서 발송 시에는 비영리민간단체 등록증 사본과 본사와의 관계를 증명하는 서류를 제출해야 한다.

SUB 02 제출시 요건

집배코드별로 구분하여 제출	집배코드를 사용하여 배달국 번호, 또는 배달국-집배팀 번호별로 구분하여 제출하여야 함
묶음 제출	① 1묶음은 100통 이내로 하여야 하며 그 두께는 20cm를 초과할 수 없다. ② 각 묶음에는 집배코드의 배달국 번호와 배달국명, 우편물 수량을 기재한 표지를 끼워야 한다. ③ 단, 집배코드 글자 크기가 14 포인트 이상일 경우 표지 부착을 생략 할 수 있다.(한글 표기 도착 집중국명과 배달국명은 최소 9 포인트 가능)

SUB 03 제출서류 요건

제출 서류	① 접수신청서 : 우편물의 종류, 구분정도, 묶음 및 용기 수, 우편물 수 등을 기재 ② 접수목록표 : 일련번호, 집배코드, 우편물 수 등을 기재
접수신청서	① 서면으로 제출
접수목록표	① 파일(엑셀)로 제출

THEMA 감액률

① 일반 우편요금의 100분의 25를 감액
② 다만, 우정사업본부장이 고시한 감액률이 100분의 25를 상회하는 정기간행물, 서적, 상품광고 우편물은 그 감액기준을 적용

SECTION 06 정기간행물 감액(통상)

PART 8 | 우편에 관한 요금 : 감액

THEMA 정기간행물 감액대상

감액대상	① 신문 등의 진흥에 관한 법률(이하"신문법"이라 함) 제2조 제1호에 따른 신문(관련된 회외·부록 또는 증간을 포함)과 잡지 등
	② 정기 간행물의 진흥에 관한 법률(이하 "잡지법"이라 함) 제2조제1호 가목·나목 및 라목의 정기간행물(관련된 호외·부록 또는 증간을 포함)
	  ㉠ 발행주기를 일간·주간 또는 월간으로 하여 월 1회 이상 정기적으로 발송해야 한다.
	  ㉡ 요금별납 또는 요금후납 일반우편물로서 무게와 규격이 같아야 한다.

제외대상	① 신문법 제9조에 따라 등록하지 않은 신문 ② 잡지법 제15조, 16조에 따라 등록 또는 신고하지 않은 정기간행물 ③ 잡지법 제16조에 따라 신고한 정보간행물 및 기타간행물 중 상품의 선전 및 그에 관한 광고가 앞·뒤 표지 포함 전 지면의 60%를 초과하는 정기 간행물 ④ 우편물의 내용 중 받는 사람에 관한 정보나 서신 성격의 안내문이 포함되어 있는 경우

THEMA 정기발송계약

SUB 01 계약당사자

감액 가능	① 신문사업자, 정기간행물사업자, 발행인 ② 신문법과 잡지법의 지사 또 지국장 ③ 보급대행인 : 보급을 대행하는 자. 정기간행물의 보급 및 배포를 위하여 정기간행물의 발행인과 계약을 통하여 맺은 이해관계인
감액 불가	계약당사자가 아닌 대리점, 영업사원, 개인 등이 발송하는 정기간행물은 감액대상에서 제외

SUB 02 계약 체결에 필요한 사항

원칙	① 우편물 정기발송계약신청서, 계약서 ② 사업자등록증 사본 ③ 신문 또는 잡지 사업 등록증, 정보간행물, 기타 간행물 신고증 (최근 6개월 이내인 것으로 한다.)
미등록물	① 발행주기와 동일하게 계속해서 계약일 이전 ② 일간은 10회 이상, 주간은 5회 이상, 월간은 3회 이상의 발행 실적을 증빙하는 서류 및 기 발행된 간행물(또는 표지)을 제출할 것
정·신·발이 아닌 경우	① 신청인이 신문(정기간행물)사업자, 발행인이 아닌 경우 ② 지사 또는 지국일 경우 그 설치를 입증할 수 있는 서류 사본 ③ 보급 대행인일 경우 보급 대행에 관한 계약을 입증할 수 있는 서류를 추가적으로 제출해야 함

SUB 03 계약 내용의 변경과 신고

① 정기간행물의 등록사항 변경과 휴간, 정간 등의 사유가 생기거나 계약서의 내용이 변경되었을 경우
② 그 사유가 발생한 날로 부터 10일 이내에 서면으로 신고하여야 함
③ 이에 따른 정기 간행물은 정기 발송일에 발송한 것으로 간주
④ 단, 휴간 횟수는 최근 6개월간(일간은 1개월간) 정기발송 횟수의 20% 이하로 제한함

SUB 04 계약의 해지

해지 요건	① 우편물의 정기 발송일에 우편물을 3회(일간은 10회) 이상 계속해서 발송하지 아니하는 경우 ② 최근 6개월간(일간은 1개월간) 우편물 발송 횟수가 80%에 미달한 경우 ③ 우편요금 감액대상이 아닌 우편물을 우편물 정기발송계약에 따라 발송한 경우 ④ 정기간행물의 등록사항 변경과 휴간, 정간 등의 사유가 생기거나 정기발송 계약서의 내용이 변경되었음에도 그 사유가 발생한 날로부터 10일 이내에 서면으로 신고하지 아니한 경우
재계약 제한	계약 해지일로부터 1년(일간신문은 4개월)이 지나야 재계약이 가능

THEMA 감액요건

SUB 01 계약국과 취급국

POINT 계약 체결 우체국

오 집 배	① 5급 이상 공무원이 우체국장으로 배치된 우체국 ② 우편집중국(우편물 접수부서가 없는 집중국에 설치된 우체국포함) ③ 직접 배달할 우체국

POINT 계약 체결 우체국의 이관

계약당사자가 계약체결 우체국 변경을 요청할 경우 당초 계약체결 우체국은 관련서류를 계약변경 우체국으로 옮겨야 함

POINT 감액대상 우편물 취급우체국(접수우체국)

원칙	계약을 체결한 우체국
요금별납의 경우	① 요금별납으로 계약한 정기간행물 계약우체국에 타국접수 신청을 한 후 ② 계약을 체결하지 않은 우체국(우편집중국 포함)에도 접수 가능
요금후납의 경우	① 요금후납으로 계약한 정기간행물 ② 계약을 체결하지 않은 배달국 관할 우편집중국에도 접수 가능

SUB 02 1회 발송 최소 우편물 수

기본 감액	구분 감액	비 고
요금별납 100통 요금후납 50통	요금별납 2천통 요금후납 1천통	우편법 시행규칙 제14조 관련 우편물(일간신문과 관보)은 '1회 발송 최소 우편물 수'의 적용을 받지 않음

SUB 03 부록 또는 호외 관련

표시	① 부록은 본지의 부록임을 알 수 있도록 본지 및 부록의 표지에 '부록'의 문자를 표시해야 하며, 호외는 표지에 '호외'의 문자를 표시해야 함 ② 부록 및 호외임을 판단하기 어려운 경우에는 감액을 받을 수 없음
감액 가능한 양식	① 우편물에는 본지 또는 부록의 게재 내용과 관련된 물건(이하 '부록'이라 함)이나 호외 등을 첨부하거나 제본 가능 ② 부록은 본지와 별도로 발송할 때는 감액 불가 ③ 호외는 본지와 별도로 발송 시 감액 가능
무게 제한	① 본지, 부록, 호외 등을 포함한 우편물 1통의 총 무게는 1,200g을 초과할 수 없음 ② 본지 외 내용물의 무게가 본지의 무게 초과 불가 ③ 1통의 우편물에 여러 부의 간행물을 함께 넣어 발송하는 경우에는 350g 초과 불가 ④ 관보는 우편물 1통의 무게 및 부록의 매수에 제한없이 접수할 수 있다.

SUB 04 기타

발행주기	우편물의 발송은 발행 주기와 같아야 함
관보 특혜	관보는 우편물 1통의 무게 및 부록의 매수에 제한없이 접수 가능
정기간행물 표시	우편물을 봉함하여 발송할 경우에는 우편물의 표면 왼쪽 중간 부분에 '정기간행물'이라고 표시해야 함

SUB 05 구분감액 적용 요건

기본감액 적용	① 기본 감액 적용에 필요한 기준을 준수한 자는 감액대상 우편물
서다광의 구분감액 요건적용	② 취급 우체국에 따라 「서적우편물, 다량우편물 및 상품광고우편물의 우편요금 감액대상, 감액요건, 감액범위 등에 관한 고시」의 '구분 감액 적용 요건'을 갖춘 감액대상 우편물에 대하여 구분 감액을 받을 수 있다.
오집배	① 구분감액 불가: 5급 이상 공무원이 우체국장으로 배치된 우체국 ② 우편집중국(우편물 접수부서가 없는 집중국에 설치된 우체국 포함) ③ 직접 배달할 우체국

THEMA 감액률

SUB 01 기본감액률

요금감액대상		요금감액률	비 고
종별	간별		
등록	신문 / 일간	62%	- 주 3회 이상 발행하여 발송하는 정기간행물
	신문/잡지 / 주간	59%	- 월 4회 이상 발행하여 발송하는 정기간행물, 단, 월 4회 미만 발행하여 발송하는 격주간 신문 등은 잡지(월간) 감액률 적용
	잡지 / 월간	50%	- 월 1회 이상 발행하여 발송하는 정기간행물
미등록	일간/주간/월간	37%	- 잡지법 제2조제1호나목.라목에 의한 정기간행물 - 신문법 제9조제1항 단서조항 및 동법 시행령 제7조제1호에 의한 신문 - 잡지법 제15조제1항 단서조항 및 동법 시행령 제8조제1항제1호에 의한 잡지 - 잡지법 제16조제1항 단서조항 및 동법 시행령 제8조제2항제1호에 의한 정보간행물, 기타간행물

※ 신문법 제9조 및 잡지법 제15조, 제16조에 의거 등록관청에 등록 및 신고하지 아니하는 정기간행물 중 국가 및 지방자치단체가 발행하는 정기간행물은 그 간별에 따라 신문 또는 잡지에 해당하는 감액률을 적용

SUB 02 구분감액률 : 정기간행물 감액률과 동일

SUB 03 기타 감액률 관련

감액률 상한기준	기본 감액률과 구분 감액률 합계가 신문(일간) 67%, 신문(주간) 64%, 잡지 55%, 잡지 외 미등록물 42% 를 초과하지 않는 범위 내에서 감액률 적용
일간신문의 물량감액 적용	다량우편물에 적용하는 물량감액 적용 기준에 따라 감액

MEMO

07 상품안내서(카탈로그) 우편물

PART 8 | 우편에 관한 요금 : 감액

THEMA 감액대상

카탈로그	① 각각의 파렛에 적재되는 중량·규격이 같은 16면 이상(표지 포함)의 책자 형태로서 상품의 판매를 위해 가격·기능·특성 등을 문자·사진·그림으로 인쇄한 <u>요금후납 일반우편물</u> ② 봉함된 우편물 전체의 내용은 광고가 80% 이상이어야 함
동봉물	① 책자 형태에 포함되지 않은 추가 동봉물은 8매까지 인정
크기	① 상품안내서(카탈로그) 한 면의 크기 최소 120mm×190mm 이상 최대 255mm×350mm 이하, 두께는 20mm 이하 ② 상품안내서(카탈로그) 중 최대·최소 규격의 범위를 벗어나는 내용물이 전지면의 10%를 초과하지 못함
무게	① 우편물 1통의 무게는 1,200g을 초과할 수 없음 ② 추가 동봉물은 상품안내서(카탈로그)의 무게를 초과 불가

| THEMA | 카탈로그 우편물 감액요건 |

우편물 발송 계약 체결

계약 당사자	우편집중국장과 상품안내서(카탈로그) 우편물 발행인 ※ 우편집중국장은 계약 체결 전 소속 지방우정청장과 사전 협의 필요
구비 사항	카탈로그 요금제 우편물 발송 계약 신청서

우편물 제출할 우체국

집	모든 우편집중국(우편물 접수부서가 없는 집중국에 설치된 우체국 포함)

감액 대상 우체국 정리(기본감액) : 추가

	서	다	광	비	정	상
오	O	O	O	O	O	X
집	O	O	O	O	O	O
배	O	O	O	X	O	X

① '서다광 + 정'은 구분감액도 적용
② 단, 오집배 중 오(5급 이상 공무원이 우체국장으로 배치된 우체국)는 구분감액이 적용되지 않음

117

우편물 제출 요건

> 참고
> 기본감액과 구분감액의 묵상차와 구별

POINT 묶음

집배코드별 구분 제출	1개의 묶음에 들어 있는 우편물은 집배코드의 배달국-집배팀 번호가 동일하여야 한다. 다만, 10통 미만의 자투리 물량은 배달국별로 묶거나 집배코드의 배달국 번호별로 묶어서 제출할 수 있다.
묶음 제출	① 묶음 1개의 두께는 30cm 이하로 최소 10통 이상이어야 하나, 동일한 행선지의 자투리 우편물은 10통 이내로 가능 ② 우편물을 묶을 때에는 흐트러지지 않도록 가로, 세로 '+' 형태 등으로 견고하게 묶어야 함 ③ 각 묶음에는 정확한 행선지별 집배코드 및 배달국명이 기재된 표지가 잘 보이도록 앞뒤에 끼워야 함 ④ 예외 : 집배코드 글자 크기가 14 포인트 이상일 경우 표지 부착을 생략 가능

POINT 운반차

우본이 지정하는 운반차(pallet)에 실어서 제출	① 운반차에 우편집중국별로 분류하여 운반차(pallet)에 실어야 함 ② 운반차(pallet) 높이 기준으로 최소 50% 이상, 최대 100% 이하를 실어야 함 ③ 운반차(pallet) 적재한 후 자투리 물량도 접수 우편집중국의 요청에 따라 우편집중국별로 구분할 수 있도록 표시하여야 함 ④ 각 운반차(pallet)에는 도착 우편집중국명과 집배코드 배달국 번호를 기재한 국명표(표지)를 붙여야 함 ⑤ 우편물을 운반차(pallet) 제출 시에는 운반차(pallet)에 공간이 최소화되도록 가지런히 실어야 함

POINT 제출서류 요건 : 기본감액의 내용과 동일

제출 서류	① 접수신청서 : 우편물의 종류, 구분정도, 묶음 및 용기 수, 우편물 수 등을 기재 ② 접수목록표 : 일련번호, 집배코드, 우편물 수 등을 기재
접수신청서	① 서면으로 제출
접수목록표	① 파일(엑셀)로 제출

배달국-집배팀별로 구분(묶음) 제출	① 1개의 묶음에 들어 있는 우편물은 집배팀이 동일하여야 함 ② 동일 묶음내의 우편물은 집배구 번호가 연번으로 정렬되어 있어야 함 ③ 예외 : <u>10통 미만의 자투리 물량은 2개 이상의 팀을 한 묶음으로 제출할 수 있으며,</u> 이때 집배팀은 연번으로 정렬하고 팀 간에 간지를 삽입해야 함

POINT 올바른 집배코드 사용률 인증서 : 구분감액의 내용과 동일

제출	① 집중국(우체국)에서 발급한 "올바른 집배코드 사용률 인증서(유효기간: 발급일로부터 1개월)"를 우편물과 함께 제출해야 함
정확도	① 집배구 번호 정확도가 92% 이상 되어야 감액을 적용
올바른 집배코드 사용률 인증서의 발급 방법	① 최근 1개월간 발송한 우편물량(1개월 이내 발송물량이 없을 경우 최근 3개월 이내 발송한 우편물량) 중에서 ② 1회 접수물량(동일한 내용의 우편물을 분할 접수하는 경우에는 분할 접수한 물량을 합산) 최대치의 90% 이상의 '주소목록 전산자료(우편번호, 주소, 집배코드 9자리)'를 제출해야 함 ③ 접수국은 그 중 10만건을 무작위 추출(제출된 주소 목록이 10만건 이하일 경우 제출 목록 전체)하여 정확도 판단

THEMA 우편요금 감액범위

1회 접수물량	동일지역		타지역	비고
	배달국 관할 집중국	기타 집중국		
10,000 통 이상	46%	40%	38%	'배달국 관할 집중국 현황'은 우정사업본부 홈페이지에 게시
50,000 통 이상	48%	43%	40%	
100,000 통 이상	50%	45%	42%	

08 등기통상우편물

PART 8 | 우편에 관한 요금 : 감액

THEMA 감액대상

접수물량 기준	① 일반등기 : 요금별납 또는 요금후납이고, 1회에 10통 이상 발송하는 등기우편물 ② 계약등기 : 1회 500통 이상이고 월 10,000통 이상 발송하는 일반 및 맞춤형 계약등기 우편물 ③ 선택등기 : 요금별납 또는 요금후납이고, 1회에 10통 이상 발송하는 등기우편물로 하되, 1회 100통 이상인 경우 접수물량 감액 적용
우편물 제출요건	① 1회 접수하는 우편물은 그 크기와 무게가 같아야 한다. ② 등기번호 순서대로 제출해야 한다.

THEMA 감액요건 및 감액률

■ 접수방법 감액

구분	접수방법	감액률
일반등기 선택등기 계약등기	접수정보 On-Line 연계 제출	2%
	바코드 자체제작 라벨부착	1%
	집배코드 인쇄 및 연번식 제출	0.5%

■ 접수물량 감액(선택등기에만 적용)

구분	접수물량	100통 이상	1,000통 이상	1만통 이상
선택등기	감액률	2%	3%	4%

■ 감액기준요금

① 일반등기, 선택등기 : 우편요금 및 등기수수료 합산액
→ 보험취급·증명취급·특급·특별송달 수수료 및 민원우편의 특급수수료는 감액 제외
② 계약등기 : 우편요금(또는 표준요금)과 부가요금을 포함한 전체금액
→ 착불배달을 이용하는 경우, 감액 제외
③ 선택등기 : 접수방법 감액 및 접수물량 감액 동시 적용

09 소포우편물의 감액

PART 8 | 우편에 관한 요금 : 감액

① 감액대상: 창구접수(등기소포), 방문접수 우편요금(부가취급수수료 제외)
② 창구접수 감액은 접수정보(주소록 등)를 고객이 사전에 제공(모바일·인터넷 우체국 등)하는 경우에만 적용한다.
③ 감액접수 대상관서 : 전국 모든 우편관서(우편취급국 포함)
④ 요금감액 범위

구 분		3%	5%	10%	15%
창구접수	요금즉납	1 ~ 2개	3개 이상	10개 이상	50개 이상
	요금후납	-	70개 이상	100개 이상	130개 이상
방문접수	접수정보 사전연계	\multicolumn{4}{c}{개당 500원 감액 (접수정보 입력, 사전결제, 보관장소 지정 시)}			
분할접수	\multicolumn{5}{c}{분할 전 20~30kg 고중량소포 요금을 기준으로 3,000원 감액 • 감액기준: 20kg 초과 소포 1개를 2개로 분할하여 접수(분할 후 각각 10kg 초과 및 접수시각·발송인·수취인 동일) • 요금예시(창구접수): 30kg 소포(13,000원)를 17kg·13kg으로 분할접수 시 10,000원(=13,000원-3,000원) 납부}				

PART 9 손해배상 및 손실보상

SECTION 01 | 국내우편물의 손해배상제도
SECTION 02 | 손실보상제도
SECTION 03 | 이용자 실비지급제도

SECTION 01 국내우편물의 손해배상제도

PART 9 | 손해배상 및 손실보상

개념 및 성격

개념	우편관서가 고의나 잘못으로 취급 중인 국내우편물에 끼친 재산적 손해에 대해 물어 주는 제도
성격	① 손해배상은 위법한 행위에 대한 보전을 말하는 것 ② 적법한 행위 때문에 생긴 손실을 보전하는 손실보상과 재산적인 손해와 상관없이 일정 금액을 지급하는 이용자 실비지급 제도와는 성격상 차이가 있다.

손해배상 청구권자

① 우편물 발송인
② 우편물 발송인의 승인을 얻은 수취인

비교 정리 : 각종 청구의 청구권자

각종 청구의 청구권자	국내	국제
행방조사청구	-	분실 : 발송인 파손 : 발송인과 수취인
손해배상청구	발송인 발송인이 승인한 수취인	배달 전 : 발송인 배달 후 : 수취인
반환·주소·성명변경 등 청구	발송인(단, 수취인 주소변경 청구는 수취인도 가능)	발송인

손해배상의 범위 및 금액

우편법령의 규정에 의하여 발송된 우편물로서 손해를 배상하는 경우 및 배상금액은 다음과 같다. 다만, 손실액이 최고 손해배상금액보다 적을 때에는 그 실제 손해액으로 한다.

참고 ▶ 선택등기
① 손실·분실(최고) : 10만원
② 지연배달 : X

구분		손실, 분실 (최고)	지연배달**
통상	일반	없음	없음
	준등기	5만원	없음
	등기취급	10만원	D+5일 배달분부터: 우편요금과 등기취급수수료
	국내특급 익일특급	10만원	D+3일 배달분부터: 우편요금 및 국내특급수수료
소포	일반	없음	없음
	등기취급	50만원	D+3일 배달분부터: 우편요금 및 등기취급수수료
	안심소포*	300만원	

* 안심소포 : 보험소포우편물　　** 지연배달 기준: 송달기준보다 2일 이상 지연배달

① 분실 또는 훼손된 우편물은 손해배상액 한도 범위 내에서 실손해액을 배상(기대이익 등 간접손해 제외)하며, 안심소포는 보험가액 한도 내에서 실손해액을 배상한다.(안심소포가 제한되는 전자제품은 분실의 경우만 청구·배상 가능)
② 등기 취급하지 않은 우편물은 손해배상을 하지 않는다.
③ 'D'는 우편물을 접수한 날을 말하며, 공휴일과 우정사업본부장이 배달하지 않기로 정한 날은 배달기한에서 제외한다.
④ 다음과 같은 경우 지연 배달로 보지 않는다.
- 설·추석 등 특수한 기간에 우편물이 대량으로 늘어나 늦게 배달되는 경우
- 우편번호 잘못 표시, 수취인 부재 등 발송인이나 수취인의 책임으로 지연배달 되는 경우
- 천재지변 등 불가항력*으로 인하여 지연배달 되는 경우
(* 태풍, 홍수, 호우, 대설, 지진, 감염병 등)

손해배상을 청구할 때의 업무절차

SUB 01 우편물 수취거부와 신고

발송인이나 수취인이 우편물에 이상이 있다고 주장하는 경우, 우편물의 수취를 거부하고 신고하도록 안내한다.

SUB 02 손해배상 결정(처리)관서

우편고객센터	우체국 모바일앱, 우편고객센터(1588-1300) 및 우체국(자국 처리 제외) 청구건 ※ 손해배상액, 사고경중 등을 고려하여 필요 시 사고조사국(집중국, 배달국 등) 확인
손해배상 접수우체국	우체국 청구건 중 자국 처리가 가능한 건

참고 ▶ **손해배상 결정관서**
우편고객센터에서 처리하는 것이 원칙이나, 사고 원인이 명백하게 규명 되어 추가조사가 불필요하고 즉시 지급처리가 가능한 경우 우체국 종결처리

SUB 03 손해사실조사와 손해검사조서

손해사실 조사	손해사실의 신고를 받은 우편고객센터와 우체국에서는 즉시 당해 우편물의 외장 또는 중량의 이상유무, 우편관서의 고의·과실 유무 등을 검사한다.(필요시 접수·배달국에 조사 요청)
손해검사조서	① 손해검사 조서에는 각 항목을 명확히 기재하여 결과등록 및 승인 ㉠ 청구금액(우체국창구 청구 시 손해배상액 지급결정을 위한 증빙 서류는 스캔하여 저장) ㉡ 청구사유 및 손해발생원인 등을 구체적으로 작성 ② 우편고객센터의 조사 요청시에는 당해 우편물의 접수 및 운송 과정상 배상책임이 있는 관서에서 손해발생 원인 등을 조사하여 우편물류시스템 결과등록 및 승인

SUB 04 손해배상의 심사와 결정

손해배상 심사	1) 우편물을 발송한 날로부터 1년 내에 청구한 것인가(우편법 제43조제2호) 2) 청구서의 사항이 구비되어 있는가 3) 책임원인의 제한 이유가 있는가(우편법 제39조) 4) 손해배상의 제한 사유가 있는가(우편법 제40조) 5) 우편물을 수취한 후에 이의를 제기한 것은 아닌가(우편법 제41조) 6) 청구자가 수취인인 경우에는 발송인의 승인을 얻은 것인가(우편법 제42조)
손해배상 결정	1) 손해배상청구를 심사한 결과, 손해를 배상할 것으로 결정하였을 때에는 사고조사결과 등 손해배상지급 결정 내용을 청구인에게 안내한다. (알림톡, SMS 등) 2) 사고우편물 접수등록부터 우편물 배상금액이 결정되어야 하며, 등록된 배상액과 지급요구서상의 정보를 대사하여 일치할 경우에만 금융 시스템에서 지급 가능

STEP ▶ **손해배상 제한사유**
① 우편물의 손해가 주소 오표기, 포장부실* 등 발송인의 잘못 또는 수취인 부재, 수취거절 등 수취인의 사정으로 지연배달 된 경우
* 내용품에 적합한 포장이 아님을 안내하였음에도 동일한 방식으로 포장하거나, 완충재 등의 포장 없이 발송하여 파손이 발생한 경우
② 우편물의 성질·결함 또는 불가항력적인 이유로 손해가 생긴 경우
③ 우편물을 배달(교부)할 때 외부에 파손 흔적이 없고, 무게도 차이가 없는 경우
④ 수취인이 우편물을 정당하게 받았을 경우

해당 손해배상에 대해 공무원의 고의 또는 중대한 잘못이 있는 경우, 배상책임을 물을 수 있다.

손해배상 관련 기한

손해배상 청구 기한	① 손해배상 청구권은 우편물을 발송한 날부터 1년이다. ② 다만, 손해배상결정서를 받은 청구인은 우편물을 받은 날부터 5년 안에 배상액을 청구할 수 있다. 그 이후에는 시효로 인해 권리가 소멸된다.
민사소송 청구 기한	손해배상에 이의가 있을 때는 결정통지를 받은 날부터 3개월 안에 민사소송을 제기할 수 있다.

검사결과 손해가 없는 것으로 판명된 경우에는 손해검사조사서 1통은 우편물과 함께 수취 거부자에게 보내고 1통은 해당 우체국에서 보관한다.

손해배상 우편물의 취급

① 손해를 배상한 우편물은 배상한 우체국에서 반송불능우편물 처리방법에 따라서 처리한다. 다만, 수리비용 등 일부 손해를 배상한 경우에는 우편물을 교부할 수 있다.
② 손해가 있다고 신고한 우편물을 우체국에서 보관하거나 총괄우체국으로 보내는 경우, 우편물 상태를 책임자가 정확하게 확인하고 주고 받아야 하며 손해 상태가 달라지지 않도록 취급해야 한다.
③ 손해배상금 지급 후 발견한 우편물은 배상금 수령자에게 우편물의 발견사실과 3개월 이내에 배상금을 반환하고 당해 우편물을 수령할 수 있는지의 여부 등을 확인해야 한다.
④ 이 경우 발견통보를 받은 날로부터 3개월 이내에 배상금 수령자로부터 우편물의 교부청구가 없을 경우에는 반송불능우편물의 처리 예에 의하여 취급한다.

02 손실보상제도

PART 9 | 손해배상 및 손실보상

개념 및 범위

① 개념 : <u>적법한 행위</u> 때문에 생긴 손실을 보전하는 손실보상
② 손실보상의 범위(운송원의 3대 특권 등)
　1) 우편업무를 수행중인 운송원·집배원과 항공기·차량·선박 등이 통행료를 내지 않고 도로나 다리를 지나간 경우
　2) 우편업무를 수행 중에 도로 장애로 담장 없는 집터, 논밭이나 그 밖의 장소를 통행하여 생긴 손실에 대한 보상을 피해자가 청구하는 경우
　3) 운송원이 도움을 받은 경우 도와준 사람에게 보상한다.

손실보상 절차

① 도와준 사람에게 줄 보수나 손실보상을 청구할 때에는 청구인의 주소, 성명, 청구사유, 청구금액을 적은 청구서를 <u>운송원 등이 소속하고 있는 우체국장을 거쳐 관할 지방우정청장에게 제출</u>하여야 한다.
이때 소속 우체국장은 손실보상의 청구내용에 대한 의견서를 첨부하여야 한다.
② 청구서와 의견서를 받은 지방우정청장은 그 내용을 심사하여 청구 내용이 정당하지 아니하다고 인정하는 때에는 그 사유서를 청구인에게 보내고 청구내용이 정당하다고 인정하는 때에는 청구한 보수나 손실 보상금을 청구인에게 지급하여야 한다.

> 지방우정청장은 필요하다고 인정하는 경우에는 청구인의 출석을 요구하여 질문하거나 관계자료를 제출하도록 할 수 있다.

보수 및 손실보상금액의 산정

① 보수 및 손실보상금액은 청구인이 입은 희생 및 조력의 정도에 따라 다음 기준에 의하여 판단한 금액으로 결정한다.
　1) ^{우편법 제4조제1항에 의한} 조력자의 경우에는 일반노무비, 교통비, 도움에 소요된 실비
　2) ^{우편법 제5조의} 택지나 전답을 통행한 경우에는 <u>그 보수비나 피해를 입은 당시의 곡식 등의 가액</u>
　3) 도선이나 유료 도로 등을 통행한 경우에는 그 도선료나 통행료
　4) 운송의 편의를 위하여 시설을 제공한 경우에는 그 보관료나 주차료 등
② <u>보수와 손실보상금액은 현금으로 일시불로 지급해야 한다.</u>

손실보상 관련 기한

① 청구기한 : 그 사실이 있었던 날부터 1년 이내에 청구하여야 한다.
② 불복의 경우 : 보수 또는 손실보상의 결정에 대하여 불복하는 사람은 그 통지를 받은 날부터 3개월 이내에 소송을 제기할 수 있다.

SECTION 03 이용자 실비지급제도

PART 9 | 손해배상 및 손실보상

개념 및 성격

① 우정사업본부장이 공표한 기준에 맞는 우편서비스를 제공하지 못할 경우에 예산의 범위에서 교통비 등 실비의 전부나 일부를 지급하는 제도
② 부가취급 여부·재산적 손해 유무를 요건으로 하지 않고 실비를 보전 하는 점에서 손해배상과 성질상 차이가 있다.

지급 과정

① 사유가 발생한 날부터 15일 이내에 해당 우체국에 신고해야 한다.
② 지급 여부 결정
이용자가 직원의 불친절한 안내 때문에 2회 이상 우체국을 방문하였다고 문서, 구두, 전화, 이메일 등으로 신고한 경우에는 해당 부서 책임자는 신고내용을 참고하여 신속히 지급 여부를 결정해야 한다. (무기명 신고자는 제외)
③ 실비지급 제한 : 우편서비스 제공과 관계없이 스스로 우체국을 방문한 때

지급범위와 지급액

구분	지급 사유	실비 지급액
모든 우편	우체국 직원의 잘못이나 불친절한 응대 등으로 2회 이상 우체국을 방문하였다고 신고한 경우	1만원 상당의 문화상품권 등 지급
EMS	종.추적조사나 손해배상을 청구한 때 3일 이상 지연 응대한 경우	무료발송권(1회 3만원권)
	한 발송인에게 월 2회 이상 손실이나 분실이 생긴 때	무료발송권(1회 10kg까지) ※ 보험가입여부와 관계없이 월 2회이상 손실이나 분실이 생긴 때

MEMO

PART 10 그 밖의 청구와 계약

SECTION 01 | 우편물의 반환청구
SECTION 02 | 수취인의 주소·성명 변경청구
SECTION 03 | 보관우편물의 개념과 관련 청구
SECTION 04 | 우편사서함 사용계약
SECTION 00 | 사설우체통의 설치 계약

SECTION 01 | 우편물의 반환청구

PART 10 | 그 밖의 청구와 계약

우편물의 반환 청구 개념

발송인이 우편물을 보낸 후, 그 우편물이 배달되지 않아야 하는 이유가 생겼을 때 우편관서에 요청하는 청구

반환청구인

청구인	발송인
정당 여부 확인	증명서, 신분증, 영수증 등

반환청구 수리시 확인 사항

① 우편물이 이미 발송되었거나 발송준비가 완료가 된 경우 우편물 배달 전에 배달국에 알릴 수 있는 상황인지 확인한다.
② 우편물이 이미 배달(교부) 되었거나 배달준비가 완료된 것은 아닌지 확인한다.
③ 우편물 배달기한을 생각할 때 청구가 실효성이 있을지 확인한다.
④ 그 밖에 발송인의 청구를 받아들여도 업무상 지장이 없는지 확인한다.

반환청구서의 접수와 취급수수료

수리를 결정한 때에는 청구서를 교부하여 접수하고 수수료를 받는다.

우편집중국으로 발송 전		무료
우편집중국으로 발송 후	일반	기본통상우편요금
	등기	등기취급수수료

우편물의 처리

발송준비 완료 전이나 자국 배달 전인 경우	① 접수 취소로 처리 : 우편물·수납요금 반환, 라벨·증지 회수 ② 반환청구에 준해서 처리 : 라벨·증지 회수 불필요. 우편물만 반환하고 요금은 미반환
배달 완료 전이나 배달준비 완료 전인 경우	① 우편물에 반환사유를 적은 쪽지를 붙여 발송인에게 반송

SECTION 02 수취인의 주소·성명 변경청구

PART 10 | 그 밖의 청구와 계약

■ 수취인의 주소·성명의 변경 청구 개념

우편물이 배달되기 전에 발송인이나 수취인이 수취인의 주소나 성명을 바꾸려고 하는 경우 우편관서에 요청하는 청구

■ 수취인의 주소·성명의 변경 청구인

청구인	발송인과 수취인(단, 수취인은 주소 변경 청구만 가능)
정당 여부 확인	발송인 : 증명서, 신분증, 영수증 등 수취인 : 증명서, 신분증, 배달안내 문자 또는 우편물 도착통지서

■ 수취인의 주소·성명의 변경 수리시 확인 사항

반환청구와 공통사항	① 우편물이 이미 발송되었거나 발송준비가 완료가 된 경우 우편물 배달 전에 배달국에 알릴 수 있는 상황인지 확인한다. ② 우편물이 이미 배달(교부) 되었거나 배달준비가 완료된 것은 아닌지 확인한다. ③ 우편물 배달기한을 생각할 때 청구가 실효성이 있을지 확인한다. ④ 그 밖에 발송인의 청구를 받아들여도 업무상 지장이 없는지 확인한다.	
특이사항	내용증명 우편물	발송인이 수취인의 주소나 성명을 변경청구한 경우 내용증명 우편물이 아닌지 확인해야 한다. → 내용증명 우편물의 수취인 주소·성명을 변경할 경우 우편물을 반환 한 뒤 새로운 내용물로 다시 작성하여 발송하거나, 봉투와 원본, 등본의 내용을 모두 같게 고친 후 발송해야 한다.
	수취인 주소 변경	수취인 주소 변경청구인 경우, 배달우체국에 도착한 등기우편물 중에서 관련 고시에서 제외하고 있는 <u>내용증명, 외화현금배달우편물, 선거우편, 특별송달, 냉장·냉동 보관이 필요한 우편물</u>이 아닌지 확인한다.

청구서의 접수와 취급수수료 : 수취인 주소·성명 변경

수리를 결정한 때에는 청구서를 교부하여 접수하고 수수료를 받는다.

SUB 01 원칙
발송인이 하는 수취인의 주소·성명 변경 청구의 경우

우편집중국으로 발송 전		무료
우편집중국으로 발송 후	일반	기본통상우편요금
	등기	등기취급수수료[1) 두 가지 예외]

SUB 02 3가지 예외

발송인이 하는 수취인 주소·성명 변경 청구	우편집중국으로 발송 후 등기라서 등기취급수수료를 받아야 하지만, 기본통상우편요금을 받는 1) 두 가지 예외 ① 수취인 성명 변경의 경우 기본통상우편요금 징수 ② 동일 총괄국 내 주소 변경의 경우 기본통상우편요금 징수
수취인이 하는 수취인 주소 변경 청구	① 원칙 : 등기취급수수료를 부과 ② 예외 : 동일 총괄국 내 주소 변경은 무료

① 수성
수취인 성명 변경은 기본

② 수주 동동
수취인 주소 변경 중 동일 총괄국은 기본

③ 수이주등 동동무
수취인이 하는 주소 변경은 등기
동일 총괄국인 경우 무료

우편물의 처리

발송준비 완료 전이나 자국 배달 전인 경우	변경 전의 사항은 검은 선을 두 줄 그어 지우고, 그 밑에 새로운 사항을 기록한다.
배달 완료 전이나 배달준비 완료 전인 경우	

각종 청구의 청구권자	국내	국제
행방조사청구	-	분실 : 발송인 파손 : 발송인과 수취인
손해배상청구	발송인 발송인이 승인한 수취인	배달 전 : 발송인 배달 후 : 수취인
반환·주소.성명변경 등 청구	발송인(단, 수취인 주소변경 청구는 수취인도 가능)	발송인

SECTION 03 보관우편물의 개념과 관련 청구

PART 10 | 그 밖의 청구와 계약

개념

보관우편물	'우체국 보관' 표시가 있는 우편물과 교통 불편 등의 이유로 일반적인 방법으로 접근하기 어려운 지역으로 배달하는 우편물로써, 배달우체국의 창구에서 보관한 후 수취인에게 내어주는 우편물을 말한다.
보관우편물이 아니지만 우체국에 보관되는 우편물	① 수취인 부재 등의 이유로 우체국에서 보관하고 있는 우편물 ② 우편함 설치대상 건축물(「우편법」 제37조의2)인데도 이를 설치하지 않아 배달우체국에서 보관·교부하는 우편물(「우편법 시행령」 제51조 제2항)

> **수취인 청구에 의한 창구교부**
> ① 집배원 배달 전이나 배달하지 못해 반송하기 전 보관하고 있는 우편물은 수취인의 청구에 의해서 창구 교부한다.
> ② 선박이나 등대로 가는 우편물에 대해서도 창구에서 교부한다.

보관우편물 보관 : 원래 배달의 특례 내용

① 자국에서 보관 교부할 우편물이 도착하였을 때에는 해당 우편물에 도착날짜도장을 날인하고 따로 보관한다.
② 등기우편물 종이배달증의 처리
등기취급한 보관우편물은 배달증의 적요란에 '보관'이라고 적은 후 수취인에게 내어줄 때까지 보관한다.

보관기간 : 원래 배달의 특례 내용

보관기간	우편물이 도착한 다음 날부터 계산하여 10일로 함
보관기간 연장	교통이 불편하거나 그 밖의 사유로 수취인이 10일 이내에 우편물을 교부받을 수 없다고 인정될 때에는 20일의 범위 안에서 교부기간을 연장할 수 있다. (도달이)

보관국 변경청구 및 배달청구

① 보관우체국이 변경된 경우에는 보관기간이 다시 시작된다.
② 요청한 고객이 정당한 수취인인지 확인(정당한 수취인만 가능)
③ 보관국 변경청구인 경우, 이미 다른 우체국을 보관국으로 변경 청구 한 것은 아닌지 확인(1회만 가능)
④ 해당 우편물을 수취인이 수령하지 않았는지 확인(수령 전 우편물만 가능)
⑤ 특히, 청구인이 수취인이 아닌 경우에는 정당하게 위임을 받은 사람인지 제출한 서류를 근거로 주의해서 확인하여야 한다.

STEP 2

① 위임장과 위임인(수취인)의 인감증명서, 대리인의 신분증 확인
② 인감증명서는 본인발급분이나 대리발급분 모두 가능하며, '본인서명 사실확인서'도 가능
③ 위임하는 사람이 법인의 대표인 경우에는 대표자의 위임장과 법인인감증명서, 대리인 신분증 확인
④ 정당한 청구권자가 특별한 상황인 경우
㉠ 수감자 : 위임장과 교도소장의 위임사실 확인(명판과 직인 날인), 대리인 신분증 확인
㉡ 군복무자: 위임장과 부대장(대대장 이상)의 위임사실 확인(명판과 직인 날인), 대리인 신분증 확인

우편물 교부 : 원래 배달의 특례 내용

① '우체국보관'의 표시가 있는 우편물은 그 우체국 창구에서 수취인에게 우편물을 내어줌
② 이때, 등기우편물은 정당한 수취인인지 확인한 후 수령인의 서명(전자서명 포함)을 받고 우편물을 내어주고 우편물류시스템에 배달결과를 등록한다.

04 우편사서함 사용계약

PART 10 | 그 밖의 청구와 계약

개념

우편사서함이란 신청인이 우체국장과 계약을 하여 우체국에 설치된 우편함에서 우편물을 직접 찾아가는 서비스이다. 우편물을 다량으로 받는 고객이 우편물을 수시로 찾아갈 수 있으며, 수취인 주거지나 주소변경에 관계없이 이용할 수 있는 장점이 있다.

사서함 사용계약

SUB 01 신청서 접수

① 우편사서함의 사용계약을 하려는 사람은 주소·성명 등을 기록한 계약신청서와 등기우편물 수령을 위하여 본인과 대리수령인의 서명표를 사서함 시설이 갖춰진 우체국에 제출한다.
② 사용인과 신청인의 일치 여부는 주민등록증의 확인으로 하되, 대리인이 신청하는 경우에는 위임장, 대리인의 신분증 등을 확인하고 접수해야 한다.
③ 사서함 신청을 받은 우체국장은 국가기관, 지방자치단체, 일일 배달 예정 물량이 100통 이상인 다량이용자, 우편물 배달 주소지가 사서함 설치 우체국의 관할구역인 신청자 순서로 우선적으로 계약할 수 있다.

SUB 02 등록과 관리

① 우편물 수령을 위한 서명표를 받고 우체국에 우편물 수령인으로 신고한 사람의 인적사항과 서명 이미지를 우편물류시스템에 등록하고 관리해야 한다.
② 법인, 공공기관 등 단체의 우편물 수령인은 5명까지 등록 가능하며, 신규 개설할 때나 대리수령인이 바뀐 때에는 미리 신고할 경우에만 가능하다.
③ 사서함을 2인 이상이 공동으로 사용할 수 없다.
④ 사서함 관리를 위해 필요한 경우 신청인(사서함 사용 중인 사람 포함)의 주소, 사무소나 사업소의 소재지를 확인할 수 있다.

> **STEP ▶ 사서함의 관리**
> 사서함을 운영하고 있는 관서의 우체국장은 연 2회 이상 운영 실태를 점검하고 사용계약 해지 대상자 등을 정비하여야 한다.

신고사항의 처리

SUB 03 신고사항

사서함 사용자는 다음 각 호의 경우에는 즉시 계약 우체국장에게 알려야 함
① 사서함이 훼손된 경우
② 사서함의 열쇠를 분실한 경우
③ 사서함 사용자의 주소 또는 명의가 변경된 경우
④ 사서함 우편물 대리수령인이 바뀐 경우

> **참고 ▶**
> 사서함 사용자의 주소 이전 여부를 파악하기 위하여, 수시로 연락하거나 그 밖의 통지사항을 사용자 주소지에 무료우편물로 보내는 방법으로 사용자 거주 여부를 확인하여야 한다.

SUB 04 신고사항 처리절차

변경신고서 접수	① 사서함 사용자에게서 변경사항에 대한 신고서를 접수한다. ② 변경사항의 확인이 필요한 경우에는 증빙서류를 제출하도록 안내한다. ③ 기록사항을 원부와 대조하여 확인한다.
원부정리	① 원부의 변경사항을 정정하거나 해지사항을 기록한다. ② 우편물 대리수령인이 바뀐 경우 인적사항과 서명표를 재작성해야 한다.
통보	① 인적사항과 서명표 다시 작성하였을 때에는 사서함 우편물교부 담당자에게 인적사항과 서명표를 통보하고 송부해야 한다. ② 주소, 상호, 명의 변경, 대리수령인 변경 시에는 변경신고서를 공람하게 하고 담당자에게 통보한다.

사용계약의 해지

해지 사항	사서함 사용계약 우체국장은 다음의 경우 사서함 사용계약을 해지할 수 있다. ① 사서함에 배달된 우편물을 정당한 사유 없이 30일 이상 수령하지 않을 경우 ② 최근 3개월간 계속하여 사서함에 배달된 우편물의 총 수량이 월 30통에 미달한 경우 ③ 우편 관계 법령을 위반한 때 ④ 공공의 질서나 선량한 풍속에 반하여 사서함을 사용한 때
해지 시 주의사항	① 사서함 사용자가 사서함 사용을 해지하려 할 때에는 해지예정일 10일 전까지 해지예정일 및 계약을 해지한 후의 우편물 수취장소 등을 기록하여 계약우체국에 통보해야 한다. ② 사서함 사용계약을 해지한 경우 원부, 대리수령인 인적사항, 서명표를 정리해야 한다. ③ 해지 사유가 생긴 때에는 사용자에게 충분한 설명하여, 사용자의 의사와 관계없이 일방적으로 취소하는 일이 없도록 해야 한다. ④ 열쇠는 반납할 필요가 없다.

SECTION 00 사설우체통의 설치 계약

PART 10 | 그 밖의 청구와 계약

개요

사설우체통 설치 제도란 호텔, 백화점, 회사 등 대규모 시설 이용자의 편의를 위해 설치요구기관에서 자기의 비용으로 사설우체통을 설치·유지·관리를 하며 그 우체통에 넣은 우편물을 우체국에서 수집하여 가는 제도로서, 우체국장과 계약을 하고 일정액의 수집수수료를 납부한 후 설치하여 사용하여야 함(「우편법 시행령」 제38조)

계약 과정

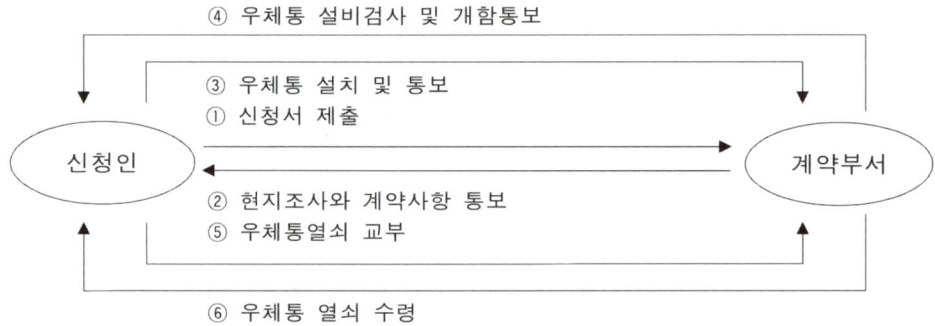

④ 우체통 설비검사 및 개함통보
③ 우체통 설치 및 통보
① 신청서 제출
신청인 ↔ 계약부서
② 현지조사와 계약사항 통보
⑤ 우체통열쇠 교부
⑥ 우체통 열쇠 수령

계약 요청

SUB 01 신청서 접수

1) 설치자 주소·성명 등을 설치 기록한 신청서를 우편물 수집 관할 우체국에 제출

【참고】 신청서 기록사항
- 사설우체통 설치자의 주소·성명, 설치장소, 설치장소 위치, 설치 이유
- 기간을 정하여 설치하려 할 때에는 그 기간, 1일 평균 투입 우편물 예상량

2) 2명 이상이 공동으로 계약을 할 때에는 한 사람을 대표자로 정할 것
3) 설치하려는 사설우체통이 우정사업본부장이 정한 구조·규격과 다를 경우에는 그 도면을 신청서에 첨부

【참고】 접수할 때의 유의사항
① 대리인이 신청할 때에는 위임장, 위임인의 인감증명서*, 대리인 신분증 확인
* 인감증명서는 본인과 대리발급 모두 가능하며 '본인서명사실확인서'도 가능
* 위임장에 날인하는 인감은 인감증명서의 인감과 같아야 함

② 위임인이 법인일 경우에는 대표자의 위임장, 법인인감증명서, 대리인 신분증 확인
③ 외국인인 경우에는 여권 등으로 본인 여부를 확인하고 해외거주자는 위임장, 주재국 영사의 위임사실 확인, 대리인의 신분증으로 확인

SUB 02 접수검사

사설우체통 설치 계약 신청서를 접수한 때에는 다음 요건이 갖춰졌는지 심사하여야 함
1) 설치장소가 우편물의 수집에 지장이 없을 것
2) 사설우체통의 구조가 우편물 보호에 지장이 없을 것
3) 투입 예상 물량이 1일 평균 10통 이상일 것

SUB 03 계약통보

1) 계약요건에 합당한지 심사한 후 적합하면 계약통지서를 내어주고 부족하거나 잘못된 점이 있으면 신청자에게 즉시 알리고 보완을 요구
2) 1)에 따라 계약할 때 우체국에서 해당 우체통에서 수집하기 위해 별도 인원과 예산이 소요되지 않고 수집업무에 지장이 없다고 판단될 때 계약할 것

SUB 04 우체통의 설치 관리

1) 사설우체통의 설치 계약자는 계약우체국장의 통보에 따라 자기부담으로 사설우체통을 설치하고 이를 유지·관리함. 자물쇠와 열쇠는 수집 우체국에서 관리함
2) 사설우체통에는 '사설'이라 문자로 표시하고 우정사업본부장이 정한 우체통의 형식에 맞게 설치
3) 설치자가 사설우체통을 설치한 때에는 수집우체국에 통보

SUB 05 수집횟수와 시각

사설우체통의 우편물을 수집하는 횟수와 시각은 수집우체국장이 정함. 다만, 설치자의 신청에 의하여 변경 가능

SUB 06 사설우체통의 검사

1) 사설우체통의 설치를 신청받은 우체국은 다음 사항에 적합한지 점검
가) 사설우체통은 우정사업본부장이 정한 구조 및 규격에 적합한지
나) 사설우체통이 우정사업본부장이 정한 구조·규격과 다를 경우, 투입되는 우편물량 등을 고려하여 우편물의 보호에 지장이 없는지
다) 사설우체통에 '사설'의 문자 표시 유무
2) 우체통 설치신고를 받아 적정 여부를 검사한 결과 적합하지 않은 경우 기간을 정하여 개조하게 안내하고 그 기간까지 개조하지 않을 때에는 사설우체통 설치·이용에 관한 계약을 취소
3) 점검결과 사설우체통에 이상이 없을 때와 부적당하다고 판단된 사설우체통을 기간 내에 개조하였을 때에는 우체통의 수집 개시일을 설치자에게 알림

SUB 07 사설우체통 원부의 비치

사설우체통 설치계약을 한 우체국에서는 계약연월일, 계약번호, 설치자 명, 수집시각 등이 포함된 사설우체통 원부를 갖추어 보관

【참고】 사설우체통 원부에 포함되어야 할 사항

> 계약연원일, 계약번호, 설치자명, 설치장소, 1일 수집횟수, 수집시각, 1일 수집주행거리, 수집수수료

SUB 08 사설우체통 우편물 수집수수료 징수

1) 사설우체통 우편물 수집수수료는 수집 주행거리에 따라 정하며, 수집주행거리는 수집우체국에서 가장 가까운 곳에 있는 우체통에서 사설우체통 설치 장소까지의 왕복거리에 수집횟수를 곱한 거리로 정함

【예시】 수집수수료

> ① 가장 가까운 곳에 있는 수집국에서 설치한 우체통에서 사설우체통까지의 거리가 350m이고 1일 2회 수집하는 경우, 1일 수집 주행거리와 수집수수료
> 1일 수집주행거리(1,400m)=왕복거리(350m×2)×수집횟수(2회)
> 수집수수료(70,000원)=수집주행거리(1,400m)÷100m×수집수수료연액(5,000원)
> * 사설우체통 수집수수료: 1일 수집주행거리 100m마다 5,000원
> ② 2015. 10. 5. 계약, 사설우체통의 수집주행거리가 ①과 같은 경우의 수집수수료
> (1,400÷100)m × 5,000원 × $(\frac{81}{365})$일 = 15,530원
> * 2015. 10. 5. ~ 2015. 12. 24. 수집기간: 81일

2) 우편물 수집수수료는 매년 12월 15일까지 다음 연도 1월 1일부터 12월 31일까지의 1년분을 계약우체국에 납부(선납)하여야 함
3) 연도의 중간에 설치계약을 한 때의 수집수수료, 수집수수료의 인상, 수집횟수·설치장소의 변경 등으로 수집주행거리에 변동이 있을 때의 수집수수료는 계약·인상·변경 등이 있을 날부터 해당 연도 12월 31일까지의 분을 일할로 계산하여 즉시 납부하여야 함
4) 3)에 따라 추가 수수료를 계산할 때 10원 미만의 금액은 계산하지 않음

계약변경

① 설치자가 사설우체통에 대하여 다음 사항을 변경하려 할 때에는 그 변경 신청서를 수집우체국에 제출
㉠ 설치장소
㉡ 기간을 정하여 설치한 경우 그 기간
㉢ 설치자(개명의 경우는 제외)
② 설치장소의 변경신청서에는 변경된 장소의 도면을 첨부하고 설치자의 변경 신청서에는 신·구 설치자가 함께 서명하여야 하며 함께 서명할 수 없을 때에는 그 이유를 신청서에 적음
③ 설치자가 주소를 변경하였거나 개명하여 신고서를 제출하였을 때에는 사설우체통 원부의 해당 사항을 고칠 것

계약 요청

SUB 01 규정 위반 취소

설치자가 우편관계법령의 규정을 위반하여 그 사설우체통의 설치계약을 취소하려할 때에는 다음 사항에 따름

1) 설치자가 사설우체통의 변경신청·주소변경과 개명신고를 하지 않거나 사설우체통의 우편물 수집수수료를 납부기한까지 납부하지 않은 경우, 기간을 정한 뒤 이행할 것을 요구
2) 1)에서 정한 기간까지 이행을 요구한 사항을 이행하지 않은 경우, 사설우체통의 투입구를 봉쇄하고 수집업무를 중지하되 수집업무를 중지한 날부터 7일의 기간을 정하여 이행할 것을 다시 요구
3) 2)의 기간까지도 이행하지 않을 경우, 사설우체통의 설치계약 해지

SUB 01 해지하거나 계약을 취소할 때의 처리

1) 사용을 해지하거나 계약 취소할 때에는 다음 사항에 따름
① 설치자에게 사설우체통을 철거하도록 통지하고 철거할 때까지 사설우체통의 투입구를 봉쇄
② 설치자가 사설우체통을 계속 철거하지 않으면 수집우체국에서 철거하고 시설자에게서 그 비용을 징수
③ 설치자에게 교부한 자물쇠는 회수하고 그 보관증을 반환
2) 사용수수료의 반환 해지한 다음 날부터 그 해 12월 31일까지 분을 일할로 계산(원단위 절사)

> 설치자가 설치한 우체통을 해지하려 할 때에는 해지 10일 전까지 계약 우체국장에게 신고하여야 함

사설우체통의 보수

사설우체통의 설치 계약우체국장은 사설우체통의 보수가 필요하다고 판단되는 경우, 설치자에게 그 사설우체통의 보수를 요구하여야 함

우편물류

PART 01 | 우체국 물류의 흐름

PART 02 | 우편물 수집

PART 03 | 우편물 배달

PART 1 우편국 물류의 흐름

SECTION 01 | 우편물의 처리 과정
SECTION 02 | 우편물의 분류·정리작업
SECTION 03 | 우편물의 구분
SECTION 04 | 발송작업
SECTION 05 | 우편물의 운송
SECTION 06 | 도착작업 및 우편물 수수

01 우편물의 처리 과정

PART 01 | 우편국 물류의 흐름

우편물의 처리과정은 우편물의 접수부터 배달까지의 전반적인 순서를 말하는데, 우편물의 흐름에 따라 처리되는 과정을 대략적으로 살펴보면 다음 그림과 같다.

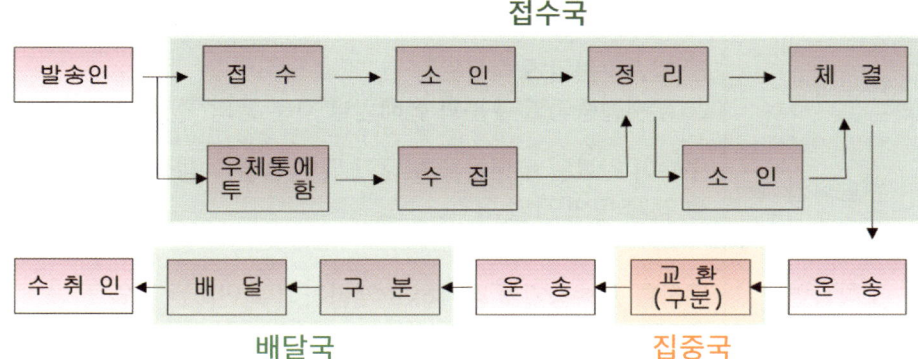

STEP
① 소인 : 우체국에서 접수된 우편물의 우표 따위에 도장을 찍음. 접수 날짜, 국명(局名) 따위가 새겨져 있음
② 체결 : 여러 개를 하나로 묶음

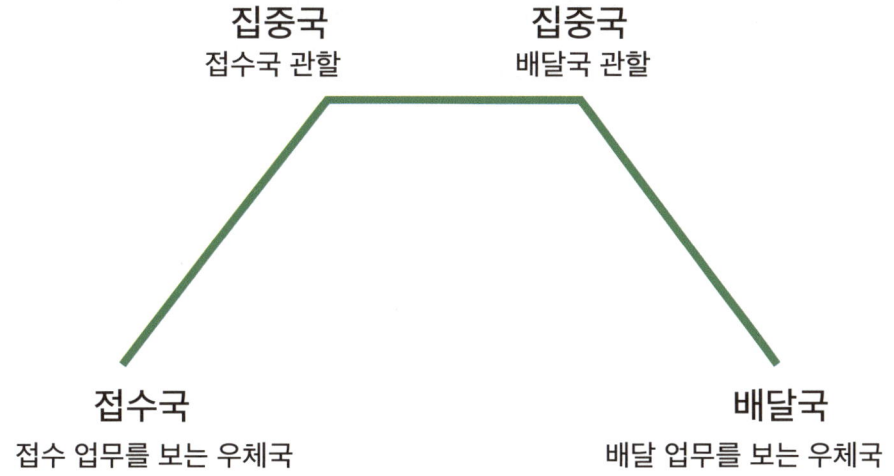

STEP 집중국
우체국 물류 허브

STEP 배달국
① 배달국은 순로구분기와 집배기능을 갖춘 우체국
② 대부분 총괄국, 5급 이상 우체국

참고 ▶ 지방우정청
도 단위의 우정청. 관할 우정청 관리

참고 ▶ 총괄국과 관내국
① 총괄국은 5급 이상의 상위 우체국으로 각 권역을 관할하며 집배시설을 갖추고 있음
② 관내국은 총괄국 산하의 소규모 우체국

발착업무

우편물 발착업무는 접수된 우편물을 행선지별로 구분하여 발송하거나, 배달할 우편물을 배달국 집배원별 또는 팀별로 구분하여 넘겨주는 작업을 말하며, 그 처리과정은 분류·정리, 구분, 발송, 도착 작업으로 구성된다.

분류·정리작업	① 우편물을 우편물 종류별로 구분 ② 구분작업을 쉽게 하기 위하여 기계구분 우편물과 수구분 우편물로 분류하며, 기계구분 우편물의 경우 구분기계에 넣을 수 있도록 정리하는 등의 작업 실시
구분작업	① 발송구분과 도착구분 ② 우편집중국별 구분과 집배원별 구분 등의 작업
발송작업	구분이 완료된 우편물을 보내기 위한 송달증 생성, 체결, 우편물 적재 등의 작업
도착작업	도착한 운송용기를 검사하고 개봉하여 확인하는 작업

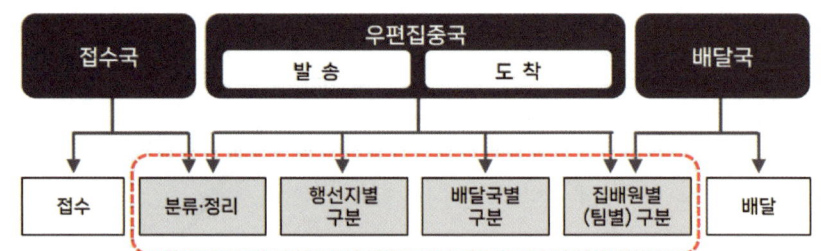

< 발착업무의 범위 (※ 점선 내)>

※ 발송우편집중국(발송집중국) : 우편물을 접수한 우체국(접수국)을 관할하는 우편집중국으로서, 접수국에서 접수된 우편물은 발송집중국으로 운송된다.
※ 도착우편집중국(도착집중국) : 우편물을 배달하는 우체국(배달국)을 관할하는 우편집중국으로서, 도착집중국은 우편물을 배달국으로 운송한다.

02 우편물의 분류·정리작업

PART 01 | 우편국 물류의 흐름

우편물의 분류

> 우편물 접수국에서는 우편집중국(물류센터)에서 구분작업을 쉽게 할 수 있도록 우편물을 종류별, 기계구분/수구분, 자국접수-자국배달 우편물 등으로 분류해야 한다.

SUB 01 우편물 종류별 분류

통상 / 등기 / 소포 등 우편물 종류별로 분류

SUB 02 기계구분/수구분 분류

POINT 기계구분 우편물

① 원칙 : 기계구분이 가능한 우편물로 기계처리에 적합하면 기계구분우편물로 분류한다.
② 예외 : 부가취급우편물은 규격과 관계없이 수구분우편물로 분류
③ 예외 : 등기통상구분기가 설치된 우편집중국과 권역국에서는 규격의 소형 등기통상우편물 또한 기계구분우편물로 분류할 수 있음

POINT 수구분 우편물

원칙 : 부가취급우편물, 잘못 도착한 우편물, 반송우편물, 기계구분 불가능우편물은 수작업으로 구분·분류

구분	내용
주소·우편번호 문제 (기계구분 불가)	① 주소와 우편번호를 기재하지 않은 우편물 ② 주소와 우편번호를 기록한 위치가 적정하지 않은 우편물 ③ 주소와 우편번호를 손 글씨로 흘려 쓴 우편물 ④ 주소와 우편번호 주위에 다른 문자가 표시된 우편물 ⑤ 주소와 우편번호 문자의 선명도가 낮은 우편물
취급 상태 문제 (기계구분 불가)	① 우편물 표면이 고르지 아니한 우편물(도장, 동전, 병 덮개 등을 넣은 경우) ② <u>봉투색상이 짙은 우편물</u> ③ 봉투의 끝부분이 접혀있거나 봉함되지 아니한 우편물 ④ 스테플러, 핀 등으로 봉투를 봉함한 우편물 ⑤ <u>내용물의 글씨가 봉투에 비치는 우편물</u> ⑥ <u>둥근 소포, 쌀자루 및 취약소포 등</u>

SUB 03 자국접수 자국배달 분류

① 원칙 : 접수우편물 중 자국에서 배달할 우편물은 별도로 분류하여 자국 집배실로 인계
② 예외 : 다만 일반통상 다량우편물의 경우, 그 접수우편물에서 자국 배달분을 추출하거나 집배원(팀)별 구분이 곤란할 때에 한하여 우편물을 구분하지 않고 전체를 우편집중국으로 발송할 수 있다.
③ 요금 부족 · 미납 우편물, 습득물, 법규 위반 우편물 등은 골라내어 규정대로 처리한다.

우편물의 정리

① 우편물을 우편상자에 넣을 때에는 주소 등이 적힌 앞면을 같은 방향으로 정리하고, 앞면이 위쪽으로 향하도록 담는다.
② 소포우편물을 우편운반차·우편운반대에 적재할 때는 수취인 주소가 적힌 앞면이 위쪽으로 향하도록 적재한다.
③ 우편물 정리 시 유의사항
㉠ 전산용지로 만든 우편물은 양쪽 끝 천공 부분을 제거하고 정리한다.

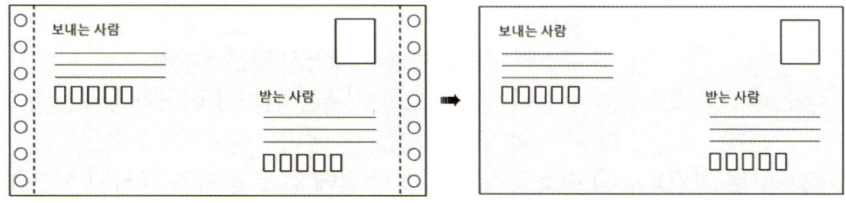

㉡ 봉투를 봉하거나 우표를 붙이기 위해 칠한 접착제로 인해 여러 통의 우편물이 붙어 있는 경우, 우편물 구분 등에 불편을 초래하므로 낱개로 분리하여 정리한다.

03 우편물의 구분

PART 01 | 우편국 물류의 흐름

구분원칙

① 우편물은 주소에 따라 구분하는 것이 원칙이며, 기계로 구분할 때에는 주소와 우편번호, 바코드로 구분할 수 있다.
② 우편물은 구분칸을 이용하여 구분하나 형태상 불가피한 경우 운송용기에 직접 구분할 수 있다.
③ 우편집중국과 배달국에서는 작업시간 등 소통 여건을 고려하여 우편물의 종별(익일특급, 소포, 등기, 일반우편물 순)에 따라 구분한다.
④ 우편물을 구분할 때는 잘못 구분하는 일이 없도록 정확히 해야하고 잘못 도착한 우편물은 발견 즉시 최선편에 연결될 수 있도록 우선 구분한다.
⑤ 배달국에서는 특급우편물이 배달기한일(시)까지 배달이 가능하도록 도착 즉시 구분하여 집배원에게 넘겨준다.

구분의 수단

SUB 01 기계구분

기계구분의 종류	소형통상구분기, 대형통상구분기, 소포구분기, 등기통상구분기 등
기계구분의 판독방식	① 광학문자판독 : 우편물의 주소나 우편번호를 자동으로 인식하여 판독 ② 바코드판독 : 우편물의 바코드를 인식하여 판독 * 바코드판독은 광학문자판독보다 판독률이 높고, 광학판독에 따른 구분은 우편번호를 인쇄한 서체에 따라 바탕체, 그래픽체, 명조체보다 굴림체의 판독률이 높음

SUB 02 수구분

낱개구분	우편물을 낱개로 수작업 구분칸에서 구분
묶음구분	우편물 묶음을 우편자루와 우편운반차에서 구분

【예시】 수구분 묶음구분의 예시

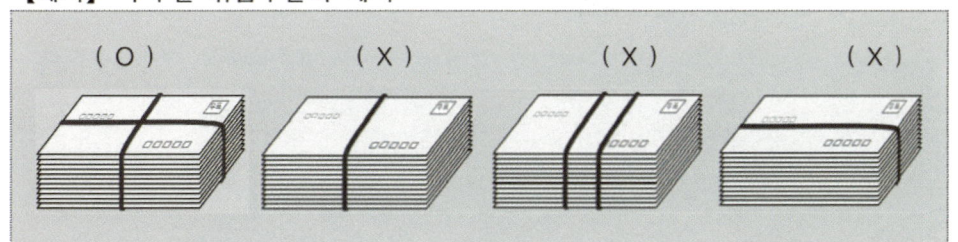

> **우편물의 묶음**
> 취급과정에서 빠지거나 풀어지지 않도록 간추려서 끈을 '+'자형으로 단단하게 묶어야 함

구분을 위한 기능별 지정

SUB 01 우편집중국(물류센터)

우편집중국 (물류센터)	우편물의 발송구분과 도착구분을 구분기계 등으로 집중 처리하는 국
발송구분	접수우편물을 행선지별로 구분하는 작업 ① 도착(우편)집중국별 ② 도착(우편)집중국의 배달국그룹별(호기별) ③ 도착(우편)집중국의 배달국별
도착구분	배달우편물을 구분하는 작업 ① 배달국의 집배원별 ② 배달국의 집배원 그룹별 또는 동별 ③ 배달국별

SUB 02 배달국

① 배달국에서는 배달우편물을 집배원별로 구분한다.
② 지정된 구분 칸에 의하여 배달우편물을 구분한다.
③ 잘못 도착한 우편물(오착우편물)과 반송우편물은 우편집중국별로 구분하되 또다시 잘못 구분되지 않도록 정확히 구분해야 한다.

기계 구분

SUB 01 우편집중국(물류센터)

개념	우편물량과 운송거리를 고려하여 관할권역을 설정하여 우체국에서 분산하여 처리하던 우편물의 발송구분·도착구분 업무를 한곳에 모아 우편기계시설 등을 이용하여 대량으로 일괄 처리하는 우편물 처리 전담국
주요 기능	다량우편물을 직접 접수하는 한편, 관할권역 내의 우체국 등에서 접수한 우편물을 수집하여 우편집중국별로 구분·발송하고 다른 지역에서 도착한 우편물을 구분하여 관할권역 내의 배달국으로 배분하는 역할을 함 ① 관할지역(권역) 내 우체국에서 접수한 우편물의 발송구분과 관할지역(권역) 내 배달국에서 배달할 배달우편물의 도착구분 실시 ② 다량우편물의 접수 ③ 전국 운송망의 운송거점 구실 ④ 운송용기 수급관리를 주관

우편물 처리과정	① 각 우체국이나 다량우편 접수창구 등에서 접수된 우편물은 우편운반차·우편운반대 등에 담겨서 우편집중국에 도착한다. ② 도착한 우편물은 소형통상, 대형통상, 소포, 부가취급우편물로 분류하여 해당 작업장으로 운반된다. ③ 해당 작업장에서는 기계구분과 수작업 우편물로 구분한다. ④ 기계구분우편물은 기계운영방법 설정 여부와 우편물 구분정리를 확인하여 각종 구분기계(소형통상구분기, 대형통상구분기 등)에 넣는다. ⑤ 통상우편물 ㉠ 기계 구분된 통상우편물은 오구분이 있는지 확인하고 우편상자에 담는다. ㉡ 우편물을 담은 우편상자는 우편운반차를 이용하여 발송장으로 이동시켜 행선지별로 구분한다. ㉢ 발송장에서는 구분된 우편상자를 행선지별 우편운반차 또는 상자운반차 등에 실어서 발송한다. ⑥ 소포우편물 : 기계 구분된 소포우편물은 오구분이 있는지 확인하고 우편운반차나 우편운반대에 실어 발송장으로 이동시킨 후 발송한다.

SUB 02 기계를 운용할 때의 고려사항

기계를 운용할 때의 주의사항	안전사고 예방을 위한 기계 운용 주의사항 ① 기계를 운전할 때에는 움직이는 기계장치에 손이나 다른 물체가 닿지 않도록 주의한다. ② 막힘 등으로 기계를 멈출 때는 완전히 정지한 후에 우편물을 제거한다. ③ 느슨한 옷은 이송벨트나 롤러에 낄 수 있으므로 입지 않는다. ④ 기계의 재기동 시에는 기계가 움직이는 부분에 사람이 접촉하고 있는지 반드시 확인한 후 가동을 시작한다. ⑤ 교육을 받지 않은 사람은 기계 운전을 할 수 없다. ⑥ 비상스위치 위에는 다른 물체를 올려놓거나 가까이 두면 안된다.
소형통상우편물을 인입할 때 알아 둘 사항	창문봉투 우편물 ① 주소 또는 우편번호가 창문봉투의 창문이 아닌 부분에 감춰진 우편물은 주소와 우편번호가 보이게 정리한 후 인입한다. ② 비닐창문의 접착력 때문에 겹침(Double Feeding)이 될 수 있는 우편물은 분리하여 인입한다.
	우편번호를 잘못 읽을 우려가 있는 우편물 중 우편번호의 표기가 아래 사항에 해당되는 경우에는 해당 우편물을 골라내어 접수한 고객에게 알려준다. ① 도트프린터로 흐리게 인쇄된 우편물 ② 인쇄체 중 숫자 하나의 인쇄 상태가 진한 부분과 옅은 부분이 섞여 있을 경우 예) "61945" ⇨ 기계에서 "4"를 "1" 또는 "7"로 잘못 읽을 수 있음 ③ 우편번호 기록란의 테두리가 검정색일 경우 예) 1 2 3 4 5 → 우편번호 기록란이 없는 것이 판독하기 쉬움 ④ 주소의 번지가 우편번호와 가깝게 적혀 있거나 큰 숫자로 적혀 있을 경우 ⑤ 주소나 우편번호 주위에 상표나 그 밖의 표식이 있을 경우 예) " ㉾06081", "우) 04081" ⑥ 봉투 안의 내용물이 지나치게 비치는 우편물 ⑦ 우편번호가 정정된 우편물 중 기존 우편번호 위에 정정한 것 예) 우편번호 "0 4 0 8 1"를 "0 ❻ 0 8 1"로 정정한 경우 잘못 읽을 수 있음
	기타 ① 끝부분에 구멍이 뚫린(천공된) 우편물은 구멍 부분을 제거한다. ② 인입하는 우편물의 두께가 너무 얇으면 겹치고(Double Feeding), 두꺼우면 기계에 부담이 되어 잼이 발생할 수 있다.

SUB 03 소형통상우편물 구분

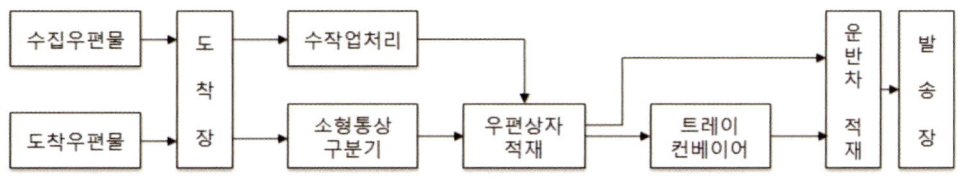

SUB 04 대형통상우편물 구분

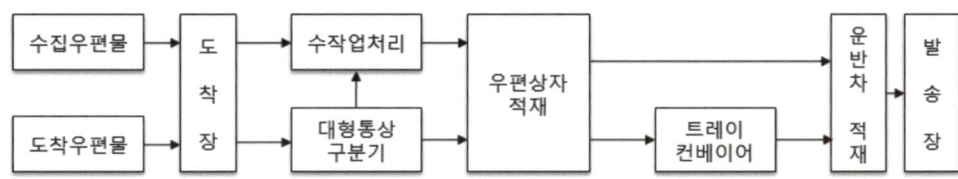

SUB 05 소포우편물 구분

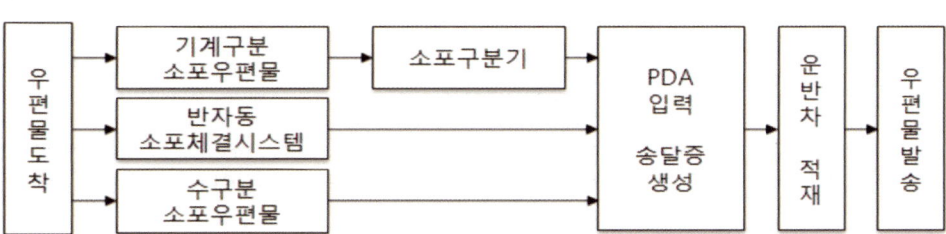

수작업 구분

SUB 01 구분선반과 구분칸

구분선반의 비치	① 우편집중국 : 발송구분선반과 도착구분선반을 비치해야 한다. ② 배달국 : 집배원별 구분선반과 우편집중국별 구분선반을 비치해야 한다.
구분칸 지정 원칙	① 우편물량이 많은 지역은 구분선반의 중앙 부위에 위치하도록 배열한다. ② 같은 지역에서는 우편번호 순서에 따라 좌·우 또는 상·하로 순차 배열한다. ③ 최적의 작업동선을 고려하여 배열해야 함. 다만, 미숙련자는 우편번호 순서에 따라 배열할 수 있다.

SUB 02 우편집중국에서의 수작업 구분

구분기준	① 부가취급우편물, 오착우편물, 반송우편물, 기계로 구분하기 어려운 우편물은 수작업으로 구분한다. ② 발송구분은 우편집중국별로 구분하며, 다만 같은 지방우정청 내에 있는 우편집중국은 관할 지방우정청장이 지역특수성, 물량 등을 고려하여 달리 구분할 수 있다. ③ 도착구분은 우편집중국장과 배달우체국장이 협의하여 집배원별, 집배원팀별, 동별로 구분한다.
기계구분 불가능우편물등	① 기계구분 후 기계 미판독칸으로 들어간 기계구분 불가능 우편물 등은 우편상자 등에 담고 우편물형태 등을 고려하여 해당 수작업장으로 이동시킨다. ② 기계구분 불가능 요인을 제거할 수 있을 때에는 해당 요인을 제거하여 구분기계에 재투입한다. ③ 국별 사정에 맞게 배치된 수작업장에서 구분한다. ④ 구분칸별 우편물량이 적은 경우에는 고무줄(고무밴딩이나 끈으로 묶어서 행선지별 우편상자에 적재한다.

| 부가취급우편물 | 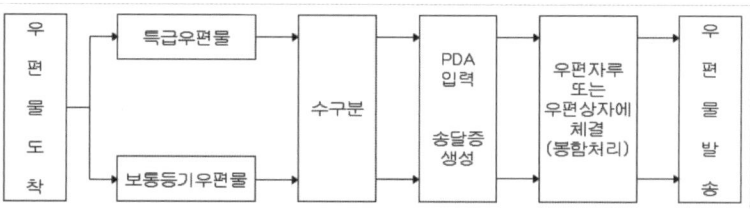 |

① 부가취급부서에 도착한 운송용기를 개봉하여 특급우편물과 그 외의 등기우편물로 분류하고 종류별 부가취급우편물 송달증과 현품의 수량일치 여부를 확인한다.
② 특급우편물을 최우선으로 구분한다.
③ 구분된 우편물은 부가취급우편물 송달증을 작성한다.
④ 전산으로 부가취급우편물 송달증의 수량과 현품의 수량 일치 여부를 확인한다.
⑤ 책임자나 책임자가 지정하는 사람이 참관하여 현품 수량 일치 여부가 확인된 우편물을 운송용기에 담아 운송용기 묶음 끈으로 묶어 봉함하여 발송한다.

규격 소형 등기통상우편물(익일특급, 등기통상)은 등기통상구분기가 설치된 우편집중국에서만 기계구분을 할 수 있음

배달국에서의 구분

우편집중국에서 집배원(팀)별로 구분되지 않은 상태로 도착한 우편물은 집배원(팀)별 또는 우체국 실정에 맞게 구분하여 집배실로 넘긴다.

일반통상우편물	① 순로구분기로 기계구분한 집배원별 우편물은 집배실에 넘긴다. - 집배원별 순로구분된 우편물 - 다량배달처 일반통상우편물은 순로구분하지 않고 바로 집배실 인계 ※ 순로(順路) : 사전적 의미로는 '원래의 순서에 따른 길 또는 방향'을 말하며, 우편분야에서는 효율적인 집배업무를 위한 코스를 뜻함 ※ 순로구분기 : 규격의 통상우편물을 투입하면 수취인 주소 등을 인식하여 배달순서대로 우편물을 자동 구분·정렬 해주는 자동화기기 ② 집배원별로 구분되지 않은 상태로 도착한 우편물은 발착요원 또는 집배원 등이 구분한다. ③ 집배원별 구분율 향상을 위하여 배달우체국장은 우편집중국의 기계구분계획이 최적으로 설정될 수 있도록 집배구 조정 등에 관한 정보를 제공하고 우편집중국장과 상호 협조체계를 유지해야한다.
등기통상우편물	① 부가취급우편물 취급부서에서는 우편물을 집배원별로 구분한 후 전산 입력하여 집배원에게 넘겨준다. ② 집배원 귀국 시 아직 배달되지 않은 등기통상우편물은 부가취급우편물 취급부서에 넘긴다.
소포우편물	① 소포전담팀 또는 집배원별 등으로 구분한 후 전산 입력하여 넘긴다. ② 등기소포우편물을 소포위탁배달원에게 넘겨줄 경우에는 책임자나 책임자가 지정하는 사람이 참관하여야 한다.

잘못 도착한 우편물(과오취급 우편물)의 구분과 처리

SUB 01 잘못 도착한 우편물의 구분

우편집중국이나 배달국에서는 도착우편집중국별로 구분한다.

SUB 02 잘못 도착한 우편물의 처리

취급 원칙	우편물 표면의 '우체국 사용란'에 반드시 │우선취급│ 표시를 하고 최선편으로 발송한다. ※ 우체국 사용란 : 우편물의 취급에 필요한 표시를 하기 위하여 지정된 우편물 표면(앞면) 좌측 하단의 공간을 말함(→뒷장 예시 참조)
표시방법	【예시】우편물의 표시 경북 김천시 혁신로 274 우정사업조달센터 전화 : (054)429-0278 팩스 : 0505-005-1078 물류자동화과 이몽룡 39660 받는 사람 세종특별자치시 도움5로 19, 정부세종청사 8동 우정사업본부 우편사업단 물류기획과 성춘향 귀하 30114 (우체국 사용란) │우선취급│ 우 표 │우선취급│ 의 사양 ① 크기 : 가로 5cm, 세로 2cm(글씨 크기 : 고딕체 32) ② 글씨와 테두리 색상 : 붉은색
처리절차	① 발견국 : 잘못 도착한 우편물 골라내기 ➡ 해당 우편물 표면의 '우체국 사용란'에 반드시 │우선취급│ 표시 ➡ 우편물의 과오취급 명세를 우편물류시스템에 등록하여 과오취급국에 시정 통지 ➡ 적재한 운송용기에 잘못 도착한 우편물임을 표시하여 최선편에 발송한다. ② 우편집중국 및 배달국 : │우선취급│ 우편물은 최선편으로 구분·발송·배달 한다. ③ 우선 취급우편물 발견국에서는 그 명세를 우편물류시스템에 등록하고, 과오취급국에서는 매일 우편물류시스템의 과오취급 등록사항을 확인하여 시정 조치한다. ④ 과오취급우편물 입증자료 확보와 확인 ㉠ 과오취급우편물 발견국은 추후 과오취급국에서 근거자료를 요청할 때 서로 그 명세를 확인할 수 있도록 우편물류시스템 입력사항에 대한 입증자료를 확보한다(우편물의 촬영이나 복사 등 방법 활용) ㉡ 과오취급우편물 발견국에서 잘못 도착한 우편물이 너무 많아 입증자료의 확보가 곤란하거나, 과오취급에 대한 입증자료에 대하여 과오취급국과의 분쟁이 있을 경우에는 발견국과 과오취급국의 관할 지방우정청 간 협의하여 조치한다.

> STEP
> 관서별로 잘못 도착한 우편물의 전담 처리자를 지정하여 운영한다.

집배코드

SUB 01 집배코드의 개념

우편물의 구분·운송·배달을 쉽게 하기 위하여 구분에 필요한 정보를 가독성이 높은 단순한 문자와 숫자로 우편물에 표기(인쇄)한 것을 말한다.

【집배코드 활용 예시】

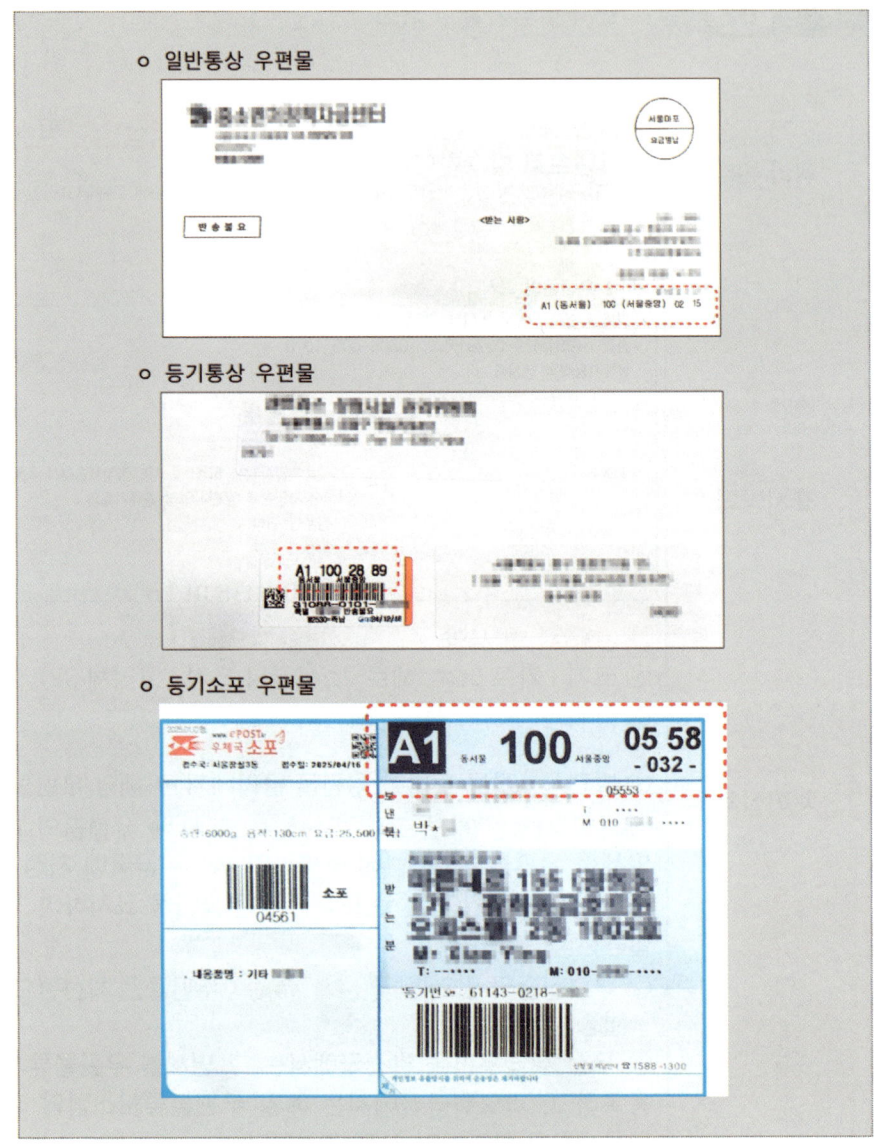

SUB 02 집배코드의 구조

① 집배코드는 총 9자리로 도착집중국 번호(약호) 2자리, 배달국(센터) 번호 3자리, 집배팀 번호 2자리, 집배구 번호 2자리로 구성된다.
② 도착집중국 번호(약호)와 배달국 번호는 기본값으로 확정이 되어있으나 집배팀 번호와 집배구 번호는 배달국에서 배달환경에 맞게 부여할 수 있게 되어 있어 탄력적으로 운용이 가능하다.
※ 배달국 번호 3자리는 배달 환경에 따라 통상과 소포로 분리사용 가능
③ 집배코드의 집배구 부여는 단순히 집배원당 하나의 집배구를 부여하는 것이 아니며, 배달환경에 따라 1명의 집배원에 여러 개의 집배구를 할당하거나 또는 배달단위별로 부여하는 것도 가능하다.

SUB 03 집배코드의 구성체계

【집배코드 구성 체계】

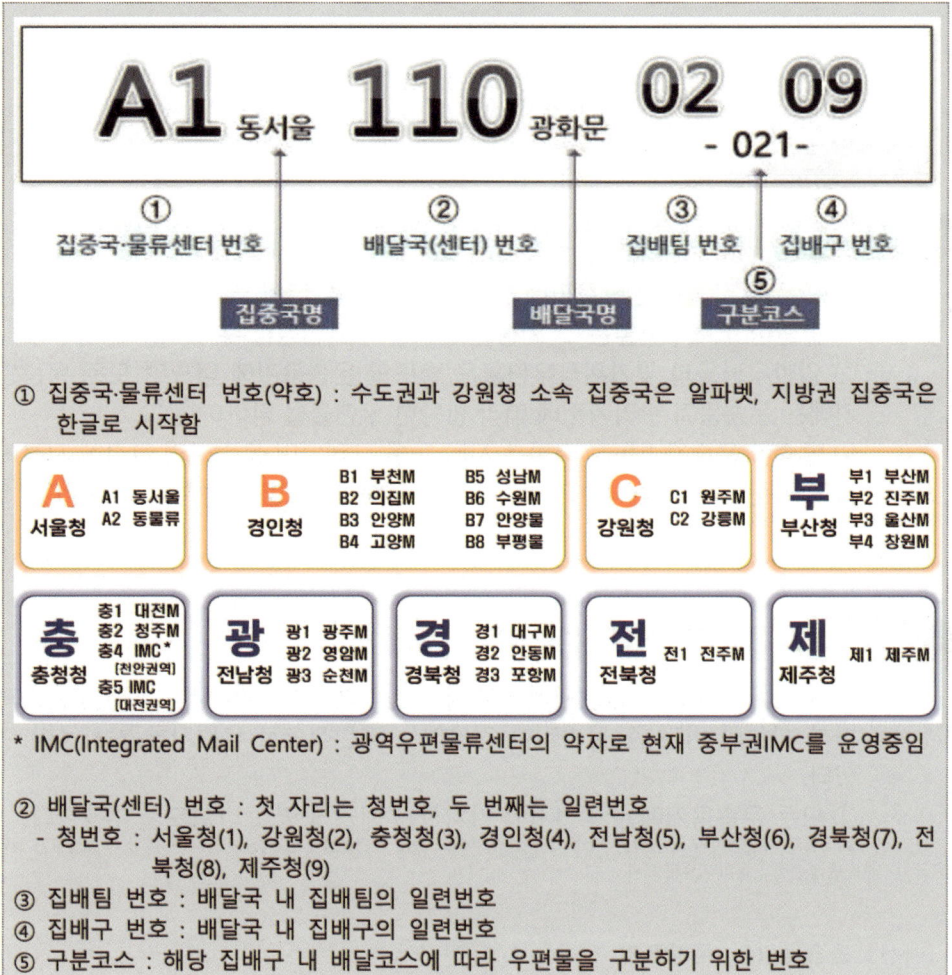

① 집중국·물류센터 번호(약호) : 수도권과 강원청 소속 집중국은 알파벳, 지방권 집중국은 한글로 시작함

서울청	A1 동서울 A2 동물류
경인청	B1 부천M B5 성남M B2 의정부M B6 수원M B3 안양M B7 안양물 B4 고양M B8 부평물
강원청	C1 원주M C2 강릉M
부산청	부1 부산M 부2 진주M 부3 울산M 부4 창원M
충청청	충1 대전M 충2 청주M 충4 IMC* [천안권역] 충5 IMC [대전권역]
전남청	광1 광주M 광2 영암M 광3 순천M
경북청	경1 대구M 경2 안동M 경3 포항M
전북청	전1 전주M
제주청	제1 제주M

* IMC(Integrated Mail Center) : 광역우편물류센터의 약자로 현재 중부권IMC를 운영중임

② 배달국(센터) 번호 : 첫 자리는 청번호, 두 번째는 일련번호
- 청번호 : 서울청(1), 강원청(2), 충청청(3), 경인청(4), 전남청(5), 부산청(6), 경북청(7), 전북청(8), 제주청(9)
③ 집배팀 번호 : 배달국 내 집배팀의 일련번호
④ 집배구 번호 : 배달국 내 집배구의 일련번호
⑤ 구분코스 : 해당 집배구 내 배달코스에 따라 우편물을 구분하기 위한 번호

SUB 04 집배코드 검색 방법

① 인터넷우체국(http://www.epost.go.kr)
② 우편번호(주소) 찾기 프로그램
③ 계약고객전용시스템(http://biz.epost.go.kr)
④ OPEN API(개방형API - Application Programming Interface)

SECTION 04 발송작업

PART 01 | 우편국 물류의 흐름

발송원칙

SUB 01 운송용기의 일반원칙

① 모든 우편물은 운송용기에 담아서 발송한다. 다만, 부피가 크고 외부포장이 단단한 소포우편물은 그 외장을 운송용기로 인정할 수 있다.
② 일반우편물과 부가취급우편물은 별도의 운송용기에 담으며 모든 운송용기에는 운송용기 관리기준에 따라 합당한 우편물을 담아야 한다.
③ 발송할 운송용기는 수수하는 시각 등을 고려하여 운송편의 연결에 지장이 없도록 준비하고 각 작업장마다 우편물 운송시각표를 작성하여 게시한다.

SUB 02 운송용기의 발송준비 기준

① 모든 우편물은 우편상자에 담거나 운반차에 실어야야 하나 우편물 운송과 발착 시설의 여건 등 불가피한 경우에는 제한적으로 우편자루를 사용할 수 있다.
② 모든 운송용기에는 행선지와 일치하는 해당 국명표 바코드를 부착한다.
※ 국명표: 우편용기의 도착/발송국번호, 용기종류, 서비스종류, 우편물형태 등 해당 운반차(운반대)나 운송용기 등의 운송에 관한 사항이 기재된 표지

【예시】 운송용기와 국명표의 사용

우편종류별		운송용기와 운반차 적재	국명표	묶음끈 사용 여부
일반통상	소형통상	소형우편상자 → 우편운반차에 적재	운반차에 끼움	미사용
	대형통상	중형·대형우편상자 → 우편운반차에 적재	운반차에 끼움	미사용
	선구분우편물	우편물다발(우편상자) → 우편운반차에 적재	운반차에 끼움	미사용
등기통상		소형·중형 우편상자, 특수우편자루	상자덮개, 자루에 끼움	사용
소포		낱개 소포(무용기) → 우편운반차, 우편운반대에 적재	우편운반차·우편운반대에 끼움(부착)	미사용

우편물의 발송

발송기준	① 발송·도착구분 작업이 끝난 우편물은 운송방법지정서에서 지정한 운송편에 따라 발송한다. ② 우편물은 특급우편물, 등기우편물, 일반우편물 순으로 발송한다. ③ 우편물을 발송할 때 운송확인서를 운전자와 교환한다.
우편물 발송의 우선순위 「우편업무규정」 제265조	1편의 운송편에 발송 또는 운송할 우편물량이 많아서 일시에 발송 또는 운송할 수 없을 경우에는 다음 각 호의 규정순위에 의하여 처리해야 한다. ① 1순위 : EMS ② 2순위 : 익일특급우편물, 등기소포우편물, 일반등기·선택등기우편물 및 준등기우편물, 국제항공우편물 ③ 3순위 : 일반소포우편물, 일반통상우편물, 국제선편우편물

발송 유의사항

일반 우편물	① 일반우편물을 담은 운송용기는 운송송달증을 등록한 뒤에 발송 ② 우편물은 형태별로 분류하여 해당 우편상자에 담되 ③ 우편물량이 적을 경우에는 형태별로 묶어 하나의 용기에 담고 운송용기 국명표는 혼재 표시된 국명표를 사용
부가취급 우편물	① 부가취급우편물을 운송용기에 담을 때에는 책임자나 책임자가 지정하는 사람이 참관하여 우편물류시스템으로 부가취급우편물 송달증을 생성하고 송달증과 현품 수량을 대조 확인한 후 발송 ② 다만, 관리 작업이 끝난 우편물을 발송할 때 부가취급우편물 송달증은 전산 송부 ③ 덮개가 있는 우편상자에 담아 덮개에 운송용기 국명표를 부착하고 묶음끈을 사용하여 반드시 봉함한 후에 발송

운반차의 우편물 적재

① 분류하거나 구분한 우편물은 섞이지 않게 운송용기에 적재
② 여러 형태의 우편물을 함께 넣을 때에는 작업을 쉽게 하기 위하여 하단부터 일반소포 → 등기소포 → 일반통상 → 등기통상 → 중계우편물의 순으로 적재
③ 소포우편물을 적재할 때에는 우편물이 파손되지 않도록 가볍거나 파손에 취약한 소포를 상단에 적재하여야 한다.

우편물의 교환

행선지별로 구분한 우편물을 효율적으로 운송하기 위하여 운송거점에서 운송용기(우편자루, 우편상자, 운반차 등)를 서로 교환하거나 중계하는 작업

SUB 01 용기 직접교환

① 교환에 참가하는 우체국끼리 직접 교환할 수 있도록 생산된 운반차를 교환센터에서 직접 교환하는 작업을 말한다.
② 다음의 수구분우편물은 전량 직접 교환할 수 있도록 생산한다.
 ㉠ 무게 초과 우편물(30Kg 이상) : 구분기계시설 파손 우려 때문
 ㉡ 규격 외 소포
 ㉢ 취약소포 : 냉동식품과 액즙류 등
③ 용기를 직접 교환할 할 수 있도록 운반차(운반대)에는 다른 우체국으로 가는 우편물을 적재하면 안된다.
④ 같은 도착국으로 발송되는 물량이 많을 경우에는 해당국으로 직접 차량 운송한다.

SUB 02 재구분

만재율을 높이기 위해 한 대의 운반차에 교환에 참가하는 다수국의 우편물을 적재한 혼재운반차일 경우에는 우편물을 교환센터에서 다시 구분한다.

SUB 03 교환절차

① 우편집중국 단위로 묶여진 운반차는 도착장에서 전동견인차를 이용하여 교환을 실시한다.
② 1대의 운반차에 여러 행선지의 우편상자나 우편자루가 섞여서 적재된 경우에는 운반차를 열고 행선지별로 다시 구분한다.
③ 차량용적에 초과하지 않는 범위에서 우편자루가 적재된 운반차 윗부분에 우편상자를 적재할 수 있다.
④ 다시 구분하여 적재한 운반차에 행선지별로 국명표를 삽입한다.
⑤ 운송차량 단위로 발송 처리한다.

국명표의 사용

SUB 01 국명표의 개념

우편용기의 도착/발송국번호, 용기종류, 서비스종류, 우편물형태 등 해당 운반차(운반대)나 운송용기 등의 운송에 관한 사항이 기재된 표지

SUB 02 국명표의 사용

1. 국명표는 국명표 발행기나 우편물류시스템에서 발행하여 사용하고, 발행할 때는 용기종류, 서비스종류, 우편물 형태, 취급표시 등을 정확히 선택한다.

용기종류	우편상자(소형, 중형, 대형) / 접수상자 우편운반차(롤팔레트) 상자운반차(트롤리) 자루 무용기 우편운반대(평팔레트)
서비스종류	일반, 등기, 국내특급, 국제일반, 국제등기, EMS, EMS프리미엄
우편물형태	서장, 플랫, 패킷, 소포
취급표시	적(자청, 타청, 혼재), 통적(자청, 타청, 혼재) 소포(자청, 타청, 혼재) 익일특급(여권, 자청, 타청, 혼재) 특송반송, 계약등기반송

> 참고
> ① 자청 : 발송하는 우체국이 속한 지방우정청
> ② 타청 : 발송하는 우체국이 속한 지방우정청이 아닌 그외의 지방우정청
> ③ 혼재 : 자청과 타청으로 가는 우편물을 함께 넣는 경우

2. 우편물의 종별에 따라 사용하는 운송용기의 국명표 색상
(1) 일반우편물 : 하얀색
(2) 특급우편물 : 하늘색

3. 발송할 준비가 된 운송용기에 발송국명 · 도착국명 등 필요 사항을 표시한 운송용기 국명표를 빠지지 않게 국명표집에 끼우거나 부착한다.

4. 국명표를 사용할 때에는 기존에 부착(삽입)되어 있는 국명표를 제거하고 새 국명표를 삽입한 후 발송우편물의 행선지와 일치 하는지 여부를 반드시 확인한다.

SUB 03 국명표 바코드의 체계와 종류

① 체계 : 16자리

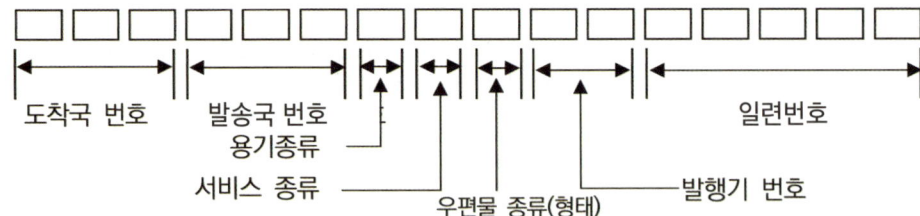

항 목		상세내용
도착국 번호		- 집중국·집배국 식별번호
발송국 번호		- 집중국·집배국 식별번호 - 발행기에 발송국 번호 세팅
용기종류	우편상자용	소형(1), 중형(2), 대형(3)
	운송용기용	우편운반차(롤팔레트)(4), 상자운반차(트롤리)(5), 우편자루(6), 무용기(7), 우편운반대(평팔레트)(8)
서비스 종류		일반(1), 등기(2), 국내특급(5), 국제일반(6), 국제등기(7), EMS(8), EMS프리미엄(9)
우편물 종류(형태)		서장(1), 플랫(2), 패킷(3), 소포(4)

② 종류 : 운반차, 우편자루용 국명표 바코드, 우편상자용 국명표 바코드

① 운반차, 우편자루용 국명표 (예시)

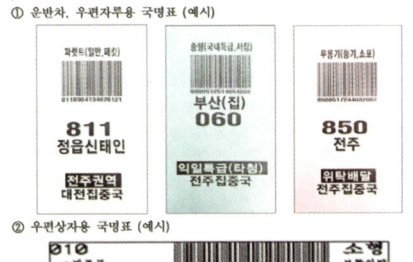

② 우편상자용 국명표 (예시)

SUB 04 국명표의 정보를 이용한 송달증 생성 작업

① 등기우편물(통상, 소포)이 담길 운송용기의 국명표 바코드를 전산입력하고 등기우편물의 등기번호 바코드를 전산 입력하여 부가취급우편물 송달증을 생성한다.(등기우편물과 운송용기 간 모자관계 형성)
② 운송용기 중 우편상자를 상자운반차나 우편운반차에 적재할 경우, 상자운반차나 우편운반차에 끼울 국명표 바코드를 전산 입력한 후 우편상자의 국명표 바코드를 전산입력하여 운송용기 송달증(운송용기에 실린 우편물의 명세서)을 생성한다.(우편상자와 상자운반차·우편운반차 간 모자관계 형성)
③ 도착국명과 운송확인서번호(운송선로 및 운송차량정보)를 입력한 후 위 운송용기의 국명표 바코드를 전산 입력하여 운송송달증(운송차량에 실린 우편물의 명세서)을 생성한다.

아래 이미지는 우본 원본 자료도 해상도가 낮아 해독이 불가능한 자료입니다.

【국명표 작업 개요도】

국명표	관계	송달증
운송용기 국명표 바코드 우편물 등기번호 바코드	등기우편물과 운송용기 간 모자관계 형성	부가취급우편물 송달증 생성
상자운반차나 우편운반차 에 끼울 국명표 바코드 우편상자의 국명표 바코드	우편상자와 상자운반차·우편운반차 간 모자관계 형성	운송용기 송달증 생성
도착국명과 운송확인서번호 운송용기의 국명표 바코드	-	운송송달증 생성

05 우편물의 운송

PART 01 | 우편국 물류의 흐름

운송 개념

① 우편물(운송용기)을 발송국에서 도착국까지 운반하는 것
② 운송계획에 따라 정기운송, 임시운송, 특별운송으로 구분

운송 종류

SUB 01 정기운송

우편물의 안정적인 운송을 위하여 <u>관할 지방우정청장</u>이 운송구간, 수수국, 수수시각, 차량톤수 등을 우편물 운송방법 지정서에 지정하고 정기운송 시행

SUB 02 임시운송

① 우편물의 증감에 따라 정기운송편 이외의 방법으로 운송함
② 운송선로의 임시운송 방법

운행을 변경할 때	감편	우편물의 발송량이 적어 정기편을 운행하지 아니하는 것
	증편	우편물의 과다 증가 등으로 정기편 외 추가로 운행하는 것
	결편	해당 편을 운행하지 않음
거리를 변경할 때	거리연장	운송구간에 추가로 수수국을 연장하여 운행하는 것
	거리감축	정기운송편 수수국의 일부 구간을 운행하지 아니하는 것
차량톤급 변경시	증차	우편물의 과다 증가로 운송편의 톤급을 상향 조정(예:2.5톤→4.5톤)하는 것
	감차	우편물 감소로 운송편의 톤급을 하향 조정(예 : 4.5톤 → 2.5톤)하는 것

③ 정기 운송편에 발송한 후 잔량이 있을 것으로 예상이 되면 정기 운송편을 증차 또는 거리연장 등 정기편을 변경하여 운송한다.
④ 이후에도 발송할 잔량이 있는 경우 1순위~3순위 우편물에 대하여는 운송물량을 고려하여 다음과 같이 별도의 운송편을 확보하여 즉시 발송하여야 한다.
㉠ 해당 운송업자와 협의하여 임시운송편을 증회함. 다만, 다만, 다음 운송편으로 발송하여도 우편물의 송달에 지장이 없는 경우에는 다른 우편물보다 우선하여 그 운송편으로 발송한다.
㉡ 항공편인 경우에는 최선편으로 발송한다.

SUB 03 특별운송

① 우편물의 일시적인 폭증와 교통의 장애 등 그 밖의 특별한 사정이 있다고 인정되는 경우에는 우편물의 원활한 송달을 위하여 전세차량·선박·항공기 등을 이용하여 운송
② 우편물 정시송달이 가능하도록 최선편에 운송하고 운송료는 사후에 정산

운송선로 : 우편물을 운송하는 경로

SUB 01 운송선로 구분

운송수단에 따른 구분	육로 우편운송선로 항공 우편운송선로 선편 우편운송선로 철도 우편운송선로
운영방법에 따른 구분	① 운영방법에 따라 우체국 보유 차량으로 운송하는 직영운송과 운송업체에 위탁하여 운송하는 위탁운송으로 구분 ② 위탁운송은 우정사업본부장이 지정하는 비영리법인 및 운송사업자 등에게 우편물을 위탁하여 운송하는 방식으로 육로위탁운송, 항공위탁운송, 선편위탁운송, 철도위탁운송 등으로 구분

SUB 02 운송선로 용어 설명

① 구간 : 최초 발송국에서 최종 도착국까지의 운송경로
② 수집 : 접수한 우편물을 우편집중국 등으로 모아오는 운송형태
③ 배분 : 배달할 우편물을 우편집중국 등에서 배달국으로 보내는 운송 형태
④ 배집 : 배분과 수집이 통합된 운송형태
⑤ 편 : 정해진 운송구간을 운송형태별(교환, 수집, 배분 등)로 운행
  예) 수집1호, 배분1호, 배집1호

SUB 03 운송선로 조정

지방우정청장은 예산의 범위에서 관할 지역 내 운송선로를 합리적으로 신설·폐지·변경을 할 수 있으며 그 내용을 우정사업본부장에게 보고한다.

MEMO

운송용기

우편물 보호, 차량적재, 발송·도착, 운반 작업을 효율적이고 원활하게 할 수 있도록 만든 규격화된 용기

<운송용기의 종류와 용도>

종류		용도	비고
운반차 / 운반대	우편운반차 (롤팔레트)	통상·소포우편물, 우편상자, 우편자루의 담기와 운반	
	우편운반대 (평팔레트)	소포 등 규격화된 우편물 담기와 운반	
	상자운반차 (트롤리)	우편상자 담기와 운반	※ 현재 미사용
우편 상자 (트레이)	소형우편상자	소형 통상우편물 담기	부가취급우편물을 적재할 때에는 상자덮개와 묶음 끈을 사용하여 봉함하여야 함
	중형우편상자	얇은 대형 통상우편물 담기	
	대형우편상자	두꺼운 대형 통상우편물 담기	
접수상자		소형 통상 다량우편물 접수, 소형 통상우편물 담기	
우편 자루	일반우편자루	일반우편물(통상 및 소포) 담기	크기에 따라 가호, 나호
	특수우편자루	등기통상 및 준등기우편물 담기	가호, 나호

【운송용기 사진(예시)】

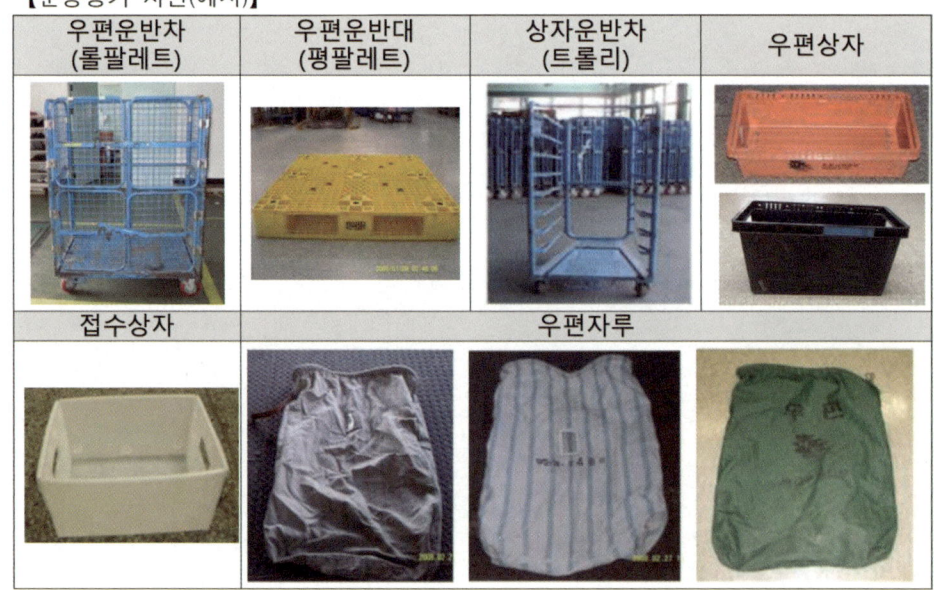

【주의】

운송용기는 다른 용도로 사용해서는 안 되며, 용기가 부서지면 고쳐서 사용해야 함

06 도착작업 및 우편물 수수

PART 01 | 우편국 물류의 흐름

🟨 운송용기의 도착검사

도착검사	운송용기가 도착한 때에는 책임자나 책임자가 지정하는 사람이 참관하고, 담당자는 다음사항에 적합한지를 검사한 후 운송송달증을 조회하여 확인 ① 운송용기의 외장과 봉함 상태는 이상이 없어야 함 ② 종류별 운송용기 수가 용기송달증의 기록내용과 일치해야 함 ③ 국명표와 우편물의 행선지가 일치해야 함
도착검사 이후	① 운송용기의 도착 검사가 끝난 후에 해당 부서에 넘김 ② 중계우편물을 담은 운송용기는 해당 운송편에 연결될 때까지 안전하게 보관
작업장 이동	도착장에 도착하는 일반통상우편물, 소포우편물, 등기우편물은 그 내용과 운송송달증을 대조 확인한 후 해당 작업장으로 이동 ① 소형통상우편물 : 소형우편물 작업장 ② 대형통상우편물 : 대형통상 작업장 ③ 소포와 등기우편물 : 소포 작업장과 특수계 작업장 * 부가취급우편물을 담은 운송용기는 해당부서에 곧바로 넘겨야 함

🟨 운송용기의 개봉작업

도착검사가 끝난 운송용기가 해당 부서에 도착하면 운송용기에 부착된 국명표를 제거하고 다음과 같이 처리
① 인계·인수가 끝난 우편물은 익일특급 등기우편물, 그 외 등기우편물 순으로 개봉하여 처리
② 부가취급우편물을 담은 운송용기를 개봉할 때에는 책임자나 책임자가 지정하는 사람이 참관하고 담당자는 부가취급우편물 송달증의 기록명세와 우편물의 등기번호와 통수에 이상이 없는지 확인해야 함
③ 개봉이 끝난 운송용기는 운송용기 관리지침에 따르고 우편자루는 뒤집어서 남은 우편물이 없는가를 확인해야 함

우편물의 수수

인수인계 방법은 운송송달증·용기송달증,접수송달증에 따라 수수하는 방법 등이 있다.

① 운송송달증에 따른 수수 : 운송차량에 적재한 운반차 등의 명세를 수수
예) 의정부우편집중국 ↔ 서울중랑우체국, 동서울우편집중국 ↔ 우체국물류지원단

② 용기송달증에 따른 수수 : 운반차 등에 적재한 운송용기 명세를 수수
예) 부가취급부서(특수계) ↔ 발송부서(발착계)

③ 접수송달증에 따른 수수 : 접수된 부가취급우편물 명세를 수수
예) 접수부서 ↔ 발송부서

MEMO

PART 2 우편물 수집

SECTION 01 | 우편물 수집 개요
SECTION 02 | 수집우편물의 처리
SECTION 03 | 무인우체국 우편물의 수집과 처리

일반통상 별·후납우편물의 반송 처리

① 원칙 : 일반통상 별·후납우편물은 발송인에게 반환(반송)하지 않는다. → 반송불필요 처리
② 예외 : 우편물의 반환(반송)이 필요한 발송인이 우편물 표면 왼쪽 중간에 '반환' 표시를 한 경우, 예외적으로 우편물을 발송인에게 반환(반송)한다.

【예시】 별·후납우편물 반환을 위한 표기방법

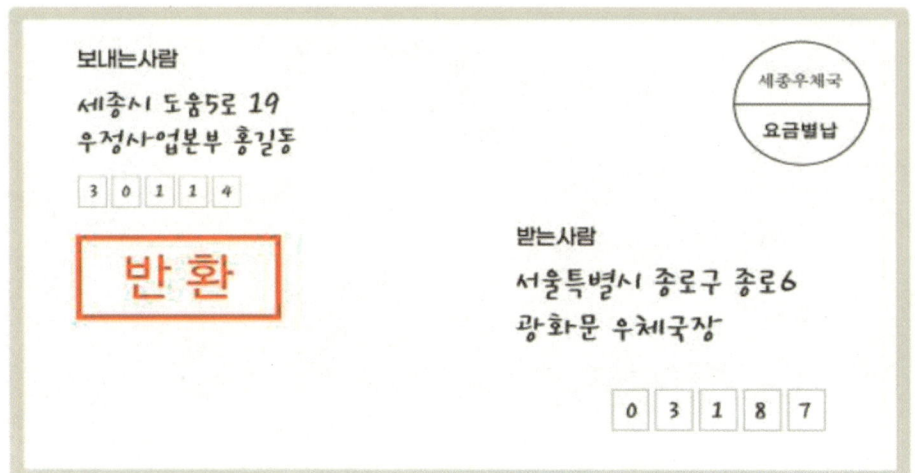

우편함 장기방치우편물의 처리

① 수취함에 투함된 우편물은 장기방치우편물(배달일로부터 15일이 경과된 우편물) 여부와 관계없이 그대로 두되, 고객의 요구 시나 이사 등으로 수취인이 없음을 확인하였을 경우에는 반송 또는 전송 처리한다.
② 반송함에 투함된 우편물 중 그 사유가 표시되어 있는 우편물은 즉시 전송 또는 반송처리하며, 반송사유를 확인할 수 없는 우편물은 오배달 사례를 방지하기 위하여 1회에 한하여 재 투함 한다.

SUB 03 반송불능(반송불필요)우편물의 전산처리

POINT 원칙

우편물류시스템 등록	반송불능(반송불필요)우편물의 교부·송부·폐기를 할 때에 우편물류시스템에 등록한다. ① **반송불능우편물을 교부할 때**에는 교부자와 수령인명을 입력한다. ② **반송불능우편물을 송부할 때**에는 송부국을 입력한 후 송부서를 출력하여 우편물과 동봉하여 발송한다. ③ **유가우편물을 회계부서에 이관한 경우** 우편물류시스템에 '이관'으로 등록한 후 인수인계 한다. ④ **일반우편물인 경우**에는 일반우편물 전용 화면에서 도착, 교부, 송부, 이관, 폐기물량, 개봉한 후의 재리품 등의 명세를 입력해야 한다.

POINT 명세

① 그날에 처리한 명세를 집계하기 위해 일마감 등록하며, 마감 취소는 취소사유가 발생한 날부터 30일 전까지 가능하다.
② 책임자는 우편물류시스템에 접속하여 매일 처리명세를 확인한 후 결재한다.

【주의】
> 보관기간이 지난 반송불능(반송불필요) 우편물을 위탁 폐기하기 위해 집중국으로 보낼 때에는 전산등록을 '송부'로 등록하지 않고 '폐기'로 등록함
> (우체국에서는 폐기우편물과 명세서를 집중국으로 송부하고 집중국에서는 별도의 전산등록 없이 명세의 일치 여부만 확인)

SUB 02 송달할 수 없는 우편물 등의 처리 (「우편법」 제36조, 「우편업무 규정」 제413조)

POINT 기본

원칙	조사결과 송달할 방법이 없는 반송불능우편물과 송부 받은 이탈품이나 습득물로서 유가물인 것은 다음 요령에 따라 취급

POINT 유형별 특징

유가물	원칙	**유가물 중 환증서류가 아닌 것은** 발송인과 수취인의 성명, 우편물의 종별·내용품·금액 등을 명기(등기우편물인 경우에는 그 접수국명, 접수일자, 반송불능사유 등을 명기)하여 <u>회계담당부서로 보낸다</u>.
		우편환 등이 반송불능우편물 담당부서에 도착하면 온라인 환증서 반송처리 절차에 따라 송금국에 보내지 않고 <u>자국 온라인 환 발행담당자에게 환증서를 인계한다</u>. * 환증서를 인계할 때 명확하게 인수인계하기 위하여 수기장부에 기록
	기타	**회계담당부서에서 유가물로서 멸실되거나 훼손될 우려가 있는 것 또는 보관비용이 많이 드는 것은** <u>곧 매각하여 그 대금을 보관</u>하되, 매각에 필요한 비용은 매각대금으로 충당한다. 이때에는 반드시 입회자를 선정하여 참관하게 하여야 한다.
		유가물과 매각대금은 해당 <u>우편물을 보관한 날부터 1년 이내에 교부를 청구하는 사람이 없을 때에는 국고에 귀속한다</u>.
유가물 아닌 경우		**유가물이 아닌 것은** 총괄국의 반송불능우편물 담당부서에서 <u>3월간 보관한 후 청구자가 없을 때에는 폐기처리한다.</u>

POINT 기타

① **송부국에서 반송불능우편물의 반환청구를 할 때**에는 관계 장부에 처리내용을 기록하고 내용품을 확인하여 곧바로 문서로 반송한다.
② 별도서식의 반송불능우편처리부와 일계부를 갖추어 놓고 처리상황을 기록 확인한다.

THEMA 총괄국의 취급방법

SUB 01 송달할 수 있는 우편물의 처리 「우편업무 규정」 제412조

POINT 원칙

관내우체국 (자국분 포함)에서 반송불능우편물을 송부 받은 때에는	① 총괄국의 반송불능우편물 담당부서에서 <u>일반통상(소포)우편물과 등기취급 우편물로 구별하여</u> 따로 정리하고 ② 송부서의 기록내용과 현품을 대조 확인한 후 ③ 총괄국장이 지정한 직원 2명이 참관하고 책임자가 개봉하여 송달방법 유무를 조사하고 송달할 수 있는 것은 송달한다. ④ 개봉한 부분을 다시 봉함한 후 「우편법」 제35조에 따라 개봉하였다는 요지, 날짜, 총괄국명'을 기록한 부전지를 붙인 후 처리한다.

【예시】 반송불능우편물 부전지

[예시 ①]

반송불능우편물 부전지

김 우 정 귀하

이 우편물은 수취인과 발송인의 주소·성명이 불명확하여 배달할 수 없으므로 「우편법」 제35조에 따라 개봉한 바 수취인의 주소로 판명되어 재배달하오니 다음에 우편물을 발송할 때에는 반드시 주소를 명확히 기록하여 주십시오.

2024. 12. 09.

○ ○ 우 체 국 장

[예시 ②]

처리 번호	1
개봉 날짜	2024. 12. 09.
개봉자	홍길동
입회자	성춘향
내용품	청첩장
「우편법」 제35조에 따라 개봉하였음 ○ ○ 우 체 국 장	

POINT 등기취급 우편물

등기취급 우편물	① **다만, 등기취급 우편물인 경우에는** 문서로서 배달국에 송부하고 ② 배달국에서는 관계 송부서에 처리내용을 기록하고 곧바로 배달하되 ③ 등기로 취급하는 우편물을 발송인에게 배달할 때는 반송수수료를 징수한다. * 참고 : 우편물을 개봉한 후에는 속에 있는 물건, 유가 여부, 새로운 연락처 등을 우편물류 시스템에 입력

POINT	특이 케이스

1	① **등기취급 반송불능(불필요) 우편물을 소속 총괄국으로 보낼 때**에는 우편물류시스템에서 송부명세서를 인쇄하여 해당 우편물과 함께 다른 봉투에 넣고 해당 봉투표면에는 '반송불능우편물'이라고 적어 발송한다. ② **유가물을 소속 총괄국으로 보낼 때**에는 우편물류시스템에서 <u>반송불능 도착 등록 처리한 후 발송</u>한다. ③ **통화가 들어 있는 반송불능우편물**은 <u>그 명세가 포함된 문서와 함께 보낸다.</u>
2	① 발송인의 주소가 불명확해 발송인에게 반송할 수 없는 **요금별납·후납·요금수취인부담 우편물**은 <u>접수국으로 송부한다.</u> ② **배달증명서와 민원회송우편물을 수취인 불명 등으로 배달할 수 없을 때**에는 <u>배달국에서 3개월 동안 보관 후 폐기처리한다.</u> 다만, 접수국에 우편물의 정당 주소지를 확인을 할 수 있는 수단이 있을 경우, 이를 활용하여 정당인에게 보낸다.

SUB 02 반송불능우편물의 교부 청구 「우편업무 규정」 제411조

POINT	기본

원칙	**우체국에서 반송불능우편물의 교부청구를 받았을 경우**, 우체국에서 보관하고 있는 유가물이 아닌 우편물이 그 보관이 시작된 날부터 3개월의 보관기간이 경과되지 않았을 때에는 이 청구에 응하고 다음의 방법으로 처리
자국 보관	① <u>반송불능우편물의 반환청구서에 청구수수료(25g 통상규격요금) 상당의 우표를 붙여 제출하게 하고</u> ② 청구내용을 확인하여 **자국에서 보관하고 있는 우편물인 경우**에는 우편물 창구교부 방법에 따라 교부하되 ③ **등기우편물을 교부하는 경우**에는 반송수수료를 징수하고 교부한다.
총괄국	① 청구내용을 확인하여 **관할 총괄국에 보내진 것일 때**에는 곧바로 문서로 반환 청구를 하되 해당 우편물의 반송사유와 송부조서번호를 명기한다. ② 총괄국에서 반송되어 온 반송불능우편물은 관계 송부서에 처리내용을 기록하고 곧바로 배달하되 ③ **등기취급하는 우편물을 발송인에게 배달할 때**에는 반송수수료를 징수한다.
반송불필요	**반송불필요 우편물을 발송인이 보관국(수취인의 배달국)에 방문하여 교부 받는 경우**에는 ㉠ 반송수수료를 징수하지 않는다. ㉡ 단, 우편집중국 발송 이전용 청구 수수료(25g 통상규격요금)만 징수함

배달증명, 특별송달, 민원우편물, 회신우편물은 반송수수료를 받지 않고 교부

반송불능우편물 및 반송불필요우편물의 처리

THEMA 개요

반송불능우편물	고객이 발송한 우편물을 배달하지 못해 반송 처리해야함에도 불구하고 발송인의 주소가 확인되지 않아 처리할 수 없는 우편물
반송불필요우편물	고객이 발송한 우편물을 수취인불명, 이사불명 등으로 배달하지 못할 경우에 반송배달을 원하지 않는 고객의 요구에 따라 반송 처리하지 않고 배달국에서 반송불능 우편물의 취급 방법에 따라 처리하는 우편물

THEMA 반송불능(불필요)우편물 업무처리 절차

① 배달결과 등록	해당 부서(집배실, 소포실, 특급팀 등)에서는 우편물류시스템에 접속하여 '반송불능(불필요)'으로 처리
② 반송불능 도착 등록	해당 부서에서는 반송불능과 반송불필요우편물로 구분하여 반송불능도착 등록
③ 반송불능우편물 처리 등록	반송불능처리부서에서는 반송불능우편물은 개봉하여 처리 등록하고, 반송불필요우편물은 보관 처리
④ 반송불능 일반물량 등록	반송불능(불필요) 일반우편물을 등록하고 유가물은 개봉하여 관리
⑤ 반송불능 일일마감	반송불능(불필요) 우편물의 그날 처리 물량을 마감처리
⑥ 결재관리	일일 마감 후 결재권자가 결재

THEMA 우체국의 처리방법

SUB 01 반송불능(불필요) 우편물의 송부 (「우편업무 규정」 제410조)

POINT 기본

원칙	반송할 수 없는 우편물(이하 '반송불능우편물'이라 함)과 / 발송인의 의사에 따른 반송불필요 우편물은 다음 요령에 따른다. ① 반송불능우편물에는 / <u>담당집배원이 그 사유를 표시한 미배달 날짜도장을 날인하고</u> / <u>반드시 책임자가 확인 검사한다.</u> ② ①의 검사를 한 우편물은 / <u>그 종별과 수량을 기록한 송부서와 우편물을 함께</u> / <u>소속 총괄국에 보내거나</u> <u>관내 배달우체국에서 3개월 동안 보관</u>한다.
송부·도착	① 반송불능(불필요) 우편물을 보낼 때에는 / 자료를 조회하여 송부국을 정확히 입력해야 한다. ② 총괄국의 배달 관련 부서에서는 / <u>반송불능(불필요) 우편물이 생긴 때에는</u> / 우편물류시스템에 접속하여 집배관리>반송불능관리><u>반송불능도착등록 처리한 후</u> / <u>자국의 반송불능우편물 처리부서로 보낸다.</u> * 이때, 반송불능우편물 인수인계서를 출력하여 증명서로 활용할 수 있음 ③ 다른 우체국에서 보낸 우편물이 도착한 경우에도 / 도착 등록하여야 한다. ④ 책임자는 / 반송불능 우편물의 도착·교부·폐기여부를 / 반드시 확인하고 결재 한다.

SUB 04 반송수수료 (「우편법 시행규칙」 제84조, 「우편업무 규정」 제407조)

반송수수료 납부		① **반송수수료를 징수할 우편물을 배달하거나 교부할 때에는** ② **발송인에게서 등기취급수수료에 해당하는 금액의 우표를 받아** 배달증(우체국 사정에 따라 별도의 반송배달장으로 통합하여 사용할 수 있음)에 붙여 소인하고 ③ **현금을 받은 경우에는** 집배책임자가 모아서 이를 즉시 납부 처리한다.(배달증의 적요란에 '반송수수료 ○○원'이라 기록한다.) ④ **현금출납이 마감되어 즉시납부처리 못한 때에는** 그 다음 날 업무 개시 즉시 납부 처리한 후 그 사유를 우편요금즉시납부서의 여백에 기록한다. ⑤ **반송수수료를 우표나 현금으로 수납하였을 경우** 고객이 영수증을 청구하면 반드시 영수증 발행절차에 따라 교부한다.
특이사항	원칙	① **요금후납 승인을 받은 우편물의** 반송수수료나 착불소포요금 등은 요금후납으로 납부할 수 있다.
	예외	② **배달증명, 특별송달, 민원우편물, 회신우편물의 반송수수료는** 최초 우편물 접수 시 그 요금에 포함되어 있으므로 반송 배달할 때는 반송료를 징수하지 말고 배달증의 적요란에 '배증반송', '특송반송', '민원반송', '맞춤형계약등기'라고 기록한 후 처리한다. ③ **등기우편물의 반송 도중 등기취급수수료에 변동이 있는 경우**, 반송취급 수수료는 해당 등기우편물의 발송인 주소지 배달우체국에 도착한 날을 기준으로 징수한다. ④ **우체국과 발송인과의 사전계약에 따라 발송하는 소포우편물과 계약등기우편물을 반송하는 경우에는** 그 계약에서 정한 반송수수료를 징수한다.
영수증의 사전발행 「우편업무 규정」 제74조		「우편법 시행규칙」 제84조에 따른 등기우편물 반송수수료 징수에서 영수증의 발행을 요구하는 사람이나 「국가재정법」의 적용을 받는 국가기관 등에 반송되는 반송수수료 징수대상우편물에 대하여는 우편요금영수증을 사전에 발행하여 해당 우편물에 첨부해 배달할 수 있다.

SUB 05 요금징수 불능 우편물의 처리

요금 등을 징수할 수 없을 때에는 우편요금영수증, 배달증, 미납부족요금영수증의 여백에 그 사유를 기록하고 이를 그 원부에 붙여야 한다.

배달하거나 반송할 때의 우편요금징수

SUB 01 수취인부담요금과 취급수수료 (「우편업무 규정」 제406조)

① 요금의 수취인 부담 표시가 있는 통상우편물은
 ㉠ 배달할 때마다 같은 수취인에게 가는 것을 합하여 별도 서식의 '요금수취인부담우편물 배달기록부'에 적은 후
 ㉡ 우편요금영수증과 그 원부를 작성하여 우편요금영수증은 우편물과 함께 집배원에게 내어주고 그 원부는 배달국에서 보관한다.
 ㉢ 다만, 수취인의 요청이 있을 때에는 며칠간의 분량을 모아 함께 배달할 수 있다.
② ①의 우편물을 배달할 때에는 우편요금과 수수료(해당 우편요금의 100분의 10에 해당하는 금액)에 해당하는 요금과 우편요금영수증을 서로 주고받는다. 현금을 받았을 때에는 영수증원부에 현금 수납인을 날인하고 즉시납부 처리한다.
③ 요금후납 계약을 한 요금수취인부담우편물인 때에는 요금영수증과 그 원부를 작성하지 않고 ①의 요금수취인부담배달기록부의 비고란에 '후납'이라고 적고, 배달할 때에는 별도 서식의 우편물영수증을 받아 우편요금후납고지의 증거서로 삼는다.
④ 요금수취인부담수수료는 같은 날짜, 같은 수취인에게서 받을 수수료 합계 금액이 10원 미만일 경우에는 계산하지 않음

구별

SUB 02 '착불배달' 요금의 징수 절차

① '착불'로 접수한 방문소포나 계약등기 우편물 도착 시 우편물이 도착한 때에는 배달기록부에 내용을 적은 후 우편요금 영수증과 그 원부를 작성한다.
② 우편요금 영수증은 우편물과 함께 집배원에게 교부하고 그 원부는 배달국에서 보관한다.
③ 집배원은 해당 우편물을 수취인에게 배달하고 그 우편요금을 징수하여 영수증 원부에 현금수납인을 날인하고 즉시납부 처리한다.
④ 요금후납 계약우편물은 반송수수료와 착불소포요금 등은 요금후납으로 받을 수 있다.
⑤ 반송된 착불배달우편물은 발송인에게 배달하고 소포요금(착불수수료는 제외)과 반송수수료를 징수한다. 다만, 맞춤형 계약등기는 우편요금만 징수한다.

SUB 03 미납이나 부족 우편요금 등 (「우편업무 규정」 제408조)

① 요금 미납이나 부족의 일반통상우편물에 대하여는 별도서식의 '미납·부족우편 요금영수증과 그 원부'를 작성하여 영수증은 우편물과 함께 집배원에게 교부하고 그 원부는 배달국에서 보관한다.
② ①의 우편물을 배달할 때에는 미납이나 부족 요금의 2배에 해당하는 금액을 현금으로 받고 미납부족 우편요금영수증과 해당 우편물을 함께 교부한다.
③ ①의 우편물을 집배원에게 교부할 때나 ②의 요금 등을 집배책임자에게 인계할 때에는 반드시 수수부에 따라 확인하고 주고받아야 하며 징수된 요금 등은 즉시납부 처리한다.
④ 요금 미납이나 부족 우편물을 받는 사람이 국가기관 등인 경우에는 ②와 ③에도 상관없이 우표로 수납할 수 있으며 이 경우에는 미납부족우편요금영수증원부에 붙여 소인한다.

SUB 05 반송시 예외 상황

POINT 수령인이 등기우편물을 개봉한 후에 수취를 거절할 때(반송요구 등)의 응대 요령

① 일단 겉봉을 뜯은(개봉한) 우편물은 반송하지 않는다고 설명한다.
② ①에 응하지 않을 때는 별도의 우편물로 우표 붙임 '재접수' 절차를 안내한다.

POINT 발송인이 수취를 거부할 때의 처리(단계적 접근)

①단계 : 발송인이 반송되어 온 우편물의 수취를 거부할 때에는 규정(「우편법」제32조)을 제시하고 수취할 것을 권유하여야 하며 그래도 수취하지 않으면 그 내용을 기록한 부전지를 붙여 책임자에게 제출한다.
②단계 : 집배책임자가 ①의 우편물을 받았을 때에는 규정에 따라 수취를 거부할 수 없다는 뜻의 공문서나 소속우체국장의 직인을 날인한 부전지를 붙여 다시 배달한다.
③단계 : ②의 조치에 상관없이 불구하고 발송인이 수취를 거부하면 소속국장에게 보고하여 고발 등 필요한 조치를 취한다.(「우편법」제54조의2)

POINT 발송인의 주소가 불명확한 우편물의 처리

원칙	① 반송할 우편물이 발송인의 주소나 성명이 불명확하여 발송인에게 반송할 수 없다고 인정될 때에는 반송불능우편물로 처리한다. ② 반송불능사유를 표시한 미배달 반송인을 날인하고 집배책임자가 확인한다.
예외	③ 발송인의 주소가 명확하지 않더라도 그 지역적 사정이나 발송인의 신분 등으로 보아 접수국에서 발송인에게 배달할 수 있다고 판단될 때에는 그 국으로 송부한다. ④ **발송인의 주소가 불명확한 요금 별납 · 후납 · 요금수취인부담 우편물은** 접수국으로 송부한다.

POINT '반송불필요' 표시가 적힌 우편물의 처리

① 발송인이 우편물을 발송할 때 우편물 표면 왼쪽 중간에 '반송불필요'라고 적힌 우편물은 반송불능우편물 처리 방법에 따라서 처리한다.
② **대상물 중 유가물(有價物)인 경우에는** 보관한 날부터 1개월 간 해당 우편관서의 게시판에 그 사실을 게시하고, 1년 간 보관한 후 내어줄 것을 청구하는 사람이 없을 경우 국고에 귀속시킨다.
③ **유가물이 아닌 경우에는** 1개월 간 보관하고 청구권자가 없을 경우 폐기처리한다.

【참고】

'반송불필요' 우편물은 발송인에게 돌려줄 필요가 없는 우편물이므로 배달국에서 접수국으로 별도 송부하지 않도록 하여 불필요한 업무가 생기지 않게 함

【참고】 '반송불필요' 표시의 표준(권장) 모양과 크기

| 반송불필요 | 가로 2.5㎝ × 세로 0.7㎝ |

우편물의 반송

SUB 01 반송의 개념

수취인에게 배달할 수 없거나 수취인이 수령을 거부한 우편물을 발송인에게 되돌려 보내는 업무를 말함(법령을 위반한 우편물도 원칙적으로 발송인에게 반송)

SUB 02 반송대상 우편물 : 다음에 해당하는 우편물은 반송한다.

① 수취인이 받기를 거부한 우편물
② 이사불명, 주소불명, 수취인불명으로 배달할 수 없는 우편물
③ 보관기간 경과 우편물
④ 사서함 사용계약이 해지된 날부터 10일이 지난 우편물
⑤ 유효기간이 지난 요금수취인부담 우편물
⑥ 법령위반 우편물
⑦ 발송인이 반환 청구한 우편물

SUB 03 반송절차

① 우편물을 반송할 때에는 미배달날짜도장 등에 반송사유와 반송일자를 정확히 표시하여 발송인에게 송부한다. 다만, 반송처가 적혀 있는 경우는 반송처의 주소지로 송부한다.
② ①의 우편물 중 **발송인에게서 징수할 요금 등이 있을 경우에는** 그 요금액을 표시한다.
③ **등기로 취급하는 우편물을 반송할 때에는** 반송일자, 반송사유, 반송할 때 징수할 요금을 적는다.
④ 반송일자는 우편물의 반송이 결정된 날짜를 표시하며, **보관하지 않고 반송하는 우편물은** 마지막 배달일 다음 근무일에 반송하고, **보관기간 경과로 반송하는 우편물은** 보관기간 종료일 다음 근무일에 반송한다.

SUB 04 반송우편물의 배달

배달	① 반송우편물의 배달은 수취인에게 배달하는 방법에 따라 발송인에게 배달하되 일반우편물 취급에 준하여 처리한다. ② 다만, 익일특급,민원우편은 익일특급우편물로 반송(반송할 때 모든 우편물을 일반우편물로 취급하는 것은 아니며 다른 법령(지침)에서 정한 대로 반송처리해야 함)
요금	① 발송인에게 요금 등을 징수할 우편물은 이를 징수하고 배달한다. ② **발송인이 배달우체국과 우편요금 후납을 계약하였을 경우에는** 다른 우편물 요금과 함께 후납 요금으로 징수할 수 있다. ③ **착불배달우편물은** 발송인에게 반송수수료와 **소포요금**(착불수수료는 제외)을 징수한다.(다만, 맞춤형 계약등기는 우편요금만 징수)

주거이전신고등록	집배원접수	**집배원이나 수집원이 업무수행 도중 주거이전신고를 받은 경우에는** 신청인의 신분증 등으로 본인 여부를 확인하고 주거이전신고서를 접수한다. ① 출국 전 주거이전신고서를 가져와 양식에 맞게 접수하고, 귀국한 후 우편물류시스템에 등록한다. ② 신고서의 접수확인자란에는 접수한 집배원이 서명한다. ③ 집배원은 주거이전신고 접수증을 출력하여 신청인에게 사후 교부한다.
	신고사항관리	① 집배책임자는 주거이전신고목록(또는 주거이전스티커)을 출력하여 담당 집배원에게 넘겨주며, 주거이전신고서는 따로 보관한다. ② 담당 집배원은 인계받은 주거이전신고목록을 확인하고 개인별 집배정밀도 뒷면에 주소 변경 사항을 정리한다. ③ 정리된 신고서는 책임자에게 넘겨주며 책임자는 반환받은 주거이전신고서를 일별·월별로 묶어 1년 동안 보관 후 폐기한다. ④ 집배구 변경, 순환복무, 배달 분담할 때에는 반드시 책임자가 참관하여 전송 자료를 인수인계한다. ⑤ **우체국 창구 접수분이나 집배원 접수분 중 신청자와 신고자가 다른 경우**(법인인 경우 사업자등록증에 신고된 대표자 외 다른 사람이 신고할 때), **세대원이 있는 경우에는** 주거이전신고 안내문을 전산 출력하여 발송한다.

> **주거이전신고를 접수할 때의 유의사항**
> ① 신고자가 다른 세대원의 주거이전신청을 같이 신고한 경우 무분별한 신고방지를 위해서 다른 세대원의 동의 여부를 신고인에게 확인
> ※ 거주지를 달리하는 가족의 주거이전 신청은 다른 가족이 신청 불가
> ② 법인 신청의 경우 법인등기부등본 등의 서류로 법인 이전사실 확인하고, 재직증명서(사원증) 등으로 대리인 정당여부 확인
> ③ 소송이 진행 중인 경우에는 「민사소송법」 제185조 제1항에 따라 별도로 법원에 변경한 송달장소를 신고 등 유의사항 안내
> ④ 주거이전 신고인이 이전된 주소 공개에 동의한 것이 아니므로, 발송인에게 이전된 주소가 노출되지 않도록 주의
> ④ 2016. 하반기부터 주거이전을 신고한 날부터 3개월이 경과하거나 우편물 전송시 상당한비용이 소요되는 경우 유료화 안내

주거이전신고의 철회	① 주거이전 신청 후 주거이전 신청의 전체나 일부를 철회하는 것 ② **철회신청을 접수할 때** 기존 신청건의 라벨지는 전량 회수하여 폐기처리하고 ③ **일부를 철회할 때는** 반드시 철회처리 후 새 주소의 라벨지를 다시 출력하여 집배원에게 교부한다. ③ 철회신청 가능 관서 : 주거이전신고를 접수한 우체국이나 구 주소지 배달우체국
주거이전신고 우편물의 배달 (전송)	① **모든 주거이전신고 우편물을 전송하거나 배달할 때에는** 전송용 라벨지를 출력하여 수취인 주소란에 붙여 처리한다. ② 주거이전신고우편물은 서비스를 시작한 날부터 3개월 동안 전송하되 그 이후에 도착되는 우편물은 그 사유를 기록하여 발송인에게 반송한다. ③ 다만, **기존 주거이전신고사항과 같은 내용으로 신고한 경우에**는 전송하지 않는다. ④ **주거이전신고우편물 중 지속적으로 계속 보내오는 우편물과 고지서 등 시한성 우편물에 대해서는** 담당 집배원이 대상우편물을 골라내어 전송에 필요한 부전지를 붙여 책임자에게 넘겨준다.

SUB 04 주거이전 신고처리절차

① 신고사항 접수 — 전출입 등 거주지가 변경된 경우 주거이전신고사항을 우체국창구, 집배원, 전입신고(행정안전부), 인터넷우체국 등을 통하여 접수

↓

② 우편물류시스템 등록 — 접수된 주거이전신고서는 우체국 창구의 경우 당 우체국에서 집배원 접수의 경우 집배국에서 우편물류시스템에 등록
전입신고(행정안전부), 인터넷우체국 접수건의 경우 자동 전산 등록됨

↓

③ 우편물 전송 (접수단계 또는 배달단계)
- (접수단계) 우체국창구에서 단건 접수하는 등기통상에 대해 주거이전우편물 전송 처리
- (배달단계) 구주소 배달우체국에서는 전송해야 할 우편물이 있을 시 변경주소용 라벨스티커를 출력하여 우편물의 수취인 주소란에 부착 후 신주소 배달우체국으로 전송

↓

④ 우편물 배달 — 전송받은 우체국에서는 해당 우편물을 부착된 주소지로 배달

POINT	등기우편물의 배달 후 전송이나 반송
원칙과 적용	① **이미 배달된 등기우편물의 전송이나 반송 요청을 받았을 때에**는 우편요금과 수수료에 해당하는 우표를 새로 붙여(소포우편물인 경우 현금) 제출하게 하고 우편물로 접수하되 우편물 표면의 여백과 영수증에 '재접'이라고 표시하여 발송한다. ② **단, 잘못 배달 등의 사유로 정당한 주소지로 전송하는 것인 때에는** 등기우편물 방법에 따라 배달한다. ③ **이미 배달한 등기우편물에 새로 우편요금과 수수료에 해당하는 우표를 붙여서 우체통에 넣은 우편물을 발견하였을 때에는** '우체통 재접'이라 표시하고 전송 처리한다.
예외	① **국가기관, 학교, 법인 등 많은 사람이 근무하는 단체에 배달한 등기우편물의 전송을 요청받은 때에는** 그 우편물을 배달한 다음 날부터 7일이 경과하지 않고 우편물의 봉함 등에 흠이 없는 것에 한정하여 전송한다. ② **계약소포우편물로 접수한 방문소포를 배달한 후에 수취인이 발송인에게 반품을 요청할 때에는** '착불소포'로 접수할 수 있다.(착불소포우편물에는 계약요금제 적용)

우편물의 전송

SUB 01 전송의 개념

우편물의 수취인이 주거지를 변경한 경우에 그 이전한 곳이 분명한 때에는 그 우편물을 수취인이 이전한 곳으로 보내주는 서비스를 말한다.

SUB 02 전송절차

우편물을 전송하는 때에는 우편물을 <u>전송하여야 할 주소를 적은 부전지를 해당 우편물에 붙여 변경한 주소지를 관할하고 있는 배달국</u>으로 보낸다.

> **해외전출**
> 우편물의 수취인이 해외로 전출하였을 때에는 그 우편물은 전송하지 않고 발송인에게 반송한다.

SUB 03 배달 후의 전송

POINT 일반통상우편물의 배달 후 전송

일반 통상우편물의 배달 후 전송	① 한번 배달한 일반통상우편물의 전송을 요청받았을 때에는 **수령한 다음 날부터 7일 이내의 개봉하지 않은 우편물인 경우에만** 전송할 수 있다. 이 경우, 우편물 표면 여백에 '배달 후 전송'이라고 적는다. ② ①의 경우 **배달일자가 분명하지 아니한 것은** 해당 우편물을 접수한 후의 송달에 걸리는 일수를 참조하여 배달한 날을 추정하고 조사가 불가능할 때에는 배달일자를 수취인에게 문의하여 처리한다.
기간이 경과되거나 개봉된 일반통상 우편물의 배달 후 전송	① **수령 후 7일이 경과되거나 개봉된 일반통상 우편물의 전송요청을 받았을 때에는** 해당 요금의 우표를 새로 붙여서 제출하도록 하고 날짜도장으로 소인한 다음 그 옆에 '재접'이라 표시한 후 발송한다. ② ①에도 불구하고 최초에 오배달 등이 발생하여 이를 정당한 주소지로 전송하는 경우에는 기간과 상관없이 우표를 붙이지 않고 익일특급우편 취급 방법에 따라 처리한다.

MEMO

배달하지 못한 우편물의 창구 교부 (「우편법 시행령」 제43조 제3호)

① 집배원이 우편물 배달을 위하여 주소지에 방문한 때 수취인 부재 등 부득이한 사유로 배달하지 못한 우편물을 수취인(정당한 대리인 포함)이 우체국을 방문하여 내어줄 것을 요청할 경우, 우체국 창구에서 내어준다.(집배원이 배달을 위하여 우편물을 갖고 출국한 경우에는 내어주는 것이 불가능함)

② **우체국에 보관된 등기우편물을 우체국 창구에서 대리수령인에게 교부할 경우에는** 수취인과의 관계를 확인하고 우편물을 교부한 후 우편물류시스템에 배달결과를 등록한다.

대리수령인을 확인할 때의 증빙서류	우편물도착안내서, 위임장, 대리인의 신분증, 수취인과의 관계를 알 수 있는 서류 등
대리수령인에게 교부할 수 없는 등기우편물	특별송달, 맞춤형 계약등기(회신, 본인지정), 내용증명, 보험(물품, 통화, 유가증권)등기, 안심소포우편물

○ 내용증명·보험등기·안심소포우편물은 우편물의 성격·중요성 등의 이유로 인하여 대리수령인에게 교부를 제한하는 것으로, 정당한 위임사실이 서류 등으로 확인된 경우에는 교부가 가능함
① 위임장, 위임인의 인감증명서*, 대리인 신분증으로 확인
   * 인감증명서는 본인과 대리발급 모두 가능하며 '본인서명사실확인서'도 가능
   ※ 위임장은 임의양식이며 위임장에 날인하는 인감은 인감증명서의 인감과 같아야 함
② 위임인이 법인인 경우에는 대표자의 위임장, 법인인감증명서, 대리인 신분증 확인
③ 외국인인 경우에는 여권 등으로 본인 여부를 확인하고 해외거주자는 위임장, 주재국 영사의 위임사실 확인, 대리인 신분증으로 확인
④ 가족관계서류 등의 서류 확인 후 동거가족에게 교부할 때에는 수취인에게 유선 확인을 실시하는 등 위임사실을 필수로 확인해야함

SUB 03 재배달우편물의 반송 처리

대상	수취인의 희망에 따라 재배달을 시도하였으나 수취인 부재 등의 사유로 배달하지 못해 다시 보관처리를 하였음에도 창구교부 기간(처음 배달시도한 날의 다음 날부터 4일, 보관기간) 중 교부를 요청하지 않은 우편물
반송일	재배달 우편물의 반송일은 보관기간이 종료된 다음 날이며 해당일에 반송 처리한다.

SUB 04 우편물 도착안내서의 기록과 발행

① 우편물의 종류, 발송인의 성명, 우체국 전화번호, 담당집배원 전화번호 등을 기록한다.
② 수취인 성명 중 일부 마스킹(*) 처리하여 기록(예: 홍*동)
③ 우편물 도착안내서 발행이력 정보화
 ㉠ 우편용 PDA로 배달결과 입력 시 우편물 도착안내서 발행여부를 체크하면 우편물 도착안내서 내용이 포스트넷에 저장된다.
 ㉡ 포스트넷에서 발행내역 조회를 통해 등기우편물 우체국 방문수령 고객 응대 등에 활용한다.

재배달우편물의 처리

SUB 01 원칙

① **재배달 우편물('재조사' 표시)로 분류되었거나 수취인이 재배달 희망일을 지정한 우편물은** 해당 재배달일자에 최선편으로 다시 배달하며
② 수취인 전화번호가 기록된 우편물은 사전에 전화 등으로 설명한 후 다시 배달한다.

SUB 02 수취인이 부재한 때의 재배달

수취인이 장기 부재인 때	① **수취인 주소지에 동거인이 있을 때에는** 그 동거인에게 배달한다. ② **수취인이 장기부재신고서에 따라 돌아올 날짜를 신고한 때에는** 그 돌아올 날짜의 다음날에 배달 ③ **다만, 돌아올 날짜가 배달한 날부터 15일 이후인 때에는 '수취인 장기부재'라** 표시하여 반송한다.
1회 배달 때 수취인이 없을 경우	① 우편물도착안내서 등으로 우편물도착사실을 안내하고 다음 날부터 4일 동안 보관하다가 수취인이 재배달 신청 시 해당일에 다시 배달한다. ② 이때 (두 번째도 배달하지 못하였을 경우를 포함하여) 처음 배달한 날의 다음 날부터 보관기간 4일 동안 수취인이 교부 신청을 하지 않을 때는 반송한다.
보관일수 관련	① 우편물류시스템에 배달결과를 등록할 때 보관일수를 입력한다.('보관 □일') ※ 단, 1회째 미배달일 경우 보관 체크 및 4일 보관이 자동으로 설정됨 ② 「관공서의 공휴일에 관한 규정」에 따른 공휴일(일요일 포함), 그 밖에 다른 법령에 따른 유급 휴일, 토요일, 우정사업본부장이 배달하지 않기로 정한 날은 보관일수(4일)에 포함하지 않는다. * 보관기간 종료일이 토·일요일, 공휴일인 경우에는 그 다음 날까지 보관함
기타	**다세대 공동주택의 경우** 도로명(또는 번지)은 정확하나 동·호수를 기록하지 않아 우편물 배달을 할 수 없을 경우에는 즉시 반송 처리하지 말고 수취인별로 우편물도착안내서를 발행 후 부착하여 우편물 도착 사실을 안내한다.

SUB 04 배달하지 못한 우편물의 검사와 재검사 (「우편업무 규정」 제393조)

대상	수취인 불명, 주소 불명, 이사 불명, 수취 거절 등으로 배달이 불가능한 우편물
검사할 사항	① 수취인이 이전신고를 하거나 전송을 청구한 것은 아닌가? ② 수취인의 소재를 파악할 수 있는 방법은 없는가?(전화연락 포함) ③ 옛 지명을 표시한 것이 아닌가? ④ 수취인의 주소나 성명에 오자나 탈자가 있는 것은 아닌가? ⑤ 우편물 배달이 안 되었다는 신고나 조회 중인 것은 아닌가?
최종확인	① 책임자가 배달하지 못한 사유를 재검사한 후 재조사가 필요한 우편물은 '재조사'라 표시하여 다시 배달해야 한다. ② 다만, 다시 배달할 경우에는 부전인란의 '반송' 표시를 지운다.

SUB 05 미배달날짜도장 관리 철저

① 미배달날짜도장을 날짜도장검사부에 날인하고 검사책임자를 지정하여 확인한다.
② 검사책임자는 우편물류과가 편성되어 있는 우체국은 과장, 그 밖의 우체국은 국장으로 지정한다.

SECTION 07

PART 03 | 우편물 배달

배달하지 못한 우편물의 처리

미배달 우편물의 처리

SUB 01 미배달 우편물의 개념

우편물을 배달할 때 수취인 부재, 주소이사불명, 수취거절 등으로 그날에 배달하지 못하고 재배달, 전송, 반송, 반송불능 등으로 처리되는 우편물

SUB 02 미배달 우편물의 처리 (「우편업무 규정」 제392조)

① 집배원이 미배달날짜도장(부전인)을 우편물 여백에 날인하고 그 사유를 표시한다. 다만, 1차 배달할 때 수취인 부재 등으로 배달할 수 없는 우편물은 미배달날짜도장(부전인)을 날인하지 않고, 배달날짜, 보관기간 등을 표시한 후 수취인이 보관기간 내 재배달을 신청 시 희망일에 다시 배달한다.
* 미배달 사유인 날인 시점 : 수취인부재, 주소불명, 이사불명 및 수취거절 등으로 수취인에게 배달할 수 없는 우편물로 판명되어 반송할 때나 반송불능우편물로 처리할 때
② 우편용 부전에 관하여 다른 규정이 없거나 ①의 미배달날짜도장(부전인)으로 미배달 사유를 표시하기 곤란한 경우에는 다음 예시와 같은 부전지를 사용한다.

SUB 03 미배달날짜도장(부전인) 사유별 의미

미배달 사유	분류기준과 예시
이사 감 (이사 불명)	수취인이 이사 가고 주거이전 신고를 하지 않아 전송할 수 없는 경우
수취인부재	우편물 표면에 기재된 수취인이 부재하여 우편물을 배달할 수 없는 경우 (여행, 군 입대, 교도소 수감 등 장기부재 포함)
수취인불명 (수취인 미거주)	표기된 주소는 정확하나 수취인이 누구인지 알 수 없는 경우
폐문 부재	- 우편물에 표기된 주소지에 문이 잠겨있고 아무도 있지 않은 경우
주소불명	- 봉투에 도로명주소를 불명확하게 기록한 경우 - 봉투에 '동'이나 '리'만 표시하고 번지를 기록하지 않아 수취인의 주소를 알 수 없는 경우 - 같은 번지에 호수가 많아서 주소를 찾을 수 없는 경우 - 같은 번지, 같은 호수가 많고 통, 반을 알지 못하여 수취인을 찾을 수 없는 경우
수취거절	수취인이 우편물 수령을 거부한 경우
기타	위 항목에 해당되지 않는 경우

선택등기 우편물의 배달

배달방법	① 2회까지 등기우편 배달방법에 의하여 배달을 시도하고 ② 2회차에 수취인 부재로 미배달 시 우편함에 투함 처리
배달장소 지정 및 재배달 희망일 신청	선택등기 우편은 수취인의 배달장소 지정 및 재배달 희망일 신청이 불가하다.
장기방치 처리	우편함에 배달된 후 장기 방치된 선택등기 우편물은 일반통상우편 취급방법과 동일하게 처리한다. ※ 반송불요가 전제되어 있는 우편물이므로 발송인에게 반송되지 않음
전송 처리	선택등기 우편물은 주거이전 우편물 전송서비스 대상이며, 접수부터 운송·발송·도착 및 배달까지 등기우편물 취급 예에 따라 취급한다.

복지등기 우편물의 배달

개요	우체국 네트워크를 통해 복지사각지대 위기가구를 발굴하여 조기에 복지지원이 가능하도록 함으로써 우체국의 공적역할을 제고하고자 취급하는 우편제도이다.
배달방법	선택등기 및 반송불요 우편물에 준하여 처리한다.
복지정보 수집 및 전송	복지기관(국가 또는 지자체)이 복지 사각지대 의심가구로 발송한 복지정보가 담긴 우편물을 집배원이 배달하면서 관찰 및 면담 등을 통해 기초정보(주거환경, 생활실태 등)를 수집하여 PDA에 저장하면 복지기관에 해당 내용이 전자적 방법으로 전달된다.

SUB 03 외화 현금배달

계약등기우편물의 한 종류로, 우체국과 금융기관과의 계약을 통해 외국통화(현물)를 고객에게 직접 배달하는 서비스

배달범위	본인에 한하여 배달 가능하며 신분증을 꼭 확인하여야 한다.
배달방법	① 수취인으로 하여금 집배원이 보는 앞에서 당해 우편물을 열어 내용물의 금액이 맞는지 확인하게 하여야한다. ② 2회까지 미배달 시 우체국 보관처리 없이 즉시 반환(반송)한다. ③ 보험취급, 본인지정, 익일특급 서비스가 부가취급되어 있다.

준등기 우편물의 배달

처리방법	① 담당집배원은 일반통상우편 취급방법과 동일하게 준등기 우편물을 수취함 등에 투함하고, 배달결과를 PDA로 등록한다. ② 배달과 등록 시 '수취함'(기본 값으로 설정됨)과 '기타' 중에서 선택하여 결과를 등록하고, '기타'를 선택 시에는 '수취함' 이외의 실제 배달장소를 집배원이 직접 입력한다.
배달결과 알림	① 배달결과를 등록하면 배달결과는 발송인에게 SMS 등으로 자동으로 통보되며 ② 다만, 접수시 전자우편(e-Mail)으로 통보되도록 한 경우에는 발송인에게 D+4일에 배달결과가 통보된다.
장기방치 및 반송우편물 처리	준등기 우편물의 우편함 장기방치 및 반송시에는 일반통상우편 취급방법과 동일하게 처리한다.(반송취급수수료 징수 없음)

계약등기우편물의 배달 (「우편업무 규정」제127조의2)

SUB 01 개요

등기취급을 전제로 우체국장과 발송인과 별도의 계약에 따라 접수한 통상우편물을 배달하고, 배달결과를 발송인에게 전자적 방법 등으로 알려주는 부가취급 제도이다.

SUB 02 배달방법

① 계약등기의 일반적인 배달방법은 등기취급 우편물의 배달 규정에 따라 처리하되 배달서비스 수준을 제고하기 위하여 지속적으로 노력한다.
② 배달국에서는 개인휴대용단말기(PDA)를 활용하여 배달결과 정보를 100% 등록한다.
  ㉠ 우편물 배달명세는 고객이 요구할 때 제공해야 하는 정보이므로 결과를 반드시 등록하고 우편물류시스템에 전송해야한다.
  * 배달명세 : 배달일자, 수령인, 수취인과의 관계, 서명이미지 등
  ㉡ 특히, 배달국 책임자는 서명이미지 등록 여부를 수시로 확인하고, 배달결과 등록 상황을 철저히 관리한다.
③ 계약등기우편물 우편주소정보제공 서비스 제공시 부가취급수수료가 추가되므로 배달결과를 입력할 때 '전송'과 '반송' 구분에 유의하여 그날에 정확하게 입력한다.

SUB 03 수령인 범위 제한

수령인의 범위는 '본인지정배달' 선택 여부에 따라 변경
① 경비실·관리실·문서실 등에 배달은 원칙적으로 불가하다.
② '본인지정배달' 선택 또는 우편물 특성상 수령인 범위가 제한된 우편물에 대해서는 제한된 범위의 수령인에게만 배달한다.
④ 수령인 미지정 우편물은 일반 등기우편물의 배달 범위에 대한 기준을 적용

SUB 03 배달결과

배달결과는 우정정보관리원에서 5년간 전산시스템에 보존한다.
* 다만, 보험실효예고통지서의 배달결과는 10년간 보존함

【참고】 등기우편물의 배달결과 보존 기한

- 공통 : 1년
- 내용증명 우편물 : 3년
- 계약등기 우편물(보험실효예고통지서 제외) : 5년
- 계약등기 우편물 중 보험실효예고통지서 : 10년

민원우편물의 배달 (「우편법 시행규칙」제25조, 「우편업무 규정」제167조)

① 민원(발송이나 회송)우편물이 도착하면 익일특급에 준하여 배달한다.
② 수취인 부재 등의 사유로 배달하지 못하여 다시 배달하는 경우와 배달하지 못한 우편물을 반송하거나 전송하는 경우 모두 익일특급으로 처리한다.

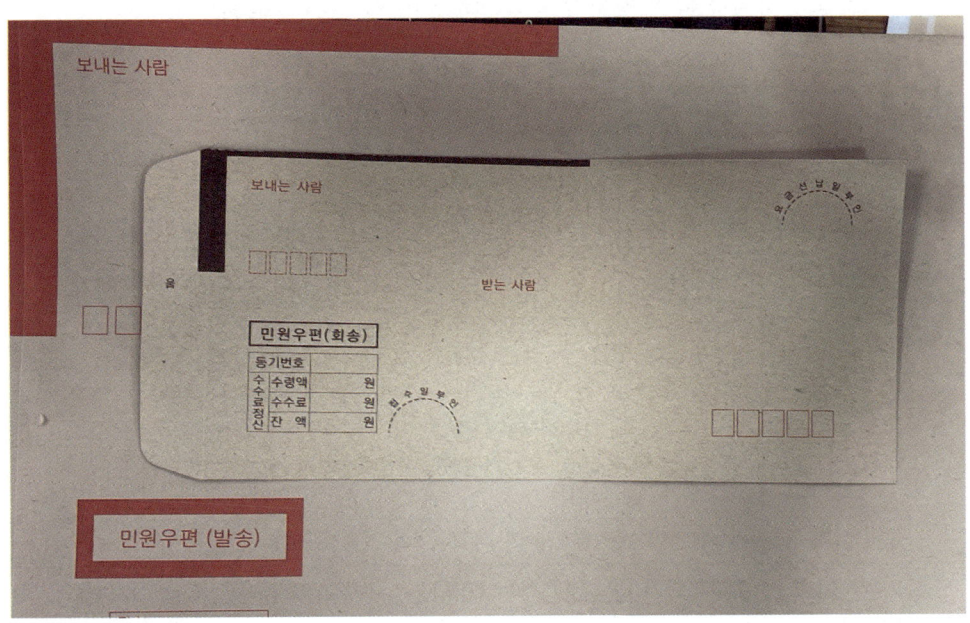

착불배달우편물의 배달

개요	등기취급 소포우편물과 계약등기우편물의 우편요금 등을 수취인이 지불하기로 발송인이 수취인의 승낙을 얻은 등기우편물을 말한다.
처리방법	① 오전에 도착하는 착불소포는 골라내어 전담요원을 지정하고 책임자가 철저히 관리 한다. ② 집배원은 해당 우편물을 수취인에게 배달하고 우편요금을 징수한 다음 영수증을 교부한다. ㉠ 수취인에게서 징수한 우편요금은 즉시납부 처리한다. ㉡ 요금후납승인을 받은 고객은 후납처리 한다.
착불배달우편물의 반송	① 수취인이 수취를 거부하는 경우 착불배달우편물 표면에 반송날짜도장을 날인하여 발송인에게 반송 처리한다. ② '착불'로 접수한 소포와 계약등기 우편물이 반송된 경우에는 발송인으로부터 반송취급수수료와 소포요금을 징수하여 즉시 납부 처리하고 착불수수료를 징수하지 않음. 다만, 맞춤형 계약 등기는 우편요금만 징수한다.

SUB 05 반송처리 방법과 절차

3차 배달 시도에도 수취인이나 동거인 등을 만나지 못하는 등 배달할 수 없는 사유가 발생한 경우에는 우편물의 앞 표면에 미배달날짜도장(반송날짜도장)을 날인하고 그 사유를 표기한 후 법원으로 반송 처리한다.

※ 최초에 반송불필요 우편물로 접수되었을 경우 그에 따라 처리함
※ '반송불필요'와 '반송불요'는 동일한 의미로 이하 혼용함

<배달하지 못한 이유(반송사유)>

반송사유	배달하지 못한 이유
수취인부재	- 수취인이 장기 여행 중, 군 입대 복무 중, 교도소 수감 등으로 현재 부재중인 경우 (장기부재만 해당)
폐문부재	- 우편물에 표기된 주소지에 문이 잠겨있고 아무도 있지 않은 경우
수취인불명	- 우편물에 표기된 주소지에서 수취인이 누구인지 알 수 없는 경우
주소불명	- 도로명주소의 도로명과 건물번호 등을 적지 않았거나 잘못 적어 수취인을 찾을 수 없는 경우 - 지번 주소에 '동'이나 '리'만 적고 번지를 적지 않은 경우 - 같은 번지에 호수가 많아 주소 확인이 어려운 경우 - 같은 번지에 같은 호수가 많아 통반을 알지 못해 수취인을 찾을 수 없는 경우
이사불명	- 수취인이 이사하였는데 이사 간 주소를 모르는 경우

* 등기우편물의 반송사유와 다른 것은 수취인부재와 폐문부재로 일반 등기우편물에서는 수취인부재를 더 넓은 의미로 사용하나, 특별송달우편물에서는 '폐문부재'를 더 광범위하게 사용

SUB 06 특별송달우편물을 배달할 때의 유의사항

① 다른 우편물과 섞이지 않도록 분리하여 별도로 배달한다.
② 우편물류시스템의 '배달특이사항'란은 법적 다툼이 예상되는 송달우편물의 보충자료 구실을 하는 중요한 사항으로 적극 활용하되 유용한 정보가 입력되도록 해야 한다.
③ 우체국 창구에서 교부할 때에는 배달결과를 반드시 그날 전산 입력한다.
④ 수령인명, 배달일자, 관계 등 법원 송달 규정을 준수하고 배달결과를 정확히 입력 한다.
⑤ 개인휴대용단말기(PDA)로 수령인의 서명을 받아 정상적으로 배달하였으나 이미지가 삭제된 경우 수취인에게 다시 서명을 받거나, 다시 서명하기를 거부할 경우 실제 배달 사실을 우편물류시스템의 '배달특이사항'란에 입력한다.

SUB 03 송달방법의 종류 : 유치송달 (「민사소송법」제186조 제3항)

의미	유치송달은 수취인 본인이나 그 사무원, 고용인, 동거인(보충송달이 가능한 사람)이 정당한 사유 없이 수령을 거부할 경우 송달장소에 특별송달우편물을 두고오는 경우를 말한다.
유치송달을 할 수 없는 경우	① 수취인의 장기 부재 등으로 대리수령자가 우편물을 수취인에게 전달할 수 없는 경우 ㉠ 수취인이 행방불명일 때 ㉡ 교도소나 구치소에 수감 중일 때 ㉢ 군 복무 중일 때 ② 우편물 표면의 주소지에 수취인이 거주하지 않을 경우 ③ 주소지에서 만난 사람이 보충송달 대상이 아닌 경우

SUB 04 송달방법의 종류 : 조우송달 (「민사소송법」제183조제3항, 제4항)

① 조우송달은 우편물의 표면에 기록된 주소지가 아닌 곳에서 수취인 본인을 만나 배달하는 경우를 말한다.
* 우체국 창구에서 교부하는 경우도 조우송달의 하나임

② 조우송달은 수취인 본인에 한정하며, 신분증으로 본인 여부를 확인한 후 자필서명을 받고 배달하되, 배달장소를 배달특이사항란에 기록한다.
* 우체국 창구에서 교부한 경우 배달장소를 '우체국 창구'로 기록

③ 우체국 창구에서 내어줄 때는 수취인의 위임장, 인감증명서, 신분증 등을 지니고 오더라도 동거인, 사무원 등에게는 내어줄 수 없다.
* 법원 소송서류의 대리 수령은 「민사소송법」에서 규정한 송달영수인제도만 허용하고 있으며, 「민법」에서 규정한 대리인의 규정은 적용되지 않음
* 수취인과 관계가 없는 도로, 건물 앞에서는 조우송달을 지양함

⑪ 특별송달우편물 표면에 '본인 외 배달금지', '배우자에게 주지 마세요' 등의 문구가 적혀있는 경우에는 반드시 우편물 표면에 기록된 내용에 따라 배달한다.
*특히, 가정법원에서 발송하는 우편물은 이혼소송, 친족확인 등 주로 가족관계와 관련된 서류로 배달대상에 대한 제한이 많으므로 가정법원에서 발송한 우편물에 대해서는 우편물 표면의 기록사항을 확인 후 배달해야함

특별송달우편물의 송달방법의 종류

SUB 01 송달방법의 종류 : 교부송달 (「민사소송법」제178조, 제183조)

① 교부송달은 우편물 표면에 기록된 주소지에서 수취인이나 이에 준하는 사람에게 배달하는 경우를 말한다. ※ 특별송달우편물 배달의 기본원칙임
② 교부송달에서 수취인에 준하는 사람은 미성년자, 법인, 피구속자 등 예외적인 경우로서 법령으로 지정된 정당한 수취인을 말한다. (「민사소송법」제179조~제182조)

〈수취인에 준하는 사람〉

수취인	정당 수령인
미성년자, 피성년후견인, 피한정후견인, 피특정후견인	법정대리인(친권자, 후견인)
법인(회사)	법인(회사)의 대표자
국가를 대상으로 한 소송	검찰청 검사장이나 소송수행자
피구속자	구속된 교도소장(구치소장)
군사용의 청사	청사의 장
선박에 속하는 사람	선박의 선장

* 위의 경우 대부분 우편물 표면에 수취인 외 추가로 정당한 수취인이 기록되어 있음

SUB 02 송달방법의 종류 : 보충송달 (「민사소송법」제186조제1항, 제2항)

① 보충송달은 우편물에 표기된 주소지에서 수취인을 만나지 못하여 배달할 수 없을 때 그 사무원, 고용인, 동거인 등에게 배달하는 것으로 수취인을 대신할 수 있는 사람에게 배달하는 경우를 말한다.
② 보충송달의 수령자는 소송서류를 수취인을 대신하여 수령할 수 있는 사람으로, 그 정당한 수령자의 범위는 상당히 제한적이다.
*「우편법」의 동거인, 회사동료의 범위와는 다르므로 보충송달의 정당한 수령인 여부를 철저히 확인 후 배달해야 한다.

〈보충송달의 정당한 수령인〉

구분	정당 수령인
사무원	○ 법인의 대표자에 속한 사무소, 영업소 근무자 ○ 수취인, 무능력자, 송달영수대리인의 사무원
고용인	○ 수취인의 업무 보조자로서 사무원이 아닌 사람 - 수취인이 고용한 경비원, 수위, 관리인, 청소부, 가정부, 운전기사
동거인	○ 생계를 같이하는 같은 세대 거주자

③ 보충송달을 하는 경우에 동거인의 나이 제한은 없으나, 법원에서 누구에게 보내는 편지라고 말하여 그 취지를 이해하는 정도(초등학교 5~6학년 이상)이면 가능한다. (「대법원 재판예규」제712호 라. 수령대행인에 대한 보충송달 3.동거인)

SECTION 06 그 밖의 부가취급우편물의 배달

PART 03 | 우편물 배달

특별송달우편물의 배달

(「우편법 시행규칙」 제62조 · 제63조, 「우편업무 규정」 제362조~제368조)

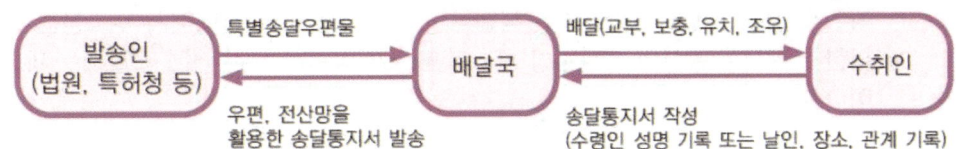

SUB 01 정의

민사소송법이 정하는 방법으로 송달하여야 할 서류를 내용으로 하는 등기통상우편물을 배달하고, 배달한 사실은 우편송달통지서 등을 통하여 발송인에게 알려 주는 서비스

SUB 02 배달절차

① 특별송달우편물을 배달하는 때에는 우편송달통지서의 해당란에 수령자의 서명(자필 성명 기재)이나 도장 또는 지장을 받아야 한다.(전자서명 포함)
② 특별송달우편물의 수취인이 부재 시에는 그 사무원, 고용인 또는 동거자에게 배달하여야 한다.
③ 수취인이 일시 부재중이고 사리를 판별할 수 없는 나이가 어린 사람만 있는 경우에는 다음편에 다시 배달하여야 한다.
④ 군부대 또는 선박에 있는 자와 교도소 또는 구치소에 수감된 자에게 배달하는 특별송달우편물은 그 기관의 장 또는 접수처에 배달하여야 한다.
⑤ 특별송달우편물을 수령할 사람이 수령을 거절하는 경우에는 해당 특별송달우편물을 수령할 사람이 보는 곳에 두고 올 수 있다.
⑥ 그 밖의 특별송달우편물의 배달에 관한 사항은 대법원 "재판예규 제943-21호"를 따른다.
⑦ 1차 배달한 때에 수취인이 부재한 경우 우편물 도착안내서를 발행하여 부착하고, 다음 근무일에 다시 배달하되, 총 3차까지 배달을 실시한다.(우편물 도착안내서는 2차 때까지 발행하여 부착함)
⑧ 3차 때까지도 수취인이 부재하여 배달하지 못한 경우 2일간 보관하지 않고 3차 배달일 다음 근무일 최선편으로 반송처리한다.
⑨ 재배달 기간 중 수취인이 우체국을 방문하여 수령하려 할 경우에는 우체국에서 보관하였다가 교부하되, 이 경우에는 본인만 수령할 수 있다.
* 위임장 등 그 밖의 서류를 가지고 올 경우에도 본인이 아닌 경우에는 내어줄 수 없으므로 우체국 방문수령을 희망할 경우에는 본인만 수령가능함을 설명(조우송달 참조)

⑩ 배달결과는 반드시 배달한 그날에 전산 입력하며 정확하게 등록한다. 전산 등록한 배달결과는 다음 날 00시 00분을 기준으로 법원 재판사무시스템으로 자동 전송되며, 기전송된 건의 배달결과를 수정하더라도 법원 재판사무시스템에는 반영되지 않는다.
* 비록 재판사무시스템에는 반영되지 않는다 하더라도 민원 예방 등을 위하여 우편물류시스템에는 배달결과를 정상적으로 수정 등록해야 함

특급취급 우편물의 배달(익일특급)

PART 03 | 우편물 배달

개요 (「우편법 시행규칙」제61조, 「우편업무 규정」제350조~제354조)

등기취급을 전제로 관할 지방우정청장이 고시하는 지역 사이에서 주고받는 긴급한 우편물을 통상의 송달방법보다 더 빠르게 약속한 시간 내에 배달하는 제도이다.

익일특급의 배달기한

① 접수한 다음 날까지 수취인에게 배달한다.
② 취급지역은 관할 지방우정청장(규칙 제61조제6항)이 고시하되, 접수한 날의 다음 날까지 배달이 곤란한 지역에 대해서는 별도로 추가일수를 더하여 고시
③ 우체국 축하카드, 온라인환, 민원우편은 익일특급으로 처리한다.

재배달·전송·반송 처리

① 재배달할 우편물은 2회째에는 가장 빠른 방법으로 배달한다.
② 수취인 부재 시에는 재방문 예정시각을 기재한 '우편물 도착안내서'를 주소지에 부착하고 수취인이 전화 등으로 재배달을 요구할 경우 재배달한다.
③ 특급우편물을 전송하거나 반송하는 경우에는 전송 또는 반송하는 날의 다음 근무일까지 배달한다.

증명취급 우편물의 배달

SUB 01 내용증명우편물의 배달 (「우편법 시행규칙」제52조~제55조)

1. 발송인이 수취인에게 어떤 내용의 문서를 언제 발송하였다는 사실을 우편관서가 공적으로 증명하는 등기우편물을 말한다.

2. 내용증명우편물을 반송할 때의 유의사항
① 수취인 주소가 불분명하더라도 해당 주소지 또는 인근을 반드시 방문하여 확인한 후 반송한다.
② 배달할 수 없는 우편물은 수취인이나 발송인의 연락처가 기록된 경우 미리 전화로 확인한 후 반송 조치한다.
③ 주거이전 신고건에 한하여 전송하며, 수취인의 신주소 등은 개인정보이므로 발송인이 문의하더라도 절대 알려주면 안된다.

【참고】 내용증명우편물의 반환청구

- 일반적인 방법에 의해 처리하되, 발송인이 아닌 접수국으로 반송하여야 함
- 접수국에서는 원본 및 등본 2부 모두에 반환청구 사유와 교부 명세를 적고 우체국 보관 등본에는 청구서 사본을 첨부하여 보관함

SUB 02 배달증명우편물의 배달

개요	수취인에게 우편물을 배달하거나 교부한 경우 그 사실을 우체국에서 증명하여 발송인에게 알려주는 우편 서비스이다.
배달증명서의 출력	① 배달증명서는 배달증명우편물 발송인 주소지 관할 집배국에서 출력하며 출력기준일은 배달 완료 등록 후 D+2일 이다. ② 배달증명서는 우편물 발송 시 발급 신청할 수 있을 뿐만 아니라 우편물 발송 후라도 전국 우체국 창구에서 발급이 가능하므로 우편물 배달 시 배달결과(수령 인명·관계 등)를 정확히 입력해야 한다.
배달증명 우편물의 전송 및 반송	① 주거이전 신고된 배달증명우편물은 이사 간 주소로 전송처리하여야 하며, 전송된 우편물을 배달할 경우 정당한 주소와 본인 여부를 확인하여 배달한다. ② 배달증명우편물이 반송되었을 때에는 반송우편물처리 방법에 따라 처리한다.

SUB 04 안심소포 우편물 배달 시 유의사항

① 배달국에서는 안심소포가 도착하면 집중국에서 알려준 정보를 가지고 신속히 골라내어 배달부서로 넘긴다
② 집배원 등 배달업무 담당자는 수취인에게 전화하여 1회에 배달이 성공할 수 있도록 조치한다.
③ 배달할 때에는 안심소포의 포장 상태, 파손, 무게 상이 등을 고객에게 확인하게 한 후 배달한다.
④ 배달 완료 후에는 즉시 발송인에게 배달 사실을 SNS, 문자메시지 등을 통해 통보한다.

보험취급 우편물의 배달

SUB 01 통화등기우편물 배달 시 유의사항

통화등기 취급 시 유의사항	① 통화등기 송금통지서와 현금 교환업무 취급 시 반드시 참관자를 선정하여 서로 확인하고 봉투의 표면에 처리자와 참관자가 확인하여 날인한다. ② 국내특급으로 취급된 통화등기 우편물이 현금출납업무 마감시간 이후(또는 공휴일·토요일·일요일)에 도착하였을 때에는 시간외 현금 중에서 대체하여 배달하고, 시간외 현금이 없으면 다음날 현금출납업무 시작 즉시 처리한다. ③ 통화등기 우편물을 배달할 때에는 수취인으로 하여금 집배원이 보는 앞에서 그 우편물의 내용물을 확인하게 하여 내용금액을 표기 금액과 서로 비교 확인한다.
통화등기 반송 및 전송	① 반송 또는 전송하는 곳을 관할하는 집배국 앞으로 송금통지서 및 원부를 발행하여 우편물에 넣어 반송 또는 전송한다. ② 송금통지서 및 원부의 금액란 말미와 송금액 수수부 비고 란에는 '반송' 또는 '○○국 전송'이라 표시한다. ③ 반송불능 통화등기우편물은 통화를 넣은 상태로 반송불능우편물로 처리한다.

SUB 02 유가증권등기 우편물 배달 시 유의사항

① 수취인에게 봉투를 열어 확인하게 한 후, 겉에 표기된 유가증권 증서류명, 금액, 내용을 서로 비교 확인한다.
② 관공서, 회사 등에 다량의 등기우편물 배달 시 유가증권 등기우편물이 포함된 사실을 모르고 상호 대조 확인 없이 일괄 배달하는 사례가 없도록 유의한다.

SUB 03 물품등기 우편물 배달 시 유의사항

수취인에게 봉투와 포장상태의 이상유무만 확인하도록 하면 되며, 우편물을 개봉하여 내용물을 확인할 필요는 없다.

04 등기취급 (부가취급 특수취급) 우편물의 배달

PART 03 | 우편물 배달

수령인

SUB 01 정당한 수령인

① 우편물 표면에 기재된 주소지의 수취인이나 동거인(같은 직장 근무자 포함)
② 같은 건축물 및 같은 구내의 관리사무소, 접수처, 관리인
③ 대리수령인으로 지정되어 우편관서에 등록된 사람
④ 수취인과 같은 집배구에 있고 수취인의 배달동의를 받은 무인우편물 보관함

SUB 02 수령사실의 확인

① 등기우편물을 수취인이나 그 대리인에게 배달(교부)할 때에는 수령인에게 서명(전자서명 포함) 또는 날인을 받아야 한다.
② 수령인이 인장을 날인하거나 수령인 성명을 직접 자필로 기록하게 한다.(외국인 포함)
③ 수령인이 수취인 본인이 아닌 경우에는 수취인과의 관계를 정확히 기록하여야 하고, 반드시 실제 우편물을 수령한 수령인을 입력한다.
※ 대리인 수령 시 우편물 표면에 기록된 수취인 이름으로 서명하면 안되며, 개인정보가 포함된 신분증 및 수령인 얼굴 등도 촬영하면 안됨

④ 수령인이 한글 해독 불가능자 또는 기타의 사유로 서명이 불가능한 경우에는 우편물 여백에 인장이나 지장을 찍게 한 후 PDA에 장착된 카메라로 촬영하여 수령 확인한다.
⑤ '무인우편물 보관함'에 배달하는 경우에는 무인우편물 보관함에서 제공하는 배달확인이 가능한 증명자료(영수증 또는 배달완료 모니터 화면)를 PDA (개인휴대용단말기)에 장착된 카메라로 촬영하여 수령사실을 갈음할 수 있다.

① 수취인 : 우편물을 받는 사람으로 우편 송달계약의 수혜자
② 수령인 : 우편물 표면에 표시된 주소지에 있는 수취인 또는 그 외의 수취인에 준하는 사람

우편물 배달처리 기준 → 우편물 배달 기준(180p) 참조

우편물 도착 안내

등기우편물을 수취인 부재 등의 사유로 배달하지 못한 경우와 신고된 대리수령인에게 배달 한 경우에는 "우편물 도착안내서"를 수취인이 잘 보이는 장소에 부착하거나 메시지 서비스(문자 메시지, 카카오톡, 포스트톡 등)를 통해 수취인에게 우편물 도착사실을 알린다.

무인우체국 우편물의 배달

SUB 01 취급가능 우편물

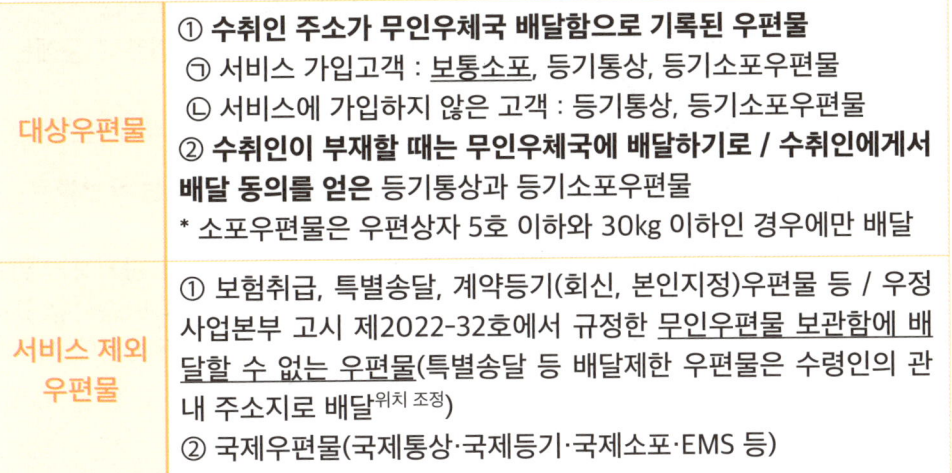

대상우편물	① **수취인 주소가 무인우체국 배달함으로 기록된 우편물** 　㉠ 서비스 가입고객 : <u>보통소포</u>, 등기통상, 등기소포우편물 　㉡ 서비스에 가입하지 않은 고객 : 등기통상, 등기소포우편물 ② **수취인이 부재할 때는 무인우체국에 배달하기로 / 수취인에게서 배달 동의를 얻은** 등기통상과 등기소포우편물 * 소포우편물은 우편상자 5호 이하와 30kg 이하인 경우에만 배달
서비스 제외 우편물	① 보험취급, 특별송달, 계약등기(회신, 본인지정)우편물 등 / 우정사업본부 고시 제2022-32호에서 규정한 <u>무인우편물 보관함에 배달할 수 없는 우편물</u>(특별송달 등 배달제한 우편물은 수령인의 관내 주소지로 배달^{위치 조정}) ② 국제우편물(국제통상·국제등기·국제소포·EMS 등)

SUB 02 처리절차

POINT 우편물 배달 절차

① 회원번호 입력은 서비스 가입자 우편물을 배달하는 경우에만 입력한다.
② 부재중 우편물 배달이나 서비스 미가입자인 경우 비회원배달을 선택한다.
③ 무인우체국의 배달함에 <u>우편물을 넣고 닫으면 배달완료로 자동 처리된다.</u>

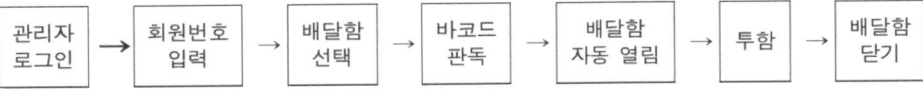

POINT 우편물을 배달 처리

원칙	① **수취인의 주소가 무인우체국으로 기록된 우편물**은 / 무인우체국 배달함에 배달한다. ② 서비스 가입회원의 회원번호와 회원명이나 관계인명이 일치하는 우편물만을 배달한다. ③ **고객 부재 우편물을 무인우체국 배달함에 배달하려는 경우에는** / 고객과의 통화 등 동의를 얻은 후 배달한다.
기타	① **부패 우려가 있는 소포우편물은** / 수취인의 동의를 얻은 후 배달 ② **서비스에 가입하지 않은 회원 접수 우편물과 / 고객부재 우편물 중 등록·확인이 된 이동전화번호가 유효하지 않은 우편물은** / 반송 처리한다. ③ **무인우체국 배달함에 배달 요청된 착불우편물은** / 배달 직전까지 착불요금이 수납 완료된 경우에 배달 가능하다. ④ **배달함에 배달한 후 3일 이내에 우편물을 받지 않았을 때에는** / '반송' 처리하고 / 이때 재배달 · 전송 · 보관기간 연장은 불가하다.
배달함 부족	① **배달함이 부족한 경우** / 고객의사를 확인하여 수취인의 관내 주소지나 관할 우체국에 배달한다. ② **배달함 부족으로 관할 우체국에 배달한 경우** / 무인우체국에 여유 배달함이 생기면 우선적으로 무인우체국 배달함에 배달한다. ③ **특별소통기간에 배달함이 부족한 경우** / 수령인의 관내 주소지로 우선 배달하고 / 이때 고객의사 확인 절차는 생략 가능하다.

SUB 03 우편물 반송함

우편물 반송함의 설치	① 건축물 소유자는 / 공동주택(아파트, 연립, 빌라, 다가구 주택 등), 상가, 빌딩 등의 건축물에 우편수취함이 한 장소에 2개 이상 설치되어 있는 곳에는 / 우편물 반송함을 1개 이상 설치하여야 한다. (각 세대별 또는 우편수취함이 1개 설치되어 있는 개인주택 등에는 반드시 설치할 필요 없음) ② 우편물 반송함의 규격은 / 고층건물용 우편수취함 규격에 따른다.
우편물 반송함에 투함된 우편물 처리 「우편업무 규정」 제397조 제2항	① 반송함에 투함된 우편물 중 **반송(사유)의 표시가 있는 우편물은** / 즉시 전송하거나 반송 처리한다. ② **반송(사유)의 표시가 없는 우편물은** / 오배달 사례를 방지하기 위하여 봉투 표면 여백 또는 접착식 메모지 등에 날짜 및 반송사유 표기를 요청하는 내용을 기록하여 / 1회에 한하여 해당 우편함에 재투함하거나, 또는 수취인에게 문의한 후 반송처리한다.

SUB 04 우편수취함을 설치하지 않았을 때의 보관 교부 (「우편법 시행령」 제51조)

POINT 보관교부 실시 과정

① **우편수취함을 설치하여야 하는 건축물에 우편수취함 또는 우편물 접수처를 설치하지 아니하였을 때에는** / 일반통상과 보통소포우편물에 한정하여 배달우체국에서 보관 교부 할 수 있다.

② ①의 경우 배달우체국에서는 / 보관교부 실시일 5일 전까지 건물관리인과 입주자에게 우편수취함 설치를 촉구하고 / 다음 내용의 우편물 보관교부 통지서를 발송한다.

【예시】 고층건물 우편물 보관교부 통지서

```
        고층건물 우편물 보관교부 통지서

수신    ○○○ 귀하

   귀하(사)께서 입주(관리)하고 있는 건물에는 「우편법」제37조의2와 같은 법 시행령
제50조에서 정한 바에 따라 우편수취함을 설치하지 아니하였으므로(훼손하였으므로)
같은 법 시행령 제51조 제2항에 따라 20 년  월  일부터 귀하(사)께 가는 일반통상과 보
통소포 우편물을 다음과 같이 우리 국에서 보관하겠으니 오셔서 수령해 가시기 바랍니다.
다만 보관교부 실시 일까지 우편수취함을 설치(보수)하면 배달하여 드리겠습니다.

1. 보관 장소 : ○○우체국 우편물류과 ○○실
2. 우편물 수취방법
   가. 대표자를 선정하여 수취하여도 무방함
   나. 주민등록증 지참
3. 보관기간 : 우편물이 도착한 다음 날부터 10일간
4. 제3호의 보관기간이 경과하여도 우편물을 수취하지 아니하시면 발송인에게 반송하겠
   습니다.
                       ○ ○ 우 체 국 장  [직인]

시행  우편물류과-24      (2024.12.09.) 접수      (            )
 03187 서울시 종로구 종로 6              / 110.epost.go.kr
전화 02-222-1234    / 전송 02-222-1235  / 비공개
```

POINT 보관교부 처리

① **보관교부 실시일 이후에 도착하는 우편물은** / 해당 우편물에 도착날짜도장을 날인하여 / 날짜별로 묶어서 안전한 장소에 보관 한다.

② 보관 교부할 우편물의 보관기간은 / 도착한 날의 다음 날부터 10일로 하며 / 이 기간이 경과하여도 우편물을 수취하지 않을 때에는 '보관기간 경과하여 반송'이라 표시하고 발송인에게 반송 한다.

고층건물 내 우편물의 배달

SUB 01 고층건물우편수취함의 설치

원칙	3층 이상인 건축물의 소유자나 관리인은 / 해당 건축물의 출입구에서 가까운 내부의 보기 쉬운 곳에 / 그 건축물의 주거시설, 사무소, 사업소별로 규격에 맞는 우편수취함을 설치하여야 한다.
예외	① 건물 구조상 한 곳에 전부를 설치하기가 곤란한 경우에는 / 3층 이하의 위치에 3개 장소 이내로 분리하여 설치할 수 있다. * 건축법시행령 제87조(건축설비 설치의 원칙) ⑧ 건축물에 설치하여야 하는 우편수취함은 「우편법」 제37조의2의 기준에 따른다. ② 설치대상 건물로서 1층 출입구, 관리사무소, 경비실 등에 우편물 접수처가 있는 경우에는 / 우편수취함을 설치하지 않을 수 있다. (「우편법 시행규칙」 제131조)

SUB 02 배달의 방식

우편수취함 배달		① 관리사무실이나 경비실 등이 없는 고층건물 내에 배달되는 일반우편물은 / 해당 건축물에 설치된 우편수취함에 배달한다. ② 우편수취함에 투함된 우편물은 / 장기간 방치 여부와 관계없이 그대로 두되, 고객이 요청하거나 이사 등으로 수취인이 없음을 확인하였을 경우에는 / 반송 처리한다. ③ 다만, 우편수취함 주변에 방치된 우편물은 / 반송함에 투함하여 반송처리기준 예에 따라 처리한다.
수취인 직접 배달 「우편법 시행규칙」 제134조		① 부가취급우편물, 요금수취인부담우편물, 양이 많거나 부피가 커서 고층 건물 우편수취함에 넣을 수 없는 우편물은 / 수취인에게 직접 배달한다.
관리사무소 등 일괄 배달	원칙	① 고층건물 내의 우편물은 우편수취함이나 수취인에게 직접 배달을 원칙으로 하되 / 같은 건축물 또는 같은 구내의 수취인에게 배달할 우편물은 그 건축물이나 구내의 관리사무소, 접수처, 관리인에게 배달할 수 있다. ② 등기로 취급하는 우편물은 / 수령인에게서 그 수령 사실의 확인을 받고 배달 하여야 한다. ③ 등기우편물을 대리수령인에게 배달한 경우에는 / 정당 수취인에게 대리배달 사실을 문자메시지 등으로 안내함
	예외	④ 등기통상의 경우 / 수취인이 알림톡, 전화 등을 통해 경비실, 관리사무소를 배달장소로 지정했다 하더라도 / 동 장소 근무자와 사전에 협의된 경우에 한하여 배달 가능함 ⑤ 다만, 보험등기(통화, 유가증권, 물품), 특별송달, 맞춤형 계약등기 등은 / 수취인에게 직접 배달하여야 한다.

MEMO

주거이전 우편물의 전송

원칙	① **주거를 이전한 우편물의 수취인이 주거이전 우편물 전송서비스를 신청한 경우** 서비스 기간 동안 표면에 구주소지가 기재된 우편물을 이전한 주소지로 전송한다. ② **우편물을 전송하는 때에는** 주거이전 신고 된 주소를 기재한 부전지를 해당 우편물에 붙여 관할 우체국으로 송부한다.
예외	③ **주거이전신고를 철회한 경우와 우편물 전송기간이 만료된 후에 도착하는 우편물은** 발송인에게 반송한다. ④ **우편물의 수취인이 해외 이주한 경우에는** 우편물을 전송하지 아니하고 발송인에게 반송한다.
수수료	**주거이전을 신고한 날부터 3개월이 경과하거나 우편물 전송시 상당한 비용이 소요되는 경우** 과학기술정보통신부장관이 정하여 고시하는 수수료를 수취인에게 내게하고 우편물을 전송한다. ① 주거이전을 신고한 날부터 3개월이 지난 후에 도착하는 우편물을 수취인이 받기를 신고한 경우 ② 수취인이 주거를 이전한 곳으로 우편물을 전송하는데 상당한 비용이 소요되는 경우 **위의 경우 수수료를 내고 우편물을 전송받는 자가 해당 전송기간 중 철회를 요청할 경우에는** 납입한 수수료에서 사용기간에 해당하는 금액을 일할 계산하여 공제하고 남은 금액을 반환하여 준다.

수취인의 청구에 의한 주소 변경(수취인 배달장소 변경 서비스)

① 수취인이 등기우편물에 표기된 주소지에서 우편물을 받기 어려울 때에는 배달장소변경을 신청할 수 있으며, 우편물은 수취인이 변경하여 지정한 주소지로 배달한다.

② **대상우편물 : 배달국에 도착한 등기우편물**
※ 제외우편물 : 특별송달, 내용증명, 선거우편, 외화현금배달, 냉장·냉동, 이미 배달완료된 우편물 등

③ **서비스 방법 : 배달국에 도착한 등기우편물을 수취인이 변경 신청한 배달장소로 전송하여 배달한다.**
※ 발송인은 수취인 및 수취인 주소의 변경 또는 우편물의 반환을 청구할 수 있으며, 발송인과 수취인의 신청이 경합할 경우, 발송인의 신청이 수취인의 신청보다 우선함

④ **접수채널 : 우체국(우편취급국 포함), 인터넷 우체국, 모바일 앱, 배달예고문자(우편고객만족센터, 전화 신청은 불가)**

⑤ **전송 수수료 : 등기취급수수료(2,400원)이며, 단, 변경하는 주소지가 최초 주소지와 동일한 총괄국 관할일 경우에는 무료이다.**

동일 건물 내의 일괄배달

① 같은 건축물이나 같은 구내의 수취인에게 배달할 우편물은 그 건축물이나 구내의 관리사무소, 접수처, 관리인에게 배달이 가능하다.
예 : 공공기관, 단체, 학교, 병원, 회사, 법인 등
② 관리사무소, 접수처, 관리인 등이 없는 경우에는 일반우편물은 우편함에 배달하고
③ 우편함에 넣을 수 없는 우편물(소포·대형·다량우편물)과 부가취급우편물, 요금수취인부담우편물을 수취인에게 직접 배달한다.

수취인 청구에 의한 창구교부 : 10장 04에서 다룸

① 집배원 배달 전이나 배달하지 못해 반송하기 전 보관하고 있는 우편물은 수취인의 청구에 의해서 창구 교부한다.
② 선박이나 등대로 가는 우편물에 대해서도 창구에서 교부한다.

보관우편물의 교부

① 우편물에 '우체국보관'의 표시가 있는 것으로, 배달우체국의 창구에서 수취인에게 교부
② ①에 따른 보관기간은 우편물이 도착한 다음 날부터 계산하여 10일로 하며
③ 다만, 교통이 불편하거나 그 밖의 사유로 수취인이 10일 이내에 우편물을 교부받을 수 없다고 인정될 때에는 20일의 범위 안에서 교부기간을 연장할 수 있다.

보관교부지의 배달

① 보관교부지는 교통이 불편하여 통상의 방법으로 우편물 배달이 어려운 지역을 지정(관할 지방우정청장이 정하여 공고)한 곳으로
① 지정된 지역의 우편물은 배달우체국에서 보관하고 수취인의 청구에 따라 교부함
※ 보관기간은 우편물이 도착한 다음 날부터 30일 임

등기우편물 대리수령인 배달

SUB 01 개념

① 장기간 집을 비우는 경우나 많은 세대가 사는 아파트 같은 경우
② 수취인과 대리수령인의 신고를 통해서 등기우편물 대리수령인으로 지정할 수 있다.

SUB 02 등기우편물 대리수령인 신고의 접수

① 등기우편물 대리수령인 지정·해지를 신고하는 사람이 '등기우편물 대리수령인 신고서'를 작성하여 수취인 관할 우체국이나 집배원에게 제출한다.
 ㉠ 이웃주민 : 수취인이 장기간 집을 비우는 경우에는 개별적으로 이웃주민 등을 대리 수령인으로 지정하여 대리수령인의 확인을 받아 접수한다.
 ㉡ 경비소 근무자 등 : 수취인이 빈번하게 부재하는 여러 세대가 공동으로 아파트 경비실(빌딩, 상가관리실) 근무자 등 특정인을 선정하여 세대주의 이름을 이어 쓴 뒤 대리수령인의 확인을 받아 우체국에 접수한다.
※ 수취인 본인과 대리수령인 동의가 모두 필요함
② 등기우편물 대리수령인 신고서를 접수할 때에는 다음 사항을 확인한다.
 ㉠ 수취인이 지정하는 등기우편물 대리수령인은 수취인 주소지와 같은 집배구 (인접 집배구 가능) 내에 거주하고 사리를 분별할 수 있는 사람인지 여부
 ㉡ 대리수령인의 동의를 받은 것인지 여부
 ㉢ 주민등록증 등의 신분증에 따른 신고인의 신분 등

> 참고
> 등기우편물 대리수령인에게 배달할 수 없는 등기우편물 : 특별송달, 배달증명, 내용증명, 보험등기(안심소포), 맞춤형계약등기(회신, 본인 지정)

SUB 03 대리수령인 배달 방법

원칙	① 일반우편물은 원래 주소지의 우편수취함에 배달하고 등기우편물은 1차 배달할 때 수취인 부재일 경우에만 지정된 대리수령인에게 배달한다. ② 등기우편물을 대리수령인에게 배달한 경우에는 정당한 수취인에게 대리배달 사실을 문자메시지 등으로 안내한다.
예외	① 수취인이 **매일 낮 시간대에 부재일 경우** 1차 배달할 때부터 대리수령인에게 배달하는 것도 가능하다. ② **대리수령인이 이사하였거나 대리수령을 거부하는 경우에는** 그 사실을 신고서 빈곳에 적은 뒤 책임자가 확인하고 대리수령인 지정이 자동해지된 것으로 처리한다. ③ **대리수령인의 장기부재 등으로 대리수령인에게 배달이 불가능한 경우에는** 부전지에 대리수령인에게의 배달이 불가능한 사유를 적어 우편물에 붙이고 일반적인 등기우편물 배달 방법에 따라 신고인에게 배달한다.

SUB 04 등기우편물 대리수령인 배달사항의 기록

등기우편물을 대리수령인에게 배달할 경우, 배달증 여백에 '대리'라고 기록하거나 우편물류시스템에 배달결과를 등록할 때 수취인과의 관계를 '대리수령인'으로 입력한다.

무인우편물 보관함 배달

SUB 01 무인우편물보관함의 개요

① 무인우편물보관함은 수취인이나 수취인의 동의를 받은 사람만 수령할 수 있도록 기계적·전자적으로 수령이 가능한 것에 한정하여 배달한다.
② ㉠수취인이 우편물 배달을 신청하거나 ㉡동의한 무인우편물보관함은 수취인과 같은 집배구에 자리하고 있는 것에 한정하여 배달한다.
③ 무인우편물보관함은 영수증이나 모니터 화면 등 우편물 보관에 대한 증명자료가 제공되는 것에 한정한다.

SUB 02 무인우편물보관함에의 배달 방법

원칙	① **수취인이 부재하여 무인우편물 보관함에 배달할 때에는** 수취인의 동의를 받은 후 배달하여야 한다.(㉡) ② **다만 사전에 수취인이 무인우편물 보관함에 배달해 달라고 신청한 경우에는** 수취인을 방문하지 않고 배달할 수 있다.(㉠)
예외	③ 특별송달, 보험취급 등 수취인이 직접 수령했다는 사실의 확인이 필요한 우편물은 무인우편물 보관함에 배달할 수 없다.

【참고】 무인우편물보관함에 배달할 수 없는 우편물

- 보험취급우편물(「우편법 시행규칙」 제25조 제1항 제2호에 따른 우편물)
- 특별송달우편물(「우편법 시행규칙」 제25조 제1항 제6호에 따른 우편물)
- 착불배달우편물(「우편법 시행규칙」 제25조 제1항 제16호에 따른 우편물)
  다만, 수취인에게서 착불요금을 받을 수 있는 경우에는 배달
- 계약등기우편물(「우편법 시행규칙」 제25조 제1항 제17호에 따른 우편물)로서 회신우편(「우편법 시행규칙」 제25조 제1항 제18호에 따른 우편물) 및 본인지정배달(「우편법 시행규칙」 제25조 제1항 제19호에 따른 우편물)을 부가취급으로 지정한 우편물
* 관련고시 외 상하기 쉬운 소포우편물 등 무인우편물보관함에 부착된 '이용약관' 등에 고지되어 있는 배달제한우편물의 경우 주소지 배달을 원칙으로 함. 다만, 수취인의 동의를 받은 경우 무인우편물보관함에 배달 가능

SUB 03 무인우편물보관함 배달 증명자료의 보관

① 우편물을 무인우편물보관함에 배달 후 무인우편물보관함에서 제공하는 영수증을 개인휴대용단말기(PDA)로 촬영하여 이미지로 보관한다.
② 영수증이 제공되지 않고 모니터로 보관내용을 표시하는 무인우편물보관함의 경우에는 모니터 화면을 개인휴대용단말기(PDA)로 촬영하여 보관 가능하다.

SUB 04 무인우편물보관함 배달사항의 기록

무인우편물보관함에 우편물을 배달한 경우 배달증 여백에 '무인우편물보관함'이라고 기록하거나 전산시스템에 '무인배달'이라고 등록한다.

03 우편물 배달의 특례

PART 03 | 우편물 배달

우편물의 사서함 교부

SUB 01 사서함우편물 교부방법

① 우편사서함에 교부하는 우편물은 운송편이나 수집편이 도착할 때 마다 구분하여 즉시 사서함에 투입한다.
② 등기우편물, 요금수취인부담, 요금미납부족우편물과 용적이 크거나 수량이 많아 사서함에 투입할 수 없는 우편물은 이를 따로 보관하고, 우편물을 따로 보관하고 있다는 내용(사용자가 외국인인 경우에는 'Please, Contact the counter for your mail')의 표찰을 사서함에 투입
③ 사서함 이용자가 사서함에서 안내 표찰을 꺼내 창구에 제출하면 담당자는 따로 보관하고 있는 우편물을 내어준다.
④ 등기우편물을 내줄 때에는 주민등록증 등 신분증으로 정당한 수령인(본인이나 대리수령인)인지 반드시 확인한다.
⑤ 전자서명방식(개인휴대용단말기(PDA), 펜패드(PENPAD) 등)으로 수령인의 서명을 받고 배달결과를 우편물류시스템에 등록한다.

SUB 02 사서함번호가 기록된 우편물

사서함번호만 기록한 우편물	① 해당 사서함에 정확하게 넣고 수취인에게 우편물 도착사실을 알려 주며 ② 생물 등 변질이 우려되는 소포는 냉동·냉장고에 보관하였다가 수취인에게 내어준다.
사서함번호와 주소가 함께 기록된 우편물	① 우편물을 사서함에 넣을 수 있으며 ② 맞춤형 계약등기, 특별송달, 보험취급 우편물은 주소지에 배달한다.
사서함번호를 기록하지 않은 우편물	① 우편사서함 번호를 기록하지 않은 우편물이라도 우편사서함 사용자에게 가는 우편물이 확실할 때에는 우편사서함에 투입 가능 ② 다만 맞춤형 계약등기, 특별송달, 보험취급, 등기소포 우편물은 사서함에 넣지 않고 주소지에 배달한다.

개별 또는 공동수취함 배달

교통이 불편한 도서지역이나 농어촌지역 또는 과학기술정보통신부장관이 필요하다고 인정하는 지역에는 개별 또는 공동수취함을 설치하고 우편물을 그 수취함에 배달할 수 있다.

단, 다음 각 호의 경우는 원칙의 예외로 하며, 예외 우편물의 2회째 배달은 수취인(반환하는 경우에는 발송인)의 신청이 없어도 우체국에서 재배달 한다.

특별송달	3회 배달, 미배달 시 보관 없이 반환(반송)
맞춤형 계약등기 (외화 제외)	3회 배달, 미배달 시 2일 보관 후 반환(반송)
외화 맞춤형 계약등기	2회 배달, 미배달 시 보관 없이 반환(반송)
내용증명, 보험취급(외화제외) 선거우편, 등기소포	2회 배달, 미배달 시 2일 보관 후 반환(반송)
선택등기우편물 복지등기통상우편물	2회 배달 2회차 배달에 폐문부재 시 우편수취함에 배달
복지등기소포우편물	2회 배달 2회차 배달에 폐문부재 시 주소지 문앞에 배달

참고 ▶ 그 밖의 예외
① 그 밖의 특별한 사유로 우정사업본부장이 정하는 경우
② 그 밖의 특별한 사유로 관할지방우정청장이 정하는 경우
③ 통상집배구 수 등을 고려하여 우정사업본부장이 승인하는 우체국은 「우편물 배달기준 처리의 예외 고시」에서 정하는 바에 따라 배달 및 보관의 원칙을 달리하여 운영할 수 있다.

SUB 05 기타

① 준등기우편물은 접수한 날의 다음날부터 3일 이내 배달 한다. 다만, 특별한 사유로 관할 지방청장이 정하는 경우는 예외로 함
② 국제우편물은 「국제우편규정」 제23조제1항에 따라 배달하되, 국제특급우편물의 배달은 국내특급우편물 배달의 예에 따름. 단, 도서지역 등 배달이 곤란한 지역일 경우, 국제특급우편물은 국내특급우편물 취급 예에 의하지 아니할 수 있다.

배달의 우선순위 (우편업무 규정 제327조(배달의 우선순위))

배달할 우편물량이 많아서 분할하여 배달할 때에는 다음 순서에 따라서 배달한다.

1순위	기록취급우편물 국제항공우편물
2순위	준등기우편물 일반통상우편물 (국제선편통상우편물 중 서장 및 엽서 포함)
3순위	제1순위, 제2순위 이외의 우편물

참고 ▶
발송과 운송의 우선 순위와 구별

제1순위부터 제3순위까지의 우편물 중 한 번에 배달하지 못하고 잔량이 있는 경우에는 다음편에서 다른 우편물에 우선하여 배달하여야 한다.

PART 03 | 우편물 배달
SECTION 02 우편물 배달의 원칙과 기준

배달의 일반원칙

① 우편물은 그 표면에 기재된 곳에 배달한다. 다만, 대통령령으로 정하는 경우는 그러 하지 아니한다.「우편법」제31조
② 2인 이상을 수취인으로 정한 우편물은 그중 1인에게 배달한다.「우편법 시행령」제42조제1항
③ 우편사서함 번호를 기록한 우편물은 당해 사서함에 배달한다.「우편법 시행령」제42조제2항
④ 취급과정을 기록하는 우편물은 정당 수령인으로부터 그 수령사실의 확인(서명(전자 서명 포함) 또는 날인)을 받고 배달하여야 한다.「우편법 시행령」제42조제3항, 「우편법 시행규칙」제28조

우편물 배달 기준(우편물 종류별)

SUB 01 일반우편물

① 일반우편물은 도착한 날에 순로구분 후 그 다음날에 배달하여야 한다.
② 단, 순로구분기 보유관서의 오후시간대 도착한 우편물은 도착한 다음 날 순로구분하여 순로구분 다음 날 배달한다.

SUB 02 통상우편물(일반·등기)과 일반소포우편물

① 취급과정을 기록하지 않는 일반통상우편물과 일반소포우편물은 수집이나 접수한 다음날부터 4일 이내에 배달하고
② 취급과정을 기록하는 등기통상우편물의 경우에는 수집이나 접수한 다음날부터 3일 이내 배달하나
③ 도서·산간오지 등 교통이 불편하여 우편물의 운송이 특히 곤란한 지역에 대하여는 지역별 또는 지역 상호간에 적용할 우편물송달기준을 달리 정하여, 수집이나 접수한 날의 다음날부터 8일 이내에 배달한다.
(우편법 시행규칙 제 13조 및 우편업무 규정 제 4조의 3(도서·산간오지 등의 우편물 송달기준))

SUB 03 시한성 우편물, 익일특급 우편물, 등기소포

시한성 우편물, 익일특급 우편물, 등기소포 우편물은 배달국에 도착한 날 구분하여 당일 배달한다.

SUB 04 특수(등기)취급우편물의 배달

원칙	① 「2회 배달, 4일 보관 후 반환」을 원칙으로 함 ② 2회째 배달(재배달)의 경우 우편물의 표면에 표기된 수취인(배달되지 못한 우편물이 발송인에게 반환(반송)되는 경우에는 발송인)이 보관기간 내 우체국 영업일 중 특정일을 배달일로 정하여 우체국에 재배달 신청 시 1회 한해 실시한다.

01 배달 개요

PART 03 | 우편물 배달

우편물 배달 흐름도

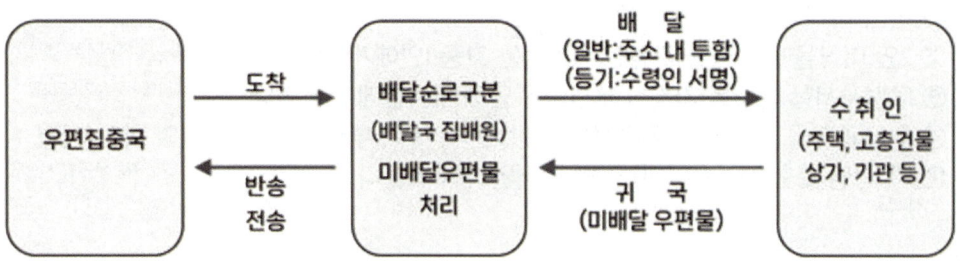

PART 3 우편물 배달

SECTION 01 | 배달 개요
SECTION 02 | 우편물 배달의 원칙과 기준
SECTION 03 | 우편물 배달의 특례
SECTION 04 | 등기취급(부가취급 특수취급) 우편물의 배달
SECTION 05 | 특급취급 우편물의 배달(익일특급)
SECTION 06 | 그 밖의 부가취급우편물의 배달
SECTION 07 | 배달하지 못한 우편물의 처리

SECTION 03

PART 02 | 우편물 수집

무인우체국 우편물의 수집과 처리

SUB 01 무인우체국 접수·배달 통합기의 우편물 수집방법

우편물 수집 횟수와 시간은 영업일 기준 1회 이상으로 관할우체국장이 정한다.

SUB 02 우편물 수집업무 처리 기준

① 일반통상, 등기통상, 일반소포, 등기소포로 구분하여 수집한다.
② 등기통상은 특급과 특급이 아닌 것을 구분하여 수집한다.
③ 등기소포는 같은 지역, 다른 지역, 제주지역(**익일특급, 일반**)으로 구분하여 수집한다.

SUB 03 접수함 만재 확인

원칙	우편물류시스템을 이용해 무인우체국 접수함 운영현황을 조회하여 접수함이 가득 찼는지 확인한 후 우편물을 수집하여야 한다.
편마감	고지된 일 마감 시간 전에 수집 작업을 하였을 경우에는 편마감 처리한다.
일마감	일마감 처리 시간에 수집작업을 마쳤을 경우에는 일마감 처리한다.

SUB 04 마감 이후 우편물 처리

① 일마감 처리 후 추가로 접수된 우편물을 수집한 경우에 그날 접수부서로 인계되어 배송작업 진행이 불가능할 때에는 편마감 처리한다.
② 일마감 처리가 끝난 상태에서 추가로 접수된 우편물이 일마감 처리에 포함될 수 있도록 하려면 일마감을 취소한 후 다시 일마감 처리한다.

우표가 떨어진 우편물의 처리 (「우편업무 규정」제18조)

1. 우편물을 취급할 때에는 우표가 떨어졌거나 일부러 떼어낸 흔적이 있는지 철저히 검사하고 우표가 떨어진 흔적이 있는 우편물은 다음과 같이 처리한다.

① 떨어진 우표가 있으면 해당 우편물을 확인하여 원상태로 붙여서 발송하고, 해당 우표가 없을 때에는 우편물 표면에 '우표 떨어짐' 표시 도장을 날인하고, 일부러 떼어낸 흔적이 있는 우편물은 발송국에 사고를 알린 후 송달한다.

② 우표를 일부러 떼어낸 우편물에 대하여 조사가 필요할 때에는 수취인의 양해를 구하고 그 우편물의 봉투를 회수한다.

③ 외국으로부터 도착하는 우편물중 우표가 떨어지거나 파손된 우편물을 국제우편교환 우체국이나 통관우체국에서 발견하였을 때에는 '현상도착표시인'을 날인한 후 우체국명 밑에 취급 직원의 도장을 찍거나 서명한 후 송달한다.

【예시】 현상도착 표시인   (7cm×2.5cm)

이 우편물은 아래와 같은 상태로 도착하였습니다. This mail has arrived in following condition(s): □ 파손 / 오손(damaged / spoiled) □ 우표 떨어짐(stamp missing)	○○ 우체국
	인(서명)

2. 취급부서 간에 우편물을 주고받을 때 우표가 떨어지거나 일부러 떼어낸 것을 발견하였을 때에는 그 내용을 우편물수수부에 기록한다.

3. 우표가 떨어진 우편물이 있는 경우에는 해당 우편물을 확인하여 떨어진 우표를 원상태로 다시 붙여서 송달한다.

4. 떨어진 우표를 발견하였거나 해당 우편물이 없을 때에는 소인된 것과 소인되지 않은 것을 구분하여 '떨어진 우표처리부'에 붙이고 발견장소, 발견상황, 발견일시(편명) 등을 기록하여 보관한다.

5. 우표가 떨어졌다는 신고나 확인요청을 받았을 때에는 '떨어진 우표처리부'에서 확인하여 교부하고 동 처리부에 교부일시, 교부받은 사람의 주소, 성명을 기록한다.

SUB 06 여러 가지 물건이 함께 들어있는 습득물의 처리 방법

경찰관서로 보내는 경우	대상	① 재산물건 : 현금, 유가증권, 귀금속, 신용카드 등 ② 재산물건과 비재산물건이 포함된 습득물 : 지갑 등 ③ 비재산물건으로서 분실인의 주소를 확인할 수 없는 습득물
	송부방법	① 모든 물건은 1개의 물건으로 처리하며, 습득물송부서에 따라서 가까운 경찰서로 등기우편으로 발송하거나 직접 인계한다. ② 유가증권류(우편환증서 제외)는 습득물송부서의 원본에 해당 증권류의 사본을 붙여서 보관한다. ③ 1개의 지갑 안에 신분증 등 여러 종류의 물건이 있을 경우에는 그 내용을 습득물송부서에 모두 적어야 한다.
우체국에서 직접 분실인에게 송부하는 경우	대상	비재산물건으로서 분실인의 주소를 확인할 수 있는 물건
	송부방법	① 경찰서장 명의의 유실물소포로 분실인에게 보내고 그 명세(발송등기번호 포함)를 경찰서에 알린다. ② 송부업무와 관련하여 분실물의 조사, 판단, 정확한 분류와 안전한 배달을 위해 현장방문 등의 조치가 필요한 경우에는 관할 경찰서에 협조 요청한다. ③ 발송한 습득물 소포가 수취거절, 수취인 불명, 주소불명 등으로 수취인에게 배달하지 못하는 경우에는 관할 경찰서로 반송한다. ④ 우체통에서 발견되는 습득물과 관련된 민원은 경찰관서에서 접수처리한다. (다만, 우체국 업무와 관련된 민원은 우체국에서 접수하여 처리)
우체국에서의 발송 절차 [우편물류과 집배(물류)실]		① 경찰서 앞 발송 습득물과 우체국 직접 발송 습득물로 구분하고, 습득물마다 번호를 부여, 습득물 명세서 순번과 일치하도록 해야 한다. ② 습득물 명세서는 엑셀로 작성하여(수취인 주소, 성명 포함) 접수부서에서 운송장을 쉽게 출력할 수 있도록 조치한다. ③ 습득물 명세서와 함께 경찰서 발송 습득물은 경찰관서로, 우체국 직접 발송 습득물은 접수부서에 인계한다.

우체통 발견 습득물의 처리

우체통 발견 습득물 : 우체통에서 발견된 것 중 우편물 및 이탈품이 아닌 것

SUB 01 공무원의 각종 신분증

'습득물송부서'에 따라서 그 발행기관장 앞으로 일반 무료우편물로 송부한다.

SUB 02 주민등록증의 처리방법

① 주소지의 시·군·구청에 송부서 없이 봉투에 넣어 등기통상우편물로 발송하며, 주민등록증 상의 주소지와 주민등록증이 발견된 시·군이 동일한 경우에도 요금 징수한다.(우편요금은 수취인후납부담)
② 봉투표면에는 빨간색으로 '습득주민등록증 송부'라고 표시한다.
③ 요금미납 표시인을 날인한 후 받아야 할 요금을 기록한다.(무게에 따라 등기통상 우편요금 징수)
※ 발송 당일 동일 지자체에 1건 이상의 습득주민등록증을 발송할 경우 일괄 등기 번호 부여 후 1건의 등기우편물로 발송

SUB 03 여권

① 습득 우체국과 가까운 여권사무 대행기관으로 등기우편 발송한다.(우편요금은 수취인후납부담)
② 송부서 없이 봉투에 넣어 등기통상우편물로 발송하되
③ 봉투표면에는 "습득여권재중"이라 빨간색으로 표시하고 요금미납 표시인을 날인하여 징수할 요금을 기재하여야 함
④ 발송 당일 동일 여권사무대행기관으로 1건 이상의 습득 여권을 발송할 경우, 한 개의 봉투에 동봉하여 묶음 발송
※ 묶음발송을 위해 습득일이 다른 여권을 모아두면 아니되며, 습득 당일 발송 조치해야함
※ 외국여권은 경찰서로 발송함

SUB 04 우편관서에서 발행한 각종 증서(우편환 증서 등)와 현금

반송불능우편물의 취급에 따라 처리한다.

SUB 05 핸드폰

① 핸드폰만 있는 경우 : '핸드폰 찾기 콜센터'로 송부
② 카드, 신분증 등이 함께 있는 경우 : 경찰서로 송부

취급 중 발견한 등기우편물의 처리

POINT

수집우편물의 정리와 요금검사결과 우편요금과 부가취급수수료에 해당하는 우표가 붙어 있는 우편물을 발견한 경우에는 다음과 같이 처리한다.
① 우편요금과 등기취급수수료에 해당하는 우표가 붙어있고 다른 규정에 위반되지 않는 우편물은 표면 여백에 '취급 중 발견'이라 표시하고 등기우편물로 접수한다.
② 민원우편, 통화등기우편물 등 시한성 우편물과 내용품의 확인이 필요한 것은 창구에서 접수하도록 발송인에게 안내한다.
③ 부가취급(배달증명)의 표시가 있고 그 수수료에 해당하는 우표를 붙인 우편물은 그에 해당하는 부가취급을 해야한다.

POINT

우편물 표면에 '등기' 표시를 하였더라도 등기취급수수료에 미달되는 금액의 우표를 붙인 우편물은 일반우편물로 취급한다.

이탈품의 처리

정의	우편물 취급 중 우편물에서 이탈된 것으로 인정되는 물건
처리방법	① 이탈품이 들어있던 우편물을 확인할 수 있을 때에는 그 우편물에 다시 넣고 보수한 후 그 사유를 밝혀 적은 부전지를 붙여 보낸다. ② 이탈품이 들어있던 우편물의 확인이 불가능할 때에는 발견 일시, 장소(다른 우체국에서 도착한 운송용기에서 발견된 것은 발송국명, 발송편명, 도착시간)등 조사에 필요한 사항과 '이탈품'이라 기록한 부전지를 붙여 반송불능우편물의 취급 방법에 따라 처리. 이때 반송불능우편물 송부서 원부의 비고란에도 이와 같은 내용을 기록한다.

SECTION 02 | 수집우편물의 처리

PART 02 | 우편물 수집

수집우편물의 정리

① 수집해온 우편물은 소인 작업에 편리하도록 종류와 형태별로 분류하여 우표나 요금인면을 바르게 간추려 우표면에 날짜도장을 찍는다.
② 국제우편물은 국제날짜도장을 찍으며, 항공우편물은 국제우편물류센터로, 선편우편물은 부산국제우체국으로 발송한다.
③ 부가취급에 해당하는 우표를 붙인 우편물은 '취급 중 발견' 표시 후 우편창구에서 접수 처리한다.
④ 이탈품과 습득물은 책임자에게 인계한다.

요금미납이나 요금부족 우편물의 처리

① 수집우편물 중 우표를 붙이지 않은 경우(요금미납 우편물)와 우편물 표면에 붙여진 우표의 액면가격이 해당 일반우편요금보다 부족한 우편물(요금부족 우편물)이 발견되면 반환사유를 적고 우편날짜도장을 날인한 부전지를 그 우편물에 붙여 발송인에게 반환한다.
② 다음의 우편물 중 요금미납이나 요금부족 우편물을 발견한 경우, 발견국에서 그 우편물 표면에 '요금미납부족인'을 찍고, 받아야 할 요금(부족 요금의 2배)과 발견국명을 적은 후 수취인에게 보낸다.
　㉠ 발송인 성명 미상, 주소 불명 등의 사유로 인하여 우편물을 반환할 수 없는 경우
　㉡ 외국에서 도착한 국제우편물
　㉢ 해외근로자가 귀국인편을 통하여 국내에서 발송한 우편물
③ 요금부족우편물을 발송인에게 반환할 경우에는 붙어있는 우표에 날짜도장을 찍지 않고 반환한다.

MEMO

특수지계약집배원의 수집 (우편업무 규정 제314조)

특수지계약집배원이 수집한 우편물은 그 집배원에게 우편물을 수수하는 사람에게 인계한다.

국가기관 등의 구내우체통 수집 (「우편업무 규정」 제315조)

① 국가기관, 공공단체와 법인 등 일정한 구내에 있는 우체통의 우편물은 그 기관의 근무시간 내에 수집한다.
② 우체통이 있는 기관의 장은 우체통까지의 통로를 개방하여야 하고, 근무시간 후에도 수집을 요청하는 경우에는 이에 응하여야 한다.

사설우체통 우편물 수집 (「우편업무 규정」 제324조)

① 사설우체통은 대규모 시설 이용자 편의를 위해서 우편관서가 우편물을 직접 수집하도록 설치한 우체통으로서, 이용자와 우체국 간의 계약이 필요하다.
② 사설우체통에 투함된 우편물은 사전에 약속하여 정한 수집회수와 수집시각에 따라서 수집하되, 수집방법은 일반적인 우체통 수집방법에 따른다.

SUB 03 개인휴대용단말기(PDA)를 활용한 우체통 수집

우체통 수집업무 확인용 바코드 출력 방법	(가) 우편물류시스템에 접속한 후 등기용 국기호 5자리와 우체통 번호 3자리를 입력하여 수집용 바코드를 생성한 후 출력한다. (나) 출력된 바코드는 손상되지 않도록 코팅하여 우체통 내부에 부착한다. <수집업무 확인용 바코드> 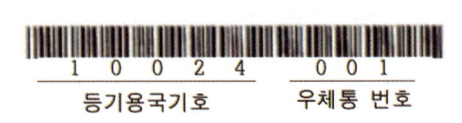
우체통 수집방법	(가) 우체통을 열어 우편물을 수집한 후 개인휴대용단말기(PDA)를 이용하여 바코드 스캔작업을 실시한다. (나) 개인휴대용단말기(PDA)로 스캔한 수집자료를 실시간으로 전송, 실시간 처리가 안될 경우 귀국 후 개인휴대용단말기(PDA)로 스캔한 수집자료를 컴퓨터로 전송한다. (다) 우편물류시스템에서 우체통별 수집 기록을 확인 후 책임자의 일일결재를 받는다.

SUB 04 수집업무의 확인 (우편업무 규정 제312조)

① 집배책임자는 수집확인증을 조제하여 우체통마다 갖추어 놓고 우편물의 수집상황을 확인한다.
② 집배원은 우체국을 떠날 때 집배책임자로부터 수집확인증을 받아야 하며, 우체통 수집 시에는 이를 기존에 넣어 둔 수집확인증과 바꾸어 넣는다.
③ 우체통에서 꺼낸 수집확인증은 우체국에 돌아와서 집배책임자에게 반납·보관한다.

SUB 05 우체통 열쇠의 관리 (「우편업무 규정」제313조)

① 우체통의 열쇠는 책임자가 일정한 장소(함)에 보관하고 집배원이 출발할 때마다 내어준다.
② 우편물의 수집도중 잠금장치가 고장이 난 우체통을 발견하였을 때에는 우체통의 우편물 투입구에 '고장'이라고 써 붙이고 집배책임자에게 즉시 보고한다. (※ 이후 우체통에 투함된 우편물, 습득물 등의 분실을 예방하기 위함임)

【주의】
> 우체국(우편취급국 포함)의 국내함과 국전우체통의 우편물은 발송편마다 연결되도록 수집시각을 정하여 수집하며, 해당 우체국장은 수집확인증 등에 따라 이를 확인한다.

우편물의 수집 개요

① 수집이란 우체통에 투입된 우편물을 지정한 시간에 수거하여 집배국으로 모아오거나 처리하는 업무이다.
② 통상구 집배원은 관할 배달구역 내에 설치된 우체통에 투함된 우편물을 1일 1회 수집한다.
③ 우편창구 직원은 국전(우체국 앞) 우체통에 투함된 우편물을 수거하고 시스템에 물량 등을 등록한다.
④ 우체통 수집시간은 각 관서별 환경을 고려하여 해당 우체국에서 결정하며, 수집시간이 기록된 안내문을 우체통에 게시한다.

우체통 수집방법

SUB 01 우체통에서 수집할 때의 유의사항

① 집배원이 우체통의 우편물을 수집할 때에는 관할구역 내의 우체통을 수집시각과 순로에 따라 수집하여야 한다.
② 우체통의 외관 및 잠금장치의 이상여부를 반드시 확인하고 필요한 경우 조치한다.
③ 우체통에 투함된 우편물을 수집 시, PDA를 활용하여 수집 시각·결과를 등록하여야 하며, PDA 사용이 불가할 때에는 수집결과 등을 전산시스템에 직접 등록하여야 한다.
④ 우편물을 수집한 후에는 우체통을 잠가야 한다.
⑤ 수집과 배달을 겸행하는 때에는 수집우편물과 배달우편물이 혼합되지 아니하도록 하여야 한다.
⑥ 수집우편물량이 특히 많아서 한꺼번에 수집 또는 운반할 수 없는 경우
㉠ 즉시 소속국에 요청하여 지원 또는 지시를 받아야 한다.
㉡ 가까운 곳에 우체국이 있는 경우에는 수집우편물을 우체국에 일시보관하고 소속국에 지원을 요청한 후에 수집을 계속한다

SUB 02 수집업무의 확인 (우편업무 규정 제312조)

① 집배책임직은 매일 전산시스템에 등록된 우체통 수집상황을 확인하여야 한다.
② 국전 우체통 등 집배원이 수집 하지 않는 우체통은 수집업무를 하는 관할우체국장이 수집상황을 매일 확인하여야 한다.

SECTION 01 우편물 수집 개요

PART 02 | 우편물 수집

집배의 정의

집배국에서 근무하는 집배원이 우체통에 투입된 우편물을 지정한 시간에 수집하고, 우편물에 표기된 수취인(반송하는 경우에는 발송인)의 주소지로 배달하는 우편서비스이다.

집배의 범위

SUB 01 집배국

집배업무를 하는 우체국

SUB 02 취급우편물의 종류

통상·소포우편물

SUB 03 집배인력의 종류

POINT 집배원

집배업무를 담당하는 공무원(별정우체국 직원 포함)

POINT 공무직근로자 등

① 상시계약집배원 : 집배업무를 담당하는 공무원과 같은 근무형태로 근무하는 사람을 말하며, 다만 공무원과 대비하여 업무의 난이도가 낮고 업무환경이 양호한 지역에 우선 배치한다. 약칭으로는 '상시집배원'을 사용한다.
② 특수지계약집배원 : 산간벽지, 도서, 그 밖에 교통이 불편한 지역과 집배업무상 특히 필요하다고 인정되는 지역 중 정상적 배달이 어려운 지역에서 우편배달업무를 수행하는 사람을 말하며, 특수지 배달지역은 지방우정청장이 고시로 지정한다. 약칭으로는 '특수지집배원'을 사용한다.
③ 아파트전담집배원 : 아파트 지역의 우편물 배달 업무를 수행하는 사람을 말한다.
④ 공무직 집배원에 대한 업무처리와 운영관리에 관한 사항은 '우정사업본부 공무직 및 기간제근로자 관리 규정'을 적용한다.

POINT 위탁배달요원 (우편업무 규정 제299조)

① 집배업무위탁은 시간제위탁집배구 또는 일괄위탁집배구로 구분한다.
② 소포위탁배달원 : 총괄국*과 물류지원단(지사) 간 소포배달 위탁 계약을 체결하고, 지원단은 소포위탁배달원과의 도급 계약을 통해 위탁배달 업무를 수행한다.

* 총괄(우체)국 : 5급 이상의 행정·과학기술직공무원을 장으로 하고, 현업관서(우체국)을 그 소속으로 관할하는 우체국·우편집중국·물류센터를 말함

저자: 우정우

■ 약력
- 계리직9급 필기시험 합격
- 지방직7급 / 국가직9급 / 지방직9급 합격
- 행정안전부 재정정책팀
- 김해시 교통행정과
- 진주시 일반성면 근무
- 전 공주대, 항공대 등 출강
- 현 에듀윌 보험 전임
- 현 지안에듀 우편·예금 전임

■ 저서
- 2026 우편의 정석
- 2026 예금의 정석
- 2026 보험의 정석
- 2026 우편실록
- 2026 예금실록
- 2026 보험실록

[동영상강의 문의] www.zianedu.com

2026 우정우 우편일반 우편의 정석(Ver. 2.0)
2026 우정9급(계리) 시험 대비 : 2025 우정사업본부 학습자료(25.11.14) 반영

발행	2025년 11월 28일
저자	우정우
발행인	강도원
발행처	경 연
주소	서울시 관악구 관악로 12길 17(봉천동)
전화	(02)871-9821(代)
FAX	(02)877-5570
등록번호	제2018-000003호
정가	32,000원
ISBN	979-11-24153-01-7(13320)

- 본서의 무단전재 또는 복제행위는 저작권법 제97조의5에 의하여 5년 이하의 징역 또는 5천만원 이하의 벌금에 처하게 됩니다.

소포우편물

등기우편물 반송료(반송취급료)	배달국가의 반송요금	
배달통지청구료	1,500원	

통관절차대행수수료	관세 부과된 도착 우편물	4,000원 (전자상거래 통관 우편물은 1,000원)

보험료	기본요금	2,800원
	추가요금	550원 (보험가액 65.34 SDR 또는 114,300원 초과마다)

국제항공우편물 특별운송수수료 : 우정사업본부장 공고

행방조사 청구료	항공우편청구	무료
	국제특급우편 (EMS) 청구	해당 요금

주소변경 및 환부 청구료	외국으로 발송준비 완료 전	① 접수국 발송준비 완료 전 : 무료 ② 접수국 발송 후 : 국내등기취급수수료
	외국으로 발송준비 완료 후	① 항공우편 청구 : 1,800원 ② 팩스 청구 : 4,800원

PART 9 | 국제우편 수수료 및 우편요금 고시

SECTION 02 통상우편물

등기료	2,800원	
등기우편물 반송료 (반송취급료)	국내우편등기료(무료등기는 제외)	
배달통지청구료 (등기한)	1,500원	
통관절차대행수수료	통관 대상 발송 우편물	1,000원
	관세 부과된 도착 우편물	3,000원 (전자상거래 통관 우편물은 1,000원)
	우편자루 배달 인쇄물	4,000원
보험료	기본요금	550원
	추가배달료	1,300원(보험가입 시 필수)
	추가요금	550원 (보험가액 65.34 SDR 또는 114,300원 초과마다)
국제우편요금 수취인 부담(IBRS) 취급 수수료	인쇄물(봉투) 50g까지	1,100원
	엽서	500원
국제반신 우표권 (국제회신우표권)	판 매	1,450원
	교 환	항공서장 4지역 20g 해당요금
행방조사 청구료	항공우편청구	무료
	국제특급우편 (EMS) 청구	해당 요금
주소변경 및 환부 청구료	외국으로 발송준비 완료 전	① 접수국 발송준비 완료 전 : 무료 ② 접수국 발송 후 : 국내등기취급수수료
	외국으로 발송준비 완료 후	① 항공우편 청구 : 1,800원 ② 팩스 청구 : 4,800원

PART 9 | 국제우편 수수료 및 우편요금 고시

특급우편물(EMS)

EMS 방문접수 수수료 (계약고객 제외)	① 1회 방문 1통 당 3,000원 ② 추가 1통 당 1,000원(최대 5,000원)	

배달통지청구료	1,500원	

통관절차대행수수료	관세 부과된 도착 우편물	4,000원 (전자상거래 통관 우편물은 1,000원)

보험료	기본요금	2,800원
	추가요금	550원 (보험가액 65.34 SDR 또는 114,300원 초과마다)

초특급 서비스 수수료	접수익일(J+1)	4,500원
	대상국가(도시)	홍콩, 베트남(하노이, 호치민)
	접수관서 및 접수마감시각	서울·경인지방우정청 국내특급우편 취급 고시사항의 당일특급접수우체국 및 취급시간 참조

해외 전자상거래용 반품서비스(IBRS) 수수료	적용 대상	2kg 이하의 소형 물품
	취급 지역	일본
	취급수수료 (IBRS EMS)	통당 10,000원

주소변경 및 환부 청구료	외국으로 발송준비 완료 전	① 접수국 발송준비 완료 전 : 무료 ② 접수국 발송 후 : 국내등기취급수수료
	외국으로 발송준비 완료 후	① 항공우편 청구 : 1,800원 ② 팩스 청구 : 4,800원

PART 9 국제우편 수수료 및 우편요금 고시

SECTION 01 | 특급우편물(EMS)

SECTION 02 | 통상우편물

SECTION 03 | 소포우편물

【참고】 반환 및 반송 관련 수수료

구 분	외국 발송 전		외국 발송 후	
	항공보안 반송	발송인 반환청구	발송인 반환청구	배달불능 반송
개요	국제우편물류센터에 도착하여 X-ray 검색 시 항공탑재금지물품 포함으로 반송된 우편물(항공보안 반송 스티커 부착)	항공사 인계 전 발송인의 반환청구에 따라 국제우편물류센터에서 반송된 우편물	항공사 인계 후 발송인의 반환청구에 따라 배달되지 아니하고 반송된 우편물 (CN17 서식 사용)	배달 시도하였으나 수취인 불명 등에 따라 배달되지 아니하고 반송 처리된 우편물 (CN15 서식 부착)
청구 수수료	없음	- 접수우체국 발송 전 : 무료 - 접수우체국 발송 후 : 국내등기 취급 수수료	- 우편청구 : 1,800원 - FAX청구 : 4,800원	없음
반송 취급료	- 등기통상 / 국제특급(서류) : 국내등기통상요금 - 국제소포 / 국제특급(비서류) : 국내등기소포요금		- 등기통상 : 국내등기취급수수료 - 국제소포 : 반송도착료 (배달국가에서 부과하는 반송처리에 소요되는 비용) - 국제특급 : 무료	
우편 요금 환불	반송취급료를 제외한 국제우편요금		없음	
반송 취급료 징수 및 요금환불 시점	우편물 교부 시	반환청구 시	우편물 반송배달 시	
배달 방법	접수국 배달 (접수국에서 교부)	발송인 주소지 배달	발송인 주소지 배달	
종추적 정보 표시	항공보안 반송	반환청구 반송	반환청구 반송	반송

03 외국으로 발송할 준비를 완료하였거나 이미 발송한 경우

PART 8 | 그 밖의 청구제도

🟨 청구의 수리 여부를 결정

① 발송준비 완료 후인 경우에는 다음 우편물에 한정하여 청구할 수 있음
㉠ 도착국가가 청구를 허용하는 경우
㉡ 도착국가의 법령에 따라 몰수되거나 폐기처분되지 아니한 경우(금지물품이 들어 있지 않은 경우 등)
㉢ 해당 우편물이 수취인에게 배달되지 않은 경우
② 청구인이 해당 우편물의 발송인이 맞는지 확인(기록취급우편물인 경우에는 접수증 등으로 확인)

> **Step**
> ① 반환처리는 의무사항이 아닌 협조사항으로 도착국가가 허용하는 경우에 가능하며
> ② 반송도착되는 모든 우편물은 우편요금 환불 불가

🟨 청구서 작성

① 청구인에게 국제우편물 반환 및 주소변경·정정청구서(CN17)를 배달국가 현지 문자 및 영문과 아라비아 숫자로 정확하게 적도록 하여야 함
② 한 발송인이 같은 수취인 앞으로 한 우체국에서 한꺼번에 부친 여러 개의 우편물에 대하여는 하나의 서식을 사용하게 할 수 있음

> **참고**
> 주소 등 기재내용 변경에 한하여 현지어로 기재된 경우 청구를 받고 있음

🟨 청구수수료 징수

① 수수료는 청구서를 해외로 발송하는 방법에 따라 현금, 신용카드, 우표첩부 등으로 징수
② 우편으로 청구서 발송하는 경우 : 1,800원
③ 모사전송(팩스)로 청구서 발송하는 경우 : 4,800원
*반송취급료는 별도

🟨 청구서의 처리

① 청구서를 우편으로 발송하는 경우에는 원본과 우편물접수증(일반통상우편물의 경우 우편물의 주소 기록내용) 사본을 익일특급으로 국제우체국으로 발송하고 청구서 사본 1부는 자국에 보관
② 청구서를 모사전송(팩스)으로 발송하는 경우에는 청구서를 교환국으로 팩스(fax)로 송신하고, 국제우체국 수신결과 확인 후 원본은 자국에 보관(수신 결과가 좋지 않으면 우편 발송)

> **POINT** 반송취급료(반송수수료)

우편물 반환청구 시 청구수수료 수납하고 '반송취급료'를 공제한 우편요금 환불 처리

<외국 발송 전 국제우편물의 국내 반송취급료>

우편물 종류	반송취급료
등기통상/K-Packet/EMS(서류)	국내등기통상우편요금
국제소포/EMS(비서류)/한·중 해상특송	국내등기소포요금

【반송취급료 예시】

○ 일본행 500g K-Packet의 반송취급료를 공제하고 환불해줘야 할 우편요금은?
  : 9,340원(K-Packet 요금) - 3,700원(국내등기우편요금) = 5,640원

○ 미국행 5.0kg EMS(비서류)의 반송취급료를 공제하고 환불해줘야 할 우편요금은?
  : 88,000원(EMS 요금) - 4,500원(국내등기소포요금) = 83,500 원

참고 ▶
① 반환청구로 우편요금을 환불했을 경우 추후 반환청구 철회가 불가능함에 따라 반환 가능여부 및 정당 등기번호 입력 확인 철저
② 반환 청구 철회 요청 시에는 반송 우편물 수령 후 신규로 접수해야 함을 고객에게 반드시 안내

참고 ▶
반환청구 수수료는 별도 공제

청구 접수 이후 절차

① 청구서를 접수한 우체국은 포스트넷 입력 뿐만 아니라 교환국에 FAX로 청구내역을 반드시 통지
② 교환국에서는 청구대상 우편물을 '발송인 주소지'로 반송 처리
③ 발송인 주소지 배달국에서는 별도 수수료 징수 없이 배달 처리 완료

SECTION 02 | PART 8 | 그 밖의 청구제도
외국으로 발송 준비 완료 전인 경우

> **참고**
> ① 외국으로 발송 준비 완료 전 : 우편물 종적구분 값 '발송교환국에 도착'
> ② 외국으로 발송 준비 완료 후 : 우편물 종적구분 값 '발송준비'

🟨 청구의 수리 여부를 결정

발송인이 외부 기록사항의 변경·정정이나 반환청구를 한 때에는 다음 사항을 검토하여 청구의 수리 여부를 결정
① 청구인이 정당한 발송인인지(신분증명서, 우편물접수증 등으로 확인)
② 국내송달 시간을 고려하여 청구대상 우편물이 '외국으로 발송준비 완료 전' 교환국*에 청구서 도착이 가능한지 확인
* 교환국 : 국제우편물류센터 (항공우편), 부산국제우체국 (선편우편), 인천해상교환우체국 (한중해상특송)

③ 외국으로 발송 준비완료 전에 청구서가 교환국에 도착이 불가능할 것으로 예상되는 경우에는 외국으로 발송준비 완료 후 절차에 따라 처리하여야 함
④ 외국으로 발송 준비 완료 전과 완료 후의 상태가 정확하게 판단이 되지 않을 경우 교환국 담당에게 직접 전화로 확인하여 결정

🟨 접수 및 청구수수료 징수

① 위의 검토 결과 청구를 받아들이기로 한 경우에는 '국제우편 우편물 환부·주소변경 등 청구서(CN17)' 접수 및 청구수수료 징수

<수취인 주소·성명 변경청구와 우편물 반환청구 수수료>

구분	청구 수수료
접수우체국 발송 전	무료
접수우체국 발송 후	국내등기취급수수료

② 1단계 : 우편물이 접수국에서 교환국으로 발송하기 전 접수국에 있는 경우, 수수료를 받지 않음
③ 2단계 : 우편물이 접수국에서 떠나 교환국으로 가고 있거나 도착한 경우, 발송된 우편물을 찾아서 반환하기 위한 인적·물적 비용을 고려하여 '국내등기 취급수수료'를 받아야함

SECTION 01 국제우편물의 외부기록사항 변경·정정 또는 반환 개요

PART 8 | 국제우편물의 외부기록사항 변경·정정 또는 반환

개념

① 외부기재사항 변경 : 외부기재사항을 잘못 기재하여 발송한 경우
② 주소 변경 : 발송 후 수취인의 주소가 변경된 것을 알게 된 경우
③ 반환 : 수취인에게 보낼 필요가 없게 된 경우

청구 개요

청구시한	우편물이 수취인에게 배달되기 전 청구서가 해당우체국에 도착되어 적절하게 조치할 수 있는 시점
청구권자	발송인
대상우편물	① 등기, 소포, 특급우편 및 보통통상 등 모든 국제우편물이 해당되나 청구서 접수 시 청구의 수리 가능 여부 검토하여 접수 ② 기록취급하지 않는 우편물의 청구는 '접수국 발송 전'인 경우에 한함

> **참고**
> 반환청구접수는 우편물접수관서에서만 가능

> **국내와 차이**
> 국내에서는 수취인도 수취인 주소 변경 청구 가능

각종 청구의 청구권자	국내	국제
행방조사청구	-	분실 : 발송인 파손 : 발송인과 수취인
손해배상청구	발송인 발송인이 승인한 수취인	배달 전 : 발송인 배달 후 : 수취인
반환·주소·성명변경 등 청구	발송인(단, 수취인 주소변경 청구는 수취인도 가능)	발송인

PART 8 국제우편물의 외부 기록사항 변경·정정 또는 반환

SECTION 01 | 국제우편물의 외부기록사항 변경·정정 또는 반환 개요

SECTION 02 | 외국으로 발송 준비 완료 전인 경우

SECTION 03 | 외국으로 발송할 준비를 완료하였거나 이미 발송한 경우

E 손해배상 업무처리 순서 및 담당기관

사고처리국의 일원화	항공, 선편 우편업무 모두 POSA국제우편팀으로 일원화
행방조사 및 손해배상 처리	① POSA국제우편팀에서 처리 ② 배상결정 및 배상금액 등록 : POSA국제우편팀 ③ 사고결과 고객통보 : POSA국제우편팀(IMIC)→ 이메일, 모바일 활용 ④ 사고조사 안내채널 : 이메일, 모바일(포스트톡, 카카오톡, 네이버톡톡, SNS, LMS)

국제우편 손해배상 청구서

❈ 흰색란에 해당 사항을 적어 주시기 바랍니다.

접수번호		접수일자		처리기간	7일
청구인	성명		전화		
	주소				

청구 내용	우편물 종류 통상[ ], 소포[ ], 등기번호(등기인 경우)[ ]
	수취인 주소·성명
	내용품명·수량·가격·무게
	청구금액(A+B) / A 배상액(보험금액) / B 우편요금(보험료·등기료·할인금액 제회)
	청구사유(피해내용을 구체적으로 작성)

년 월 일

청구인   (서명 또는 인)

우체국장 귀하

※ 달러 등 외화는 지급일 기준 환율 적용
※ 「국제우편규정」 제36조 제1항 제4호~제5호)까지에 따라 국제우편요금 등을 지급하는 경우 등기 및 보험 취급수수료는 제외됩니다.

개인정보 수집·이용 동의서

이 내용은 본 서비스 이용을 위해 필수적인 사항이므로, 「개인정보 보호법」 제15조제1항제1호에 따라 동의하지 않는 경우 서비스 이용이 불가능하거나 제한됩니다.

필수 정보 내용	수집·이용 목적	보유 및 이용기간	동의 확인
성명, 주소, 전화번호	업무처리 및 정당 본인 확인	「공공기록물 관리에 관한 법률 시행령」 제25조에 따른 보존기간까지(1년)	[ ]

정당 본인 확인필	담당자	팀장	책임자

D 국제우편물 유형별 손해배상액

종류별	손해배상의 범위	배상금액
등기우편물	분실, 전부 도난 또는 전부 훼손된 경우	52,500원 범위내의 실손해액과 납부한 우편요금 (등기료 제외)
	일부 도난 또는 일부 훼손된 경우	52,500원 범위내의 실손해액
등기우편낭 배달 인쇄물	분실, 전부 도난 또는 전부 훼손된 경우	262,350원과 납부한 우편요금(등기료 제외)
	일부 도난 또는 일부 훼손된 경우	262,350원 범위내의 실손해액
보통소포우편물	분실, 전부 도난 또는 전부 훼손된 경우	70,000원에 1Kg당 7,870원을 합산한 금액범위내의 실손해액과 납부한 우편요금
	일부 분실·도난 또는 일부 훼손된 경우	70,000원에 1Kg당 7,870원을 합산한 금액범위내의 실손해액
보험서장 및 보험소포우편물	분실, 전부 도난 또는 전부 훼손된 경우	보험가액 범위내의 실손해액과 납부한 우편요금(보험취급수수료 제외)
	일부 분실·도난 또는 일부 훼손된 경우	보험가액 범위내의 실손해액
국제특급우편물 (EMS)	내용품이 서류인 국제특급우편물의 분실	52,500원 범위내의 실손해액과 납부한 국제특급우편요금
	내용품이 서류인 국제특급우편물이 일부 도난 또는 훼손된 경우	52,500원 범위내의 실손해액과 납부한 국제특급우편요금
	내용품이 서류가 아닌 국제특급우편물이 분실·도난 또는 훼손된 경우	70,000원에 1Kg당 7,870원을 합산한 금액 범위내의 실손해액과 납부한 국제특급우편요금
	보험취급한 국제특급우편물이 분실·도난 또는 훼손된 경우	보험가액 범위내의 실손해액과 납부한 국제특급우편요금 (보험취급수수료 제외)
	배달예정일보다 48시간 이상 지연 배달된 경우 단, EMS 배달보장서비스는 배달예정일 보다 지연배달된 경우	납부한 국제특급우편요금 (보험취급수수료 제외)
K-Packet	분실 또는 파손	52,500원 범위내의 실제 발생 손해액

참고
① 실손해액 : 세관신고서에 기재한 물품가액(달러 등 외화는 지급일 기준 환율 적용)
② 수취인의 주소·성명이 정확하게 기록된 우편물을 우편관서의 과실로 발송인에게 돌려주는 경우에는 납부한 국제우편 요금 지급
③ 지연배달 등으로 인한 간접손실 또는 수익의 손실은 배상하지 않도록 규정함

국제특급(EMS)우편물

① 분실·도난·파손, 지연배달에 대하여 배상
② 지연배달은 포스트넷에서 검색한 배달소요기간로부터 48시간 이상 배달이 지연된 경우(다만 발송인이나 수취인의 잘못 때문인 경우, 상대국의 공휴일, 통관으로 말미암은 지연, 불가항력 등의 경우는 지연배달 기간에서 제외)
③ EMS배달보장서비스는 카할라 우정연합 국가 간 EMS배달보장일 계산프로그램에 따라 발송지와 수취인의 우편번호를 입력하면 상대국 공휴일, 근무일, 항공스케줄 등을 고려하여 배달보장 일자가 제공되고 제공된 배달보장일자보다 늦어진 경우 지연사실을 확인하여 우편요금을 배상해 주는 보장성 서비스

B 손해배상의 3대 요건

우편물에 실질적인 손해가 발생해야 함

① 우편물을 잃어버리거나, 내용품의 일부나 전부가 파손되거나 도난 당하는 등 우편물 자체에 직접적인 손실이 발생하여야 함
② 포장상자 등이 파손된 경우에는 판매 또는 구매물품이라고 할지라도 직접적인 손실로 보지 않음
③ 지연배달 등으로 발송인이 입은 간접적 손실(예, 음식물의 부패, 창고 이용료 등)에 대해서는 배상하지 않음

우편관서의 과실이 있어야 함

이유 없이 배달하지 않고 반송된 경우 등 우편요금 배상

행방조사 청구가 기한 내에 이루어져야 함

C 유형별 손해배상 요건

등기우편물, 보험우편물(보험서장, 보험소포), 보통소포우편물

① 분실·도난·파손에 대하여 배상
② 지연배달 등에 대하여는 배상하지 않음

K-Packet 우편물

① 통상우편물이므로 위의 등기우편물과 동일하게 배상
※ 단, K-Packet은 보험 등 부가서비스를 취급할 수 없으므로 해당 사항에 대한 손해배상은 원천적으로 불가
② 배달시도 혹은 배달완료 정보가 확인된 경우는 행방조사 청구 불가(단, 종적정보상 실제 수취인 주소와 전혀 다른 곳으로 배달한 것이 확인될 경우는 행방조사 청구 진행 가능)
③ 미국행 K-Packet은 상대국가에서 제공하는 종추적정보외의 행방조사, 손해배상 등 기타 청구는 할 수 없다.
④ 기타 사항은 K-Packet 계약업무처리 지침 참고

SECTION 02 국제우편 손해배상제도

PART 7 | 행방조사청구와 손해배상제도

CHAPTER A 개요

의미

행방조사 결과 우편물의 분실 및 파손 등으로 발송인 또는 수취인이 재산상으로 손해를 입은 것으로 확정 되었을 때 일정한 조건과 규정에 따라 손해를 보전하는 제도

손해배상 청구권자

청구권자	발송인 또는 수취인
원칙	① 수취인에게 배달되기 전까지는 발송인에게 청구 권한 ② 배달된 후에는 수취인에게 청구 권한

> **STEP 2** 행방조사청구의 청구권자
> ① 분실된 경우: 발송인
> ② 파손된 경우: 발송인이나 수취인

> **STEP 3** 국내 손해배상청구의 청구권자
> ① 우편물 발송인
> ② 우편물 발송인의 승인을 얻은 수취인

손해배상 책임

손해배상 원칙	① 우편물의 분실, 파손 또는 도난 등 사고에 대한 책임이 있는 우정당국이 배상 ② 국제특급의 경우 지급된 배상금은 원칙적으로 발송우정당국이 부담하고 있으나 상대국에 따라 귀책사유가 있는 우정당국이 배상하는 경우도 있음
손해배상 면책	① 화재, 천재지변 등 불가항력에 의해 발생한 경우 ② 발송인 귀책사유에 의한 경우 : 포장부실, 내용품의 성질상 훼손된 경우 등 ③ 도착국가의 국내법에 따라 압수 및 내용품이 금지물품 등에 해당되어 몰수, 폐기된 경우 ④ 행방조사청구가 우편물 접수 익일로부터 6개월(EMS는 4개월)이내에 이루어지지 않았을 경우(단, EMS프리미엄은 접수한 날로부터 3개월, 배달보장서비스 30일 이내 청구) ⑤ 내용품의 실제가격을 초과 사기하여 보험에 든 경우 등

H 외국에서 도착한 행방조사청구서의 처리

① 외국에서 접수한 행방조사청구서가 도착하면 POSA국제우편팀에서는 청구서를 보관하고 해당 우편물의 송달순로에 따라 배달우체국까지의 취급 모양을 조회
② POSA국제우편팀에서는 '행방조사청구서 관리기록부'를 작성 비치하고 그 처리 내용을 기록관리

【참고】 국제우편물 도착 행방조사청구서 관리기록부 양식

일련번호	접수연월일	우편물 종별과 번호	조사결과	회송 연월일	비 고

③ 행방조사청구의 회답은 가능한 한 빠른 시일 내에 처리하여야 함
④ 행방조사를 청구한 날부터 계산하여 늦어도 2개월 이내에
⑤ 행방조사 청구서를 발송우정당국에 반송(상대국에서 청구한 방식과 동일하게 회신 : 등기우편, 팩스, 전자적 수단 등 가장 빠른 방법으로 회신)하거나 인터넷의 행방조사 시스템을 이용하여 기간 내에 회신하지 않은(청구서가 반송되지 않거나 정당하게 작성 완료되지 않은 청구서를 보낸) 경우에는 손해배상 의무를 확정

각종 청구의 청구권자	국내	국제
행방조사청구	-	분실 : 발송인 파손 : 발송인과 수취인
손해배상청구	발송인 발송인이 승인한 수취인	배달 전 : 발송인 배달 후 : 수취인
반환·주소.성명변경 등 청구	발송인(단, 수취인 주소변경 청구는 수취인도 가능)	발송인

F 후속조치

회답처리(POSA국제우편팀)

① 외국우정당국에서 행방조사청구에 대한 회답을 보내온 때에는 청구인 또는 청구서 접수우체국에 곧바로 그 내용을 알림
② 회신내용이 분실·파손 등 손해배상에 해당되는 경우, 관련 문서 (내용) 사본을 첨부하여 서울지방우정청으로 보고
③ 손해배상 처리 절차에 따라 처리하고 서울지방우정청은 분기별로 이를 분석하여 우정사업본부에 보고

청구서에 대한 회신 독촉과 임시종결 처리(POSA국제우편팀)

① 청구서 발송 후 2개월(단 EMS에 대한 행방조사의 경우 1개월)이 지나도록 회신이 없는 경우
② POSA국제우편팀에서는 독촉처리 명세와 근거서류 사본을 첨부하여 청구서 접수우체국 또는 청구인에게 (인터넷 청구분은 직접 통보) 행방조사 임시 종결 사항을 통지
③ 임시종결 처리 후 상대 우정당국에서 행방조사 회신이 도착할 경우는 청구인 또는 청구서 접수우체국에 곧바로 그 내용을 알림

G 다른 나라에서 발송된 우편물에 대한 행방조사 청구처리

① 우편물의 행방조사 청구가 있는 경우에는 우편물 접수국가에 발송인이 직접 행방조사를 신청하도록 권유
② 접수국가에서 발송인이 직접 행방조사를 신청할 수 없어 우리나라에서 청구하는 경우에는 CN08을 작성하게 하고, 우편물 접수증 및 기표지를 반드시 제시하도록 함 (CN08에는 'Seen, certificate of posting No ..... issued on ..... by the office of .....'(○년 ○월 ○일 ○○우체국에서 발행한 접수증 제○호를 확인)라 표시
③ 접수우체국은 반드시 포스트넷을 이용하여 청구내용을 등록하여 전송하고 부득이 한 경우에는 청구서를 국내 익일특급우편으로 POSA국제우편팀으로 발송
④ POSA국제우편팀에서는 이 청구서를 보완하여 해당 우편물의 발송 우체국으로 송부
⑤ 다만, 관계 우정당국이 중앙우정청 또는 특별히 정한 우체국으로 송부하도록 요청한 경우는 그 요청에 따름 그 밖의 청구서 작성과 발송에 필요한 사항은 앞의 ①과 ②의 내용을 따름

③ 행방조사청구서의 발송

등기우편물 소포우편물	행방조사 시스템을 사용하지 않는 우정의 경우 완전히 작성된 행방조사청구서를 봉함한 봉투에 넣어 즉시 항공등기우편으로 관계 국가에 보내거나 모사전송(팩스)으로 발송
국제특급 우편물	① 가능한 한 인터넷의 행방조사시스템을 이용하여 해당 국가에 행방조사 청구 ② 인터넷이 가능하지 않은 국가에 대하여는 모사전송(팩스)으로 관계 국가에 발송 ③ 팩스 전송이 쉽지 않은 경우에만 행방조사청구서를 즉시 항공등기우편으로 관계 국가로 발송

④ 행방조사청구서 관리기록부에 기록

【참고】 국제우편물 행방조사청구 접수 관리기록부 양식

일련번호	접수일자	행방조사서 번호 및 국명	우편물번호 및 접수국명	처리일자	처리내용	비고

국제특급우편에 따른 행방조사 청구

THEMA 청구서 접수우체국의 업무처리 절차

① 청구의 접수방법(관리방법)은 위의 항공우편·팩스전송·전자전송방식에 따른 청구의 경우와 같음
② 상대국가가 국제특급우편을 취급하고 있는 국가인 경우에만 가능
③ 청구요금은 우표로 징수하여 청구서 뒷면에 붙이고 소인
④ 청구서 원본은 국내 익일특급우편으로 POSA국제우편팀으로 보내고 사본 1부는 자국에서 보관

> 여기서 국제특급우편에 따른 청구란 CN08 청구서를 국제특급 우편으로 상대 국가로 보내는 것을 의미하며 청구대상우편물의 종류(등기·소포·국제특급 등)와는 무관

THEMA POSA국제우편팀에서의 처리절차

① 위의 항공우편 · 팩스전송 · 전자전송방식을 이용한 행방조사 청구의 경우와 같음
② 다만, 청구서를 외국으로 보낼 때에는 국제특급우편(EMS)으로 발송

E 행방조사 청구의 접수·처리

항공우편·팩스·전자전송방식에 따른 행방조사 청구(일반적)

THEMA 청구 접수우체국의 업무처리 절차

청구서 작성	① 행방조사를 청구 받았을 때에는 국제우편물 행방조사청구서(고객작성용)을 고객에게 작성토록 함 ② 고객에게 우편물 접수 영수증을 제시하게 하고, 정당한 발송인이나 수취인 인지와 그 관계 및 청구기한 확인
확인 사항	① 청구사유 ② 우편물의 종류, 접수번호와 무게, 부가취급내용 ③ 발송인과 수취인의 주소·성명 ④ 우편물의 접수일, 접수우체국명 ⑤ 우편물의 내용품과 포장상태 (봉투, 상자, 포장지의 색깔 등 조사가 수월하도록 구체적으로 기록) ⑥ 그 밖의 조사 처리에 필요한 사항 *가능한 한 우편물의 접수증을 복사한 사본 1부를 첨부
전송	위의 확인된 사항을 포스트넷을 이용하여 POSA국제우편팀(구, 국제우편행방조사실; IMIC)으로 전송

> 한 발송인이 같은 수취인 앞으로 같은 우체국에서 한꺼번에 같은 편(선편, 항공편)으로 부친 여러 통의 우편물일지라도 상대국 조사요청 및 배상지급처리를 위해서는 반드시 각각 조사청구를 해야 함

THEMA POSA국제우편팀에서의 처리절차

① 접수와 보완

보완	접수우체국이 우편물류시스템(포스트넷)으로 청구한 내용과 보내온 청구서의 기록내용을 검토하고 필요한 사항을 보완
접수처리	① 수락 : 사고조사 관리 ⇒ 포스트넷 접수건은 '사고조사요청 수락 / 반송' 메뉴에서 수락 ② 반송 : 청구를 반려할 경우 사유를 기재하여 반송처리 ③ 인터넷 청구분 : 'epost 접수등록' 메뉴에서 선택 접수처리

② 행방조사청구서 출력

사고조사이력 등록	처리유형, 메일내용, 사고 유형, 책임소재 등 입력
행방조사 청구서 출력	① 우체국 또는 청구자에 의해 입력된 국제우편물 행방조사 청구내용에 의해 작성된 행방조사청구서(CN08)를 출력하거나 전자파일 형태로 보관 ② 국제소포·국제등기 : 국제우편물 행방조사청구서(CN08) ③ 국제특급우편물 : 국제특급용 행방조사청구서

D 행방조사 처리기관(새로 시행되는 제도 중 매우 중요)

사고접수국	① 민원인으로부터 손해배상 청구를 접수 받은 국(기관) ② 손해배상은 행방조사청구로부터 시작하므로 행방조사를 접수한 기관을 의미 ③ 행방조사 접수채널(기관, 방법)은 우체국, 인터넷, 모바일 등이 있음(전화접수×)
사고처리국	① 사고원인 조사(행방조사포함), 사고결과 승인(반송, 미처리) 등을 처리한 국(기관) ② POSA국제우편팀으로 일원화(부산국제우체국은 사고처리국에서 제외) ③ 조사완료(손해배상 배상금액 등록 및 배상결정) 및 사고조사결과 고객통보는 POSA국제우편팀으로 일원화 ※ POSA(Korea Postal Service Agency) : 한국우편사업진흥원 ※ 항공 및 선편우편물 사고처리국이 부산국제우체국에서 POSA국제우편팀으로 일원화

국제우편물 행방조사청구서(고객 작성용)
Inquiry (International mail)

※ 흰색란에 해당 사항을 적어 주시기 바랍니다.

접수번호		접수일자			처리기간	즉시
조사대상 우편물 Mail of inquiry	우편물 종류 Item under inquiry	등기 (Register)	[ ] 서장(Letter) [ ] 인쇄물(Printed paper) [ ] 소형포장물(Small packet) [ ] 우편자루인쇄물(M-bag)	[ ] 국제소포(Ordinary & Insured Parcel) [ ] K-packet [ ] EMS 서류(Doc.) [ ] EMS 비서류(Mer.)		
	접수일자 Posted Date			접수우체국 Office of origin		
	우편물 번호 No. of item			무게 Weight		(g)
	내용품명(필수) Contents	※ 내용품명 및 수량을 구체적으로 기재하지 않으면 상대 우정당국에 행방조사 청구 불가				
발송인 Sender	성명(Name)			연락처(Tel no.(mobile))		
	주소(Full address)					
수취인 Addressee	성명(Name)			연락처(Tel no.(mobile))		
	주소(Full address)					
	국가명(country)			우편번호(Zip Code)		
청구사유 Reason for Inquiry	[ ] 행방조사(Item not arrived) [ ] 지연(Delay) [ ] 내용품 분실(Missing Contents) [ ] 파손(Damage) [ ] 기타(Others)					
E-mail e-mail address for response	※ 기재하신 e-mail을 통해 행방조사 진행 상황이 통보됩니다.					
그 밖의 사항 remarks						

위와 같이 국제우편물에 대한 행방조사를 청구합니다.
Inquiry of international mail has been made as above.

신청일자(Date of inquiry)   년 월 일
신청인(Name & Signature)   (서명 또는 인)

우체국장 귀하

구비 서류 (Required document)	우편물 접수영수증(Receipt)

개인정보 수집·이용 동의서

이 내용은 본 서비스 이용을 위해 필수적인 사항이므로, 「개인정보 보호법」 제15조제1항제1호에 따라 동의하지 않는 경우 서비스 이용이 불가능하거나 제한됩니다.

필수 정보 내용	수집·이용 목적	보유 및 이용기간	동의 확인
성명, 주소, 전화번호, 이메일	업무처리 및 정당 본인 확인	「공공기록물 관리에 관한 법률 시행령」 제25조에 따른 보존기간까지(1년)	[ ]

	담당자	팀장	책임자
정당 본인·서류 확인필			

MEMO

C 행방조사청구의 종류 및 청구요금

우편을 이용	포스트넷, 인터넷우체국 및 항공우편에 의한 청구 : 무료
	국제특급우편에 의한 청구 : 해당 국제특급우편요금(청구요금은 우표로 받아 청구서 뒷면에 붙이고 소인 처리)
모사전송(팩스)을 이용	모사전송(팩스)에 의한 청구 : 해당 모사전송(팩스) 요금
전자우편·전자전송방식(인터넷, 모바일우체국어플)을 이용	

> 처음에 배달통지청구 우편물로 발송한 우편물의 배달통지서(CN07)가 통상적인 기간 안에 회송되어 오지 아니한 경우에 청구하는 행방조사청구는 이른바 '무료행방조사청구'로서 청구료를 징수하지 아니함

참고

행방조사와 관련하여 국가별로 전산시스템의 수준차가 컸던 가까운 과거에 비해, 현재는 UPU회원국 간에 UPU가 보급한 전산시스템을 활용 및 기타 편의에 의한 개별 인터넷 수단 등을 활용하므로 고객의 요금납부가 필요한 행방조사 청구실적은 거의 없음. (UPU의 전산망 표준화 노력등의 결과에 기인하기도 함). 고객 또한 인터넷을 통해 손쉽게 행방조사청구가 가능하므로 비용을 들여서 행방조사를 청구하지 않는 추세임.

PART 7 | 행방조사청구와 손해배상제도

행방조사청구제도

A 개념 및 성격

① 발송인이나 수취인의 청구에 따라 국제우편물의 행방을 추적 조사하고 그 결과를 청구자에게 알려주는 제도
② 조사결과 우편관서에서 취급하던 중 일어난 사고로 판명되고 해당 우편물이 손해배상 대상이 되는 경우에는 발송인이나 수취인의 청구에 따라 손해배상 실시
③ 단순 행방조사는 발송인이 직접 인터넷우체국 등을 통해 쉽게 할 수 있으나, 우편관서에 청구하는 행방조사는 대부분 손해배상문제와 직결되므로 정확하고 신속히 처리가 필요

B 행방조사청구의 주요사항

청구대상우편물	등기우편물, 소포우편물, 국제특급우편물 등 기록취급하는 우편물
청구기한	① 국제등기우편물, 국제소포우편물은 접수한 다음 날로부터 6개월 이내 청구 ② 국제특급우편물(EMS)은 접수한 다음 날로부터 4개월 이내 청구 ③ EMS프리미엄 우편물은 접수한 날로부터 3개월 이내 청구 (UPS로 청구) ④ 카할라우정연합체 국가의 EMS 배달보장서비스의 '지연배달'에 따른 행방조사 청구기한은 접수 당일로부터 30일 이내지만 분실 또는 기타 종적 문의에 관한 행방조사 청구는 국제특급우편의 행방조사 청구 기한인 4개월 이내로 동일
청구권자	① 분실된 경우: 발송인 ② 파손된 경우: 발송인이나 수취인 ※ 많은 국가에서 발송인 청구 위주로 행방조사를 진행함(미국, 독일, 프랑스 등) 특히, EMS의 경우 발송우정당국 책임을 기본원칙으로 하고 있어 분실/파손 등 사고 발생 시 발송인이 발송우정당국에 청구해야 하며 배달우정당국에 과실이 있더라도 발송우정당국에서 발송인에게 손해배상을 지급함
청구국가	발송국가와 도착국가(배달국가)는 물론이고 제3국에서도 청구 가능

PART 7 행방조사청구와 손해배상제도

SECTION 01 | 행방조사청구제도

SECTION 02 | 국제우편 손해배상제도

요금 반환 요건

THEMA ⦁ 우편요금의 반환

우편관서의 과실로 과다징수한 경우	과다징수한 국제우편요금 등
항공서간을 선편으로 발송한 경우	항공서간 요금과 해당 지역의 선편 보통서신 최저요금의 차액
부가취급 국제우편물의 국제우편요금 등을 받은 후 우편관서의 과실로 부가취급을 하지 아니한 경우	부가취급 수수료

THEMA ⦁ 손해배상 관련 요금반환

등기우편물·소포우편물 또는 보험취급된 등기우편물·소포우편물의 분실·전부도난 또는 완전파손 등의 경우	납부한 국제우편요금 등 (등기보험취급수수료 제외)
특급우편물 또는 보험취급된 특급우편물의 분실·도난 또는 파손 등의 경우	납부한 국제우편요금 등 (보험취급 수수료 제외)
외국으로 발송하는 부가취급되지 아니한 통상우편물이 우편관서의 취급과정에서 파손된 경우	납부한 국제우편요금 등
수취인의 주소·성명이 정확하게 기재된 우편물을 우편관서의 과실로 발송인에게 반환한 경우	납부한 국제우편요금 등

THEMA ⦁ 기타 요금 반환

행방조사청구에 따른 조사결과 우편물의 분실 등이 우편관서의 과실로 발생하였음이 확인된 경우	행방조사청구료
다른 법령에 따른 수출금지 대상이거나 그 밖의 부득이한 사유로 발송인에게 반환된 경우	① 납부한 국제우편요금 등 (우편물의 반환에 따른 국내우편요금 및 수수료 공제) ② 단, 발송인의 고의 또는 중대한 과실이 있는 경우 반환하지 아니함
다른 법령 또는 상대국의 규정에 따라 압수되는 등의 사유로 반환되지 아니하는 우편물에 대한 국제우편요금 등	반환 불가

08. 국제우편요금의 반환청구

PART 6 | 국제우편 요금

개념

납부한 국제우편요금에 상응하는 역무를 이용자에게 제공하지 아니하였을 때 제한된 범위 내에서 청구에 의해 요금을 환불하는 것

주요 사항

① 청구기한 : 우편물을 발송한 다음날로부터 기산하여 1년 이내
② 처리흐름도

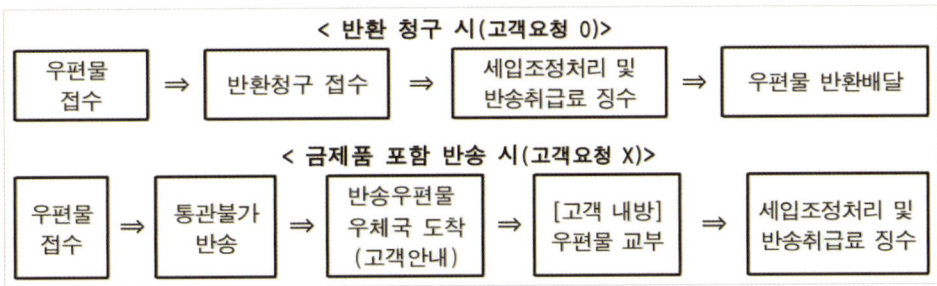

MEMO

CHAPTER C 특별감액

유형

접수비용 절감	5%p	인터넷 또는 우체국앱을 통해 접수한 비계약 고객	EMS EMS프리미엄 소형포장물
계약고객	30%p	국제우편사업 물량·매출 증대 등에 기여한 고객 ※ 매출액, 비용절감, 업체 성장 가능성 등을 종합적으로 판단	EMS EMS프리미엄 K-Packet 소형포장물 한·중 해상특송 국제물류 보세화물우편 국제소포 신규상품
이용 활성화	0.5% ~ 80%	① 우정사업본부가 이용활성화를 위하여 지정한 특정 기간 동안에 대상우편물을 이용하는 경우 ② 신규 상품 또는 서비스 도입 등을 위해 시범운영을 하는 경우	

감액률 적용 방법

월간 이용 실적에 따른 기본감액률과 요건별 특별감액률을 합산하여 감액률 적용

B 취급요건과 감액범위

THEMA ① 특급우편(EMS·EMS프리미엄)

(단위 : 1개월, 1회, 만원)

이용금액 구분	30초과 ~50	50초과 ~150	150초과 ~500	500초과 ~1,000	1,000초과 ~2,000	2,000초과 ~5,000	5,000초과 ~10,000	10,000초과 ~20,000	20,000초과
계약특급	-	4%	6%	8%	10%	12%	14%	16%	18%
수시특급	3%	4%	6%	8%	10%	12%	14%	16%	18%
일괄특급	-	2%	2%	3%	4%	5%	6%	7%	8%

※ 단. 수시특급의 이용금액은 1회당 접수요금 기준임
※ 감액 시 기준금액(이용금액) 및 감액대상은 고시된 요금(EMS프리미엄은 「EMS프리미엄 서비스 요금 및 이용에 관한 수수료」(과학기술정보통신부 고시)) 기준이며, 수수료는 제외한다.

THEMA ② K-Packet, 등기소형포장물

(단위 : 1개월, 만원)

이용금액 구분	50초과 ~100	100초과 ~200	200초과 ~300	300초과 ~400	400초과 ~500	500초과 ~1,000	1,000초과 ~3,000	3,000초과 ~5,000	5,000초과 ~10,000	10,000초과
일반계약	5%	6%	7%	8%	9%	10%	12%	13%	14%	15%
일괄계약	2%	2%	3%	3%	4%	4%	5%	5%	6%	6%

※ 일반계약은 K-Packet·등기소형포장물 계약이며, 일괄계약은 일괄 K-Packet·등기소형포장물 계약임
※ 감액 시 기준금액(이용금액) 및 감액대상은 고시된 요금이며, 수수료는 제외한다.
※ 등기소형포장물 감액은 계약고객에 한하여 적용한다.

THEMA ③ 한·중 해상특송(Post Sea Express)

이용금액	50초과 ~150	150초과 ~500	500초과 ~1,000	1,000초과 ~2,000	2,000초과 ~5,000	5,000초과 ~10,000	10,000초과
감액률	4%	6%	8%	10%	12%	14%	16%

※ 감액 시 기준금액(이용금액) 및 감액대상은 고시된 요금이며, 수수료는 제외한다.

THEMA ④ 기타

다음 각 항목에 해당하는 경우 감액률(40% 이내) 또는 감액 금액(통당 3천원 이내)을 별도로 정할 수 있다.
1) 국가기관, 지방자치단체, 공공기관 등과의 업무협약, 공익사업 등으로 발송하는 우편물
2) 다량우편물(월 4,000통 이상 발송 또는 월 이용금액 3억원 초과)
3) 그 밖에 우정사업본부장이 특별히 인정하는 경우

SECTION 07 국제우편 요금감액 제도

PART 6 | 국제우편 요금

CHAPTER A 대상우편물

소형포장물	① 소형포장물 : 우편관서와 발송인이 이용계약을 하거나 별도의 이용 계약을 맺지 않고 소형포장물을 발송하는 이용자 ② 일괄 소형포장물 : 우편관서와 발송인과의 이용계약에 따라 2개 이상의 접수우체국을 통해 소형포장물을 발송하는 본사와 지사, 협회와 회원사, 국가기관·지방자치단체·공공기관 등과 이와 연계된 이용자 또는 사업자 등
특급우편물 (EMS·EMS프리미엄)	① 계약특급우편 : 우편관서와 발송인과의 이용계약에 따라 특급우편 (EMS·EMS프리미엄)을 발송하는 이용자 ② 수시특급우편 : 별도의 이용계약을 맺지 않고 특급우편 (EMS·EMS 프리미엄)을 발송하는 창구접수 이용자 ③ 일괄특급우편 : 우편관서와 발송인과의 이용계약에 따라 접수우체국을 통해 특급우편(EMS·EMS프리미엄)을 발송하는 본사와 지사, 협회와 회원사, 국가기관·지방자치단체·공공기관 등과 이와 연계된 이용자 또는 사업자 등
K-Packet	① K-Packet : 우편관서와 발송인과의 이용계약에 따라 K-Packet을 전산 시스템으로 접수(e-shipping)하여 발송하는 이용자 ② 일괄 K-Packet : 우편관서와 발송인과의 이용계약에 따라 2개 이상의 접수우체국을 통해 K-Packet을 발송하는 본사와 지사, 협회와 회원사, 국가기관·지방자치단체·공공기관 등과 이와 연계된 이용자 또는 사업자 등
한·중 해상특송 (Post Sea Express)	우편관서와 발송인과의 이용계약에 따라 전자상거래(B2C) 물량을 전산시스템으로 접수(e-shipping)하여 발송하는 이용자

교환

① 국제회신 우표권 1장은 그 나라에서 외국으로 발송되는 항공보통서장 최저 요금의 우표와 교환 : 외국에서 판매한 국제회신우표권은 우리나라에서 외국으로 발송되는 항공보통서장의 4지역 20g 요금(850원)에 해당하는 우표류와 교환
② 우리나라에서 판매된 국제회신우표권은 우리나라에서 교환할 수 없음
③ 국제회신우표권을 교환하여 줄 때에는 반드시 진위 여부를 검사 (UPU의 문자가 선명하게 인쇄되었는지 등)하여야 하며, 오른쪽 해당란에 국제날짜도장을 날인
④ 유효기간이 경과한 국제회신우표권은 교환 불가능 → 국제회신우표권 판매 시 교환 마감일(유효기간) 안내 철저
⑤ 우표류와 교환을 마친 국제회신우표권은 포스트넷에 '반납 및 인수증 (청구 및 송증)'을 등록(첨부)하고 우정사업조달센터로 반납

참고 ▶ 우표류
① 과학기술정보통신부장관이 발행한 우표(소형시트 포함), 우편요금을 표시하는 증표와 우표책, 우편물의 부가취급에 필요한 봉투 등
② 국제회신우표권은 '우표류'에 속하나 할인판매 불가

[참고] 이스탄불 및 아비장 국제회신우표권 판매 및 처리일정(2021~2026)

날 짜	주요 내용	비 고
2021. 8.31.	이스탄불 국제회신우표권 판매 마감	우체국
2021. 9. 1.	아비장 국제회신우표권 판매 시작	우체국
2021.12.31.	이스탄불 국제회신우표권 교환 마감(유효기간 만료)	우체국
2022. 1.31.	이스탄불 국제회신우표권 미판매분 및 교환분 반납 마감	우체국→조달센터
2022. 4.30.	이스탄불 국제회신우표권 미판매분 및 교환분 반납 마감	조달센터→UPU
2026. 8.31.	아비장 국제회신우표권 판매 마감	우체국
2026.12.31.	아비장 국제회신우표권 교환 마감(유효기간 만료)	우체국
2027. 1.31.	아비장 국제회신우표권 미판매분 및 교환분 반납 마감	우체국→조달센터
2027. 4.30.	아비장 국제회신우표권 미판매분 및 교환분 반납 마감	조달센터→UPU

※ 국제회신우표권 판매 시 교환 마감일(유효기간) 안내 철저
※ 우표류와 교환을 마친 국제회신우표권은 발생 즉시 수시로 우정사업조달센터로 반납 가능

[참고] 국제회신우표권 다량구입 신청서

국제회신우표권 다량구입 신청서			
신청인	성명		
	주소		
	연락처		
구매수량	장	* 20장을 초과하여 다량구매의 경우 아래 사항 필수 확인	
사용목적	※ 아래의 경우 판매가 제한됩니다. ○ 현재 필요하지 않으면서 한꺼번에 구매하는 경우 ○ 외국에 서적대금 지불 수단 등으로 사용하는 경우 ○ 외국의 우표를 다량 구입할 수단으로 구매 요청하는 경우		
확인사항			
1. 구입한 국제회신우표권은 수취인의 우편물 회신용도 외 다른 용도로 사용하지 않음을 확인합니다. 2. 국제회신우표권을 구입한 후 제1항과 관련 없는 곳에 동 우표권이 사용되어 일어난 일련의 사고에 대해서는 판매 우체국에 책임을 묻지 않겠습니다. 년 월 일 신청인서명 또는 (인)			
우체국장 귀하			
주의사항			
1. 우리나라에서 판매된 국제회신우표권은 우리나라에서 교환할 수 없습니다. 2. 국제회신우표권의 유효기간을 반드시 확인하시기 바랍니다. 3. 국제회신우표권은 현금으로 교환 불가능합니다.			

개인정보 수집이용 동의서(구입고객)			
개인정보보호법 제15조 제1항 제1호에 따라 구매내역 및 본인확인을 위해 개인정보를 수집·이용함에 동의합니다.			
수집·이용항목	수집·이용목적	보유 및 이용기간	동의확인
구매자의 성명, 주소, 연락처	구매내역 및 정당본인 확인	1년	[ ]
동의를 거부할 권리 및 불이익	개인정보를 수집·이용함에 동의를 거부할 권리가 있으며, 동의를 거부할 경우에는 서비스 이용에 제한이 있을 수 있습니다.		
정당 본인 확인필	담당자	팀장	책임자

SECTION 06 국제회신우표권(International Reply Coupons)

PART 6 | 국제우편 요금

> **참고** UPU 개최지
> 2004년 베이징(중국), 2008년 나이로비(케냐), 2012년 도하(카타르), 2016년 이스탄불(터키), 2021년 아비장(코트디부아르, 코로나19로 1년 연기), 2025년 두바이(아랍에미리트)

개요

① 국제회신우표권(IRC)은 수취인에게 회신요금의 부담을 지우지 아니하고 외국으로부터 회답을 받는데 편리한 제도
② 발행 : 국제회신우표권은 UPU 총회가 개최되는 매 4년마다 총회 개최지명으로 국제회신우표권을 발행하며(4년마다 디자인 변경) 국제회신우표권의 유효기간은 앞면 우측과 뒷면 하단에 표시

【참고】 국제회신우표권 (2021년 아비장총회 발행 유효기간 : 2026. 12. 31.)
※ 코로나19로 인해 아비장 국제회신우표권 유효기간이 1년 연장됨('26년 말까지)

판매

판매 주체	만국우편연합 국제사무국에서 발행하며 각 회원국에서 판매
판매 가격	우리나라에서 1매당 1,450원에 판매
우편날짜도장	판매할 때에는 국제회신우표권의 왼쪽 해당란에 우편날짜도장을 날인(의무사항은 아님)
판매수량 제한	① 국제회신우표권의 수급을 원활하게 조절하고, 통신목적 이외의 용역·물품대금 지급수단으로 이용하거나 환투기 목적의 사용을 방지하기 위하여, 다음과 같이 판매수량을 제한 ㉠ 판매제한내용 : 20장 이하는 자유 판매, 20장 초과 판매를 요구할 때에는 구체적인 사용 목적을 확인한 후 판매하는 등 판매수량을 합리적으로 제한 ㉡ 다량 판매를 요구할 때에는 판매방법 : 신청서에는 최소한 신청인의 주소·성명과 사용 용도를 기록하도록 함

> **STEP** 판매 제한과 거절 사유
> ① 현재 필요한 상태에 있지 않으면서 한꺼번에 다량 구매를 요구하는 경우
> ② 외국에 서적대금 지불수단 등으로 사용하려는 경우
> ③ 외국의 우표를 다량 구입할 수단으로 다량 구매를 요청하는 경우

취급대상 우편물

취급 대상	① EMS에 한정함 ② 최대 무게 : 2kg ③ 우편물의 규격 : 국가별 EMS 발송 조건의 규격과 같음
요금징수	① IBRS EMS 우편물의 요금은 수취인이 우편물을 받을 때 납부하게 하며 후납 취급도 가능 ② 수취인으로부터 징수할 IBRS EMS우편물의 요금은 통당 10,000원
부가취급	① EMS 우편물로 취급 ② 그 밖의 부가취급은 할 수 없음

SECTION 05 | PART 6 | 국제우편 요금
해외 전자상거래용 반품서비스 (IBRS EMS)

개요

① 의미 : 인터넷쇼핑몰 등을 이용하는 온라인 해외거래 물량 증가에 따라 늘어나는 반품 요구를 충족하기 위해 기존의 국제우편요금수취인부담 제도를 활용하여 반품을 수월하게 하는 제도
② 취급우체국 : 계약국제특급 이용우체국(집배국)에 한정함
③ 발송가능국가 : 일본

반품서비스 라벨

① 구매자가 반품을 요청할 경우 반품서비스 이용계약을 체결한 판매자는 전자적인 방법으로 아래 서식의 반품서비스라벨을 구매자에게 전송, 구매자는 해당 우편물 표면에 반품서비스 라벨을 부착하여 접수
② 라벨의규격 : 최소 90×140mm, 최대 140×235mm

```
┌─────────────────────────────────────────────────────────┐
│  ≡EMS≡     ━━━━━━━━━━━━━━━━━━━━━━━        NE PAS AFFRANCHIR │
│            REPLY PAID/REPONSE PAYEE        ┌──────────┐ │
│            KOREA(SEOUL)/COREA(SEOUL)       │    ╲     │ │
│  IBRS/CCRI N°:  ━━━━━━━━━━━━━━━━━━━━━━     └──────────┘ │
│                                            NO STAMP REQUIRED │
│            MESSRS. T. Smith & Co.                       │
│            99 Jongno, Jongno-gu                         │
│            SEOUL                                        │
│            SEOUL, 110-110, KOREA                        │
└─────────────────────────────────────────────────────────┘
```

표시 내용	표시 위치
NO STAMP REQUIRED/ NE PAS AFFRANCHIR(우편요금납부 불요)	라벨 오른쪽 윗부분

REPLY PAID/ RESPONSE PAYEE(우편요금수취인부담) 및 KOREA(SEOUL)
 - 두 줄의 횡선 사이에 대문자로 인쇄
  ■ 선의 굵기 : 3mm 이상
  ■ 선의 길이 : 90mm 이상
  ■ 두선의 인접변의 간격 : 14mm
	수취인 주소·성명 표시란 윗부분

수취인의 주소·성명 - 당초 판매물품의 발송 주소와 반송처가 다를 경우 반송처 주소 표시	'REPLY PAID' 표시 아랫부분
EMS 표시	라벨 좌측 상단
IBRS/CCRI No. (승인번호)	'EMS' 표시 아랫부분

04 국제우편요금수취인부담 (International Business Reply Service: IBRS)

PART 6 | 국제우편 요금

개요

① 의미 : 우편물을 외국으로 발송하는 자가 국내 배달우체국과 계약을 체결하여 회신요금을 자신이 부담할 수 있도록 하는 제도
② 취급우체국 : 집배우체국에 한하여 취급
③ IBRS 우편물에는 날짜도장을 날인하지 않음
④ 발송가능국가 : 불가리아를 제외한 모든 국가

이용계약

① IBRS의 이용계약을 체결하려는 자는 신청서와 수취할 우편물의 견본 2매를 배달 우체국에 제출
② 계약체결 후 우편물을 발송하는 자는 우편물 표시사항과 배달우체국장이 부여한 계약번호를 수취할 봉투 또는 엽서에 인쇄한 견본 2매를 배달 우체국에 제출

취급 사항

취급 대상	① 인쇄물(봉투)과 엽서에 한함 ② 최대중량 : 50g
요금징수	① 외국에서 도착된 IBRS 우편물은 국내우편요금 수취인부담 우편물의 배달 예에 준해 배달 ② 수취인이 우편물을 받을 때 납부하며 후납 취급도 가능 ③ 인쇄물(봉투): 1,100원 / 엽서: 500원
취급 시 주의사항	① IBRS우편물은 발송유효기간에 한정하여 발송 ② 발송유효기간이 끝난 다음에 발송한 IBRS 우편물은 발송인에게 돌려보냄 ③ IBRS우편물은 모두 항공 취급, 그 밖의 부가취급 불가 ④ 유효기간 등이 정상적으로 표시된 IBRS 우편물은 접수시스템에 별도로 입력하지 않고 국제항공우편물과 같이 국제우편물류센터로 보냄

접수 후 처리

THEMA 발송신청서의 처리

> 참고
> 수령증과 접수통지서는 전산에서 출력하여 처리

우편물 발송표	① 접수검사가 끝난 요금후납우편물 발송표는 우편날짜도장을 날인한 후 접수담당부서(접수창구)에서 보관 ② 접수우체국에 보관하는 요금후납우편물 발송표는 일련번호를 매기고 매월분을 정리해야 하며, 발송기간과 발송표 매수를 적은 표지를 붙여 보관
우편물 수령증	발송인에게 교부
우편물 접수통지서	① 항공은 국제우편물류센터로 송부 ② 선편은 부산국제우체국으로 송부

【참고】 국제우편 요금후납우편물 발송표

국제우편 요금후납우편물 발송표
승인번호
No. 14

구분	종별	편별	지역	통당 무게	통당 요금	통수	합계 금액	비고
일반통상	서장	항공	1	21	0	840	1	840
등기통상	소형포장물	항공	1	44	0	1,220	1	1,220
계							2	2,060

위 명세와 같이 발송하여 주시기 바랍니다.

20 . . .

발송인 주소
　　　　상호
　　　　성명　　　　　　(인)
우체국장 귀하

결재	담당	팀장	인수자	과장	
	접수 당무자	접수 책임자	발송 책임자	영업 과장	우편날짜도장 날인

03 국제우편요금의 후납

PART 6 | 국제우편 요금

국제우편요금의 후납의 개요

① 의미 : 국제우편물의 요금(특수취급수수료 포함)을 우편물을 접수할 때에 납부하지 않고 발송우체국의 승인을 얻어 1개월 간 발송예정 우편물 요금액의 2배에 해당하는 금액을 담보금으로 제공하고 1개월 간의 요금을 다음달 20일까지 납부하는 제도 ※ 다만, 카드로 납부할 때에는 담보금 면제
② 취급우체국 : 후납계약을 맺은 우체국에서 발송(우편취급국 포함)
※ 다만, 취급국의 경우 등기취급우편물과 공공기관에서 발송하는 일반 우편물에만 허용

③ 날짜도장 날인: 요금후납우편물에는 우편날짜도장 날인 생략

국내우편 요금후납 요건
① 우편물을 발송할 우체국 또는 배달할 우체국(우편취급국은 총괄우체국장의 사전 승인을 받은 후 이용 가능)
② 한 사람이 매월 100통 이상 발송하는 통상우편물, 소포우편물 등 다양

취급요건

한사람(후납승인을 받은사람)이 매월 100통 이상 발송하는 통상 및 국제 소포우편물

발송신청서 제출과 접수

THEMA 우편물과 발송신청서

① 우편물 및 발송표의 제출
우편물의 발송인은 국제우편요금후납우편물 발송신청서를 작성하여 우편물과 함께 요금후납 계약우체국에 제출
② 우편물 및 발송신청서의 검사

참고
발송신청서, 발송표, 발송접수증은 동일한 양식을 의미

우편물 검사	① 요금후납우편물이 우리나라를 발송국으로 하는지 확인 ② 우편물의 오른쪽 윗부분에는 요금별(후)납(Postage Paid)의 표시 확인 ③ 발송인이 표시를 하지 아니한 경우에는 우체국 보관 요금별(후)납인 날인
발송신청서 검사	① 요금후납우편물 발송표 기록사항이 발송하는 우편물과 다름없는지 확인 ② 발송표의 그 밖의 기록사항 확인

THEMA 접수 및 입회 확인

① 요금후납우편물의 접수담당자는 접수담당책임자(6급 이하 관서의 경우에는 국장)가 보는 앞에서 확인·접수
② 요금후납우편물 발송신청서는 요금별납우편물 접수 및 입회확인 방법에 준하여 상호 확인인을 날인

접수 후 처리

THEMA 우편물 발송

① 접수된 우편물은 국제우편물류센터나 부산국제우체국 앞으로 별도 우편자루 체결·발송을 원칙으로 함.
② 다만, 물량이 적을 경우에는 단단히 묶어서 다른 우편물과 함께 발송

THEMA 별납신청서 처리

① 요금별납 접수 시 발송신청서(접수창구보관용, 발착부서보관용), 접수증(발송인교부용, 국제우체국송부용) 총 4부가 전산으로 출력됨
② 요금별납 발송신청서와 접수증은 다음과 같이 처리

발송신청서	① 접수창구보관용 1부는 우편날짜도장 날인 후 접수담당부서 보관 ② 발착부서 보관용 1부는 우편물 발송담당부서에서 보관
접수증	① 발송인교부용 1부는 우편날짜도장 날인 후 발송인 교부 ② 국제우체국 송부용 1부는 우편날짜도장 날인 후 우편물과 함께 국제우편물류센터(항공), 부산국제우체국(선편)으로 보냄

국내별납	① 10통 이상의 통상우편물이나 소포우편물 발송 시 이용이 가능하다. ② 단, 동일한 10통 이상의 우편물에 중량이 다른 1통의 우편물이 추가되는 경우에도 별납으로 접수가 가능하다.	국제별납	① 통상우편물 : 10통 이상 ② 국제특급우편물과 소포우편물의 우편요금은 현금과 신용카드(혹은 체크카드)로 결제하므로 별납취급에 특별한 요건이 없음
국내후납	한 사람이 매월 100통 이상 발송하는 통상우편물, 소포우편물 + α	국제후납	한사람(후납승인을 받은사람)이 매월 100통 이상 발송하는 통상 및 국제 소포우편물

국내별납	관할 지방우정청장이 별납우편물을 접수할 수 있도록 정한 우체국이나 우편취급국에서 이용이 가능	국제별납	우편취급국을 제외한 모든 우체국
국내후납	① 우편물을 발송할 우체국 또는 배달할 우체국 ② 우편취급국은 총괄우체국장의 사전승인을 받은 후 이용 가능	국제후납	① 후납계약을 맺은 우체국에서 발송(우편취급국 포함) ② 다만, 취급국의 경우 등기취급우편물과 공공기관에서 발송하는 일반 우편물에만 허용

02 국제우편요금의 별납

PART 6 | 국제우편 요금

국제우편요금의 별납의 개요

① 의미 : 한 사람이 한 번에 같은 우편물(동일무게)을 보낼 때에 우편물 외부에 POSTAGE PAID (날인 또는 인쇄) 표시를 하여 발송하고 우편요금은 우표첩부 없이 별도로 즉납하는 제도
② 취급우체국 : 우편취급국을 제외한 모든 우체국
③ 요금별납우편물에는 우편날짜도장의 날인은 생략

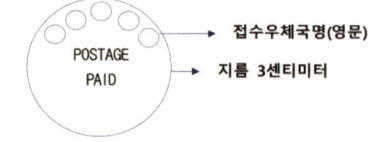

취급요건

① 통상우편물
 ㉠ 10통 이상
 ㉡ 우편물의 종별, 무게, 우편요금 등이 같고 한사람이 한 번에 발송하는 우편물
② 국제특급우편물과 소포우편물의 우편요금은 현금과 신용카드(혹은 체크카드)로 결제하므로 별납취급에 특별한 요건이 없음

> **국내우편 요금별납 요건**
> ① 관할 지방우정청장이 별납우편물을 접수할 수 있도록 정한 우체국이나 우편취급국에서 이용이 가능
> ② 10통 이상의 통상우편물이나 소포우편물 발송 시 이용이 가능

취급요령

THEMA 요금별납 접수

① 발송인이 적어 제출한 별납신청서를 접수(별납신청서는 전산으로 출력)
② 접수검사 : 신청서 기록사항과 현물과의 다른 점은 없는지 확인
③ 외부 기록사항 확인
1) 우편물 앞면의 오른쪽 윗부분에 요금별납표시(날인 또는 인쇄) 유무
2) 발송인이 표시를 하지 아니한 경우에는 우체국에서 요금별납인 날인
④ 접수와 참관
1) 요금별납우편물의 접수담당자는 접수담당책임자(6급 이하 관서의 경우에는 국장)가 보는 앞에서 확인·접수
2) 접수와 입회 확인 절차는 국내우편요금별납의 취급 예에 따름

국제우편요금 적용방식

THEMA 실중량(무게중량, 실제중량, 저울중량) 적용

물품을 포함하지 않은 서장 등의 항공우편물, 선편우편물

THEMA 실중량(Actual weight)과 부피중량(Volume weight) 병행 적용

개요	실제중량과 부피중량 중 더 큰 중량의 요금을 적용하여 우편 요금 계산 * 부피중량 : 항공화물 부피를 kg 단위로 전환하기 위해 국제항공운송협회(IATA)에서 정의한 개념으로 항공화물시장에서 통용되는 용어(우체국에서는 부피중량과 체적중량을 혼용하여 같은 의미로 사용하고 있음)
대상	소형포장물(항공), K-Packet, 국제소포(항공), 국제특급(비서류), EMS프리미엄(비서류) ※ 국제항공우편물 및 민간과 제휴하여 제공하는 국제우편 서비스 일부에 적용
부피중량식	가로(cm) × 세로(cm) × 높이(cm) ÷ 부피계수 6,000
부피측정방식	① 포장된 우편물의 모양이 사각형이 아닐 경우에는 우편물의 가장 튀어나온 곳을 기준으로 가로·세로·높이의 길이를 측정 ② 서로 다른 크기의 상자 2개를 연결하였을 경우에는 각각의 부피를 구해 더하지 않고 1개의 물건으로 간주하여 가장 긴 길이를 측정

01 국제우편 요금 개요

PART 6 | 국제우편 요금

국제우편요금의 결정

① 만국우편협약에서 정한 범위 안에서 과학기술정보통신부장관이 결정
② 국제우편요금이 결정되면 고시하여야 함

국제우편 요금체계

THEMA ❶ 운송편별에 따라 선편요금과 항공요금으로 구분

선편우편요금	① 접수부터 배달까지 선편으로 송달할 경우에 납부하여야 하는 요금으로 ② 통상우편물의 요금, 소포우편물의 요금과 한중해상특송우편물의 요금으로 구분
항공우편요금	항공통상우편물의 요금, 항공소포우편물의 요금, 국제특급우편물의 요금과 K-Packet요금으로 구분

THEMA ❷ 우편물종별에 따른 구분

① 우편물종별에 따라 통상우편물, 소포우편물, EMS(국제특급), K-Packet, 한·중해상특송의 요금 등으로 구분
② 부가취급에 따른 부가취급수수료가 있음

THEMA ❸ 구성내용에 따른 구분

구성내용에 따라 국내취급비, 도착국까지의 운송요금과 도착국내에서의 취급비로 구분

PART 6 국제우편 요금

SECTION 01 | 국제우편 요금 개요

SECTION 02 | 국제우편요금의 별납

SECTION 03 | 국제우편요금의 후납

SECTION 04 | 국제우편요금수취인부담 (International Business Reply Service: IBRS)

SECTION 05 | 해외 전자상거래용 반품서비스 (IBRS EMS)

SECTION 06 | 국제회신우표권 (International Reply Coupons)

SECTION 07 | 국제우편 요금감액 제도

SECTION 08 | 국제우편요금의 반환청구

발송인 관세와 세금부담 (Free domicile)

의미	발송한 우편물의 도착국가에서 발생한 관세와 부가세 등 제반 비용을 발송인이 지불하는 서비스
취급지역	167개 지역(경우에 따라 변동이 있을 수 있음)
접수관서	전국 총괄 우체국(5급 이상)
대상고객	요금후납계약고객 (수집대행업체 제외)
부가요금	25,000원(발송 시 부가)

보 수 고 고 (부)담

Export 수취인 요금부담 (Export Freight Collect)

의미	우편물 발송 시 요금을 도착국의 수취인이 지불하는 서비스로 발송인 및 수취인의 UPS 고객번호를 부여받아 기재하여야 함
취급지역	178개 지역(경우에 따라 변동이 있을 수 있음)
접수관서	전국 총괄 우체국(5급 이상)
대상고객	요금후납계약고객 (수집대행업체 제외)
부가요금	무료

Import 수취인 요금부담 (Import Freight Collect)

의미	외국에서 한국행 수입물품에 대해 수취인이 발송요금을 지불하는 서비스로 UPS 고객번호를 부여받아 운송장에 기재하고 배달은 UPS가 수행
취급지역	184개 지역(경우에 따라 변동이 있을 수 있음)
접수관서	전국 총괄 우체국(5급 이상)
대상고객	요금후납계약고객 (수집대행업체 제외)
부가요금	요금표에 따름

보수 ⓒ고 부담

고중량서비스 (Heavy Weight)

의미	30kg 초과 70kg 이하의 고중량우편물 배송
취급지역	203개 지역(경우에 따라 변동이 있을 수 있음)
접수관서	전국 총괄 우체국(5급 이상)
대상고객	모든 고객(개인 및 EMS 계약고객)
방문접수	고중량 우편물의 개인, 계약고객에 대한 방문접수는 5급 이상 총괄 우체국에서 수행

보수 고ⓒ 부담

고중량화물 서비스 (WorldWide Express Freight)

의미	70kg 초과 2,000kg 이하의 고중량화물 배송
취급지역	67개 지역(경우에 따라 변동이 있을 수 있음)
접수관서	전국 총괄 우체국(5급 이상)
대상고객	EMS 계약고객
부가요금	우편요금에 합산하여 자동부가(요금표에 따름)

F EMS 프리미엄 주요 부가서비스(7종)

보험취급 (Declared Value)

보수 고고 부담

의미	우편물 분실 및 파손에 대비 내용품 가액에 대한 보험가입을 통해 보상
취급지역	전 지역
접수관서	전국 우체국(우편취급국 포함)
대상고객	모든 고객(개인 및 EMS 계약고객)
부가요금	EMS와 같음 (기본 2,800원+추가* 550원씩) * 보험가액 65.34 SDR 또는 114,300원 초과마다 추가
보험가입한도	5,000만원(EMS는 700만원)

수출신고서 발급대행 (Export Declaration Issued Agencies)

보**수** 고고 부담

의미	접수우편물의 수출 통관 시 수출신고서 발급 및 통관 대행(고객이 관련서류 제출)
취급지역	전 지역
접수관서	전국 우체국(우편취급국 포함)
대상고객	모든 고객(개인 및 EMS계약고객)
부가요금	무료

비교 : 접수금지 물품

UPU 우편금지 물품	① 취급상 위험하거나 다른 우편물을 더럽히거나 깨뜨릴 우려가 있는 것 ② 마약류 및 향정신성 물질 ③ 폭발성.가연성 또는 위험한 물질 ④ 외설적이거나 비도덕적인 물품 등 + 자국·상대국가에서 금지하는 물품 + 화폐도 불가
국제소포 보험취급 불가	① 국제우편에 관한 조약에서 취급을 금지하는 품목 가) 마약류, 향정신성물질 나) 폭발성ㆍ가연성 물질, 그 밖의 위험한 물질, 방사성물질 다) 외설적이거나 비도덕적인 물품 라) 배달국가에서 수입이나 유포를 금하는 물품 ② 우편관계 국내 법규에서 우편취급을 금지하는 품목 ③ 상대국에서 수입을 금지하는 물품 ④ 기타 : 동전 등 화폐(수집용도의 화폐도 발송할 수 없음) ⑤ 전자제품, 음식물, 파손되기 쉬운 물품(도자기, 유리컵 등)(과학기술정보통신부장관 고시)
EMS 취급불가	① 금제품 ㉠ 주화, 항공권, 유레일패스, 신용카드, 여권 ㉡ 금은보석 및 귀금속, UPU금제품, 항공기탑재 금제품 ※ 금제품은 손해배상 대상이 아님을 안내 ② 선적,유학,상업 서류 ㉠ 유학서류 및 선하증권이 포함된 우편물은 EMS접수불가 　→ EMS프리미엄으로 접수 ㉡ 미배달시 간접적으로 손실우려가 있는 것/주소지 P.O Box는 접수불가 ※ 간접손실은 손해배상대상이 아님 ③ 전자제품, 음식품 보험불가
EMS 프리미엄 취급 불가	알코올 첨가된 음료 담배나 담배 관련 제품 소형화기 및 무기 모형총기 드라이아이스 가공되지 않은 동물성 생산품 음식물 및 의약품 MSDS 첨부해야하는 물품

CHAPETER E 국가별 공통사항 금지품 _(국가별 기타 세부 금지품목은 포스트넷 발송조건을 확 인 후 접수)

알코올첨가된음료	향수나 알코올이 포함된 스킨도 금지
담배나 담배관련 제품	전자담배 포함
탄약	화약, 총알 등 폭발성이 있다고 분류된 물품은 국제적으로 발송금지
소형화기 및 무기 모형 총기	무기, 총기류(장난감 포함)
드라이아이스	냉매제도 포함되며, 위험품으로 간주
살아있는 동식물(삭제)	종자류, 채소, 야채 포함(삭제)
가공되지 않은 동물성 생산품 (Animal Products -Non-domesticated)	① 암소, 염소, 양, 돼지는 가축으로, 그 외 다른 동물들은 가공되지 않은 동물들로 여겨지며, 이들에게서 나온 아이템이나 제품들은 발송금지 ② 가공되지 않은 동물들에게서 나온 제품은 옷(신발, 벨트, 지갑, 핸드백), 장식품(보석, 실내장식)이나 그 외 부산물(by-products)이며, 다음과 같은 아이템 등으로 만든 것들임 ③ 양서류, 조류, 갑각류, 어류, 산호, 조개류, 동물성 해면스펀지, 뿔, 발톱, 발굽, 손톱, 상아, 치아, 부리, 거북딱지, 고래수염(이 제품들의 가루(powder) 및 폐기물(waste)을 포함)
음식물 및 의약품	① 대부분의 음식물 및 의약품은 통관이 어렵거나 불가함으로 인해 사실상 접수금지품목에 해당함(해당 국가에서 부여한 수입허가증, 자격 등이 요구되는 경우가 많음) ② 따라서 EMS프리미엄은 개인의 음식물 및 의약품 접수를 제한하고 있으며, 해당 물품의 반송 또는 폐기사유가 발생하여도 민원제기 불가 (식약품전문취급 업체간의 발송인 경우 EMS고객센터로 문의 후 접수 및 발송)
MSDS 첨부해야 하는 물품	① 화학약품, 배터리, 소형가전 제품 접수 시 MSDS(물질안전보건자료)*로 발송 가능 여부를 사전 확인 및 발송 가능할 경우 MSDS를 반드시 첨부 ② 화학약품 예 : 잉크, 페인트, 액상 모기약, 렌즈 클리너, 본드, 화장품 원료, 의약품 원료, 합성수지 등
그 밖의 유의사항	① 파손될 우려가 크거나 고가의 물품인 경우에는 보험가입을 권유 ② 모든 물품은 정상적으로 단단히 포장이 되어야 하며, 파손되기 쉬운 물품이나 전자제품은 완충제로 충분히 보호한 후 나무로 포장

참고 ▶ MSDS (Meterial Safety Data Sheet)

화학물질을 안전하게 사용.관리하기 위해 필요한 정보(제조자명, 제품명, 성분과 성질, 취급상 주의사항, 사고가 생겼을 때 응급처치방법 등)를 기록한 서류, MSDS는 EMS프리미엄 이외의 다른 국제 우편물의 접수 및 발송 등 업무에도 사용함

세관신고서 작성 방법 (상업송장[인보이스 Invoice] 작성 포함)

① 상업용 비서류 발송 시 인보이스(Invoice) 3부를 반드시 첨부
② 내용품명, 물건 개수, 물품가격을 정확하게 영문으로 기록해야 함
③ 상업송장의 물품가격이 2백만 원(미화 약2천불)이 초과하거나 주소 기표지에 수출이라고 표시한 경우 정식으로 수출 신고를 한 후 발송(기업 및 개인고객 모두 해당)
④ 인보이스 원본필수 국가 : 원본 Invoice는 손으로 작성할 수 없으며 Invoice에 파란색 잉크를 사용하여 서명하거나 도장을 찍어야 함

대륙별	국가 (Country)
아시아	BANGLADESH(방글라데시), CHINA(중국), INDIA(인도), INDONESIA(인도네시아), MACAO(마카오), MALAYSIA(말레이시아), NEPAL(네팔), PHILIPPINES(필리핀)
중동	BAHRAIN(바레인), ISRAEL(이스라엘), KUWAIT(쿠웨이트), PAKISTAN(파키스탄), QATAR(카타르), REUNION ISLAND(레위니옹), SAUDI ARABIA(사우디아라비아), UNITED ARAB EMIRATES(아랍에미리트)
유럽	ALBANIA(알바니아), BOSNIA(보스니아), BULGARIA(불가리아), CANARY ISLAND(카나리군도), CROATIA(크로아티아), ESTONIA(에스토니아), HUNGARY(헝가리), LATVIA(라트비아), ITHUANIA(리투아니아), MARTINIQUE(마르티니크), MONTSERRAT(몬트세랫), NETHERLANDS(네델란드), POLAND(폴란드), ROMANIA(루마니아), RUSSIA(러시아), SERBIA(세르비아), SLOVAKIA(슬로바키아), TURKEY(터키), (대부분의 동유럽 국가)
북미·남미	ARGENTINA(아르헨티나), BAHAMAS(바하마), BRAZIL(브라질), CHILE(칠레), GUYANA(기아나), GUATEMALA(과테말라), MARTINIQUE(마르티니크), PERU(페루), URUGUAY(우루과이), COLOMBIA(콜롬비아), VENEZUELA(베네수엘라)
아프리카	ALGERIA(알제리), SOUTH AFRICA(남아프리카공화국), ZAMBIA(잠비아), ZIMBABWE(짐바브웨)
오세아니아	SAMOA(사모아), HAITI(아이티), NEW ZEALAND(뉴질랜드)

D EMS프리미엄 접수

접수 기본 사항

① 접수는 우체국(우편취급국 포함)에서, 해외운송은 UPS가 수행
② 등기번호체계: UP 000 000 000 KR 예시) UP123456789KR

서류 접수

① 적용기준 : 종이로 된 문서형식의 편지류, 계약서, 선적·입학서류
② 국가별 서류 가능 품목은 EMS 프리미엄 홈페이지(www.emspremium.com) 확인 또는 EMS프리미엄 업무관련 UPS 담당부서로 전화문의
③ 사서함 주소(P.O. Box) 접수 불가(도착국에서 배달확인 불가능) : 아프리카 및 중동 지역, 수취인의 주소가 개인주소 없이 P.O. Box로만 되어있는 지역의 경우 예외적으로 접수 가능(단, 발송동의서 작성 및 첨부(EMS프리미엄 홈페이지) 필수)
P.O. Box 주소로 배달을 요청할 경우 배달 지연, 배달 불가 등에 대한 손해배상 등 민원 제기 불가

비서류 접수

THEMA 비서류 접수시 일반 사항

① 체적중량과 무게(저울)중량의 적용 : 두가지를 비교하여 높은 중량 적용
② 비서류 요금입력 : 전산에 입력할때 '종별란'에서 반드시 '비서류'를 선택하여 요금을 입력
③ 예시 : 무게가 6kg이고, 가로가 30cm, 세로가 50cm, 높이가 40cm인 우편물 ⇒ 체적중량 30×50×40÷6,000 = 10kg 이므로 요금은 10kg 요금을 적용

02 EMS 프리미엄 서비스

PART 5 | 부가취급·부가서비스 : EMS 관련

A 의의

① 국제우편서비스 경쟁력 제고를 위해 2001년 TNT(민간특송업체) 와의 전략적 제휴로 시작
② TNT와의 계약종료 후 2012년부터 UPS(글로벌 특송업체)를 제휴사업자로 선정하여 운영
③ EMS 프리미엄 서비스는 공익성을 추구하는 공기업과 이윤추구를 목적으로 하는 사기업의 제휴를 통한 시너지 제고

B 업무흐름도

접수는 우체국(우편취급국 포함)에서, 해외운송은 UPS가 수행

> 참고: 홍보, 영업, 정산은 우정사업본부와 UPS에서 공동수행

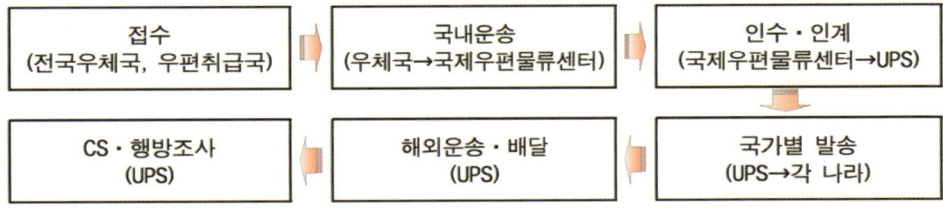

C 서비스 내역

> STEP: 지역 및 대상 구분
> 1~5, 러시아 지역으로 구분

> 참고: T.EMS의 중량과 부피 제한은 나라 마다 기준이 다름

접수국	전국 모든 우체국(우편취급국 포함)
대상구분	서류와 비서류로 구분
중량제한	① 70kg까지 (포스트넷 국가별 접수중량 제한기준 확인하여 접수) ② 6급 이하 관서는 30kg까지 접수 가능
부피제한	① 우편물의 길이와 둘레의 합이 400cm를 초과 할 수 없음 ※ 최대길이 274cm이하, 둘레 300cm가 넘는 우편물 UPS측에 연락 후 접수 ② 길이와 둘레의 합 계산 : (가로+세로)×2+높이(가장 긴 변을 높이로 간주함) 단위는 cm로 표시
무게 산정	실중량과 체적중량 중 무거운 중량 적용
기타	① EMS 미 취급 국가를 비롯한 국제특송우편물의 해외 송달 ② 국가별 EMS 제한무게를 초과하는 고중량 국제특송우편물 송달 ③ EMS 프리미엄 부가서비스 7종 제공 ④ 발송한 우편물이 도착국가에서 주소불명확 등 배달불능 사유로 반송 시 반송료(반착료) 부과

EMS 배달보장 서비스

PART 5 | 부가취급·부가서비스 : EMS 관련

개요

① 카할라우정연합체 국가로 발송하는 EMS에 대해 배달보장일자를 고객에게 제공하며, 제공한 배달예정일보다 하루라도 지연배달된 경우 우편요금을 배상해 주는 고품질 서비스
② 단, 상대국 통관 보류 혹은 수취인 부재 등의 사유로 미배달시는 배달완료로 간주
③ 서비스 최초 시행일 : 2005

참고 ▶ EMS배달보장일계산프로그램
① EMS배달보장일계산프로그램에 발송지 및 수취인 우편번호를 입력하면 항공기 스케줄, 상대국 공휴일 및 근무일 등을 고려한 배달보장일 조회및 제공
② 발송지는 접수우체국 우편번호로 자동입력(다른 지역 우편번호로 변경 불가)

배달보장서비스 실시국 (카할라 우정연합 회원국)

한국, 일본, 미국, 중국, 호주, 홍콩, 영국, 스페인, 프랑스, 태국, 캐나다
10개국

배달보장서비스 주요내용

구분	주요내용
대상지역	10개 국가 우정당국간 공동시행(카할라우정연합체) - 10개 우정당국이 모든 지역에 대해 EMS 배달보장서비스 제공
배달기한	배달보장일 계산프로그램 활용 - 배달보장일 계산프로그램에서 안내되는 배달보장일자가 EMS 배달보장서비스 배달기한이 됨 - 아시아지역 : 접수 + 2일 이내 배달보장 - 미국, 호주, 유럽 : 접수 + 3일 이내 배달보장
배달기한보다 지연될 경우 손해배상	귀책사유가 있는 우정당국의 책임과 배상
우정당국 정산방법	우정당국간 상호 정산 - 책임소재를 확인한 후 발송국가 우정당국 변상 또는 사후 우정당국간 정산

PART 5 부가취급·부가서비스 : EMS 관련

SECTION 01 | EMS 배달보장 서비스

SECTION 02 | EMS 프리미엄 서비스

06 우체국 쇼핑 해외배송 서비스

PART 4 | 부가취급·부가서비스

스마트 쇼핑

개요

① 의미 : 1,200여종의 우수한 우체국쇼핑 상품을 전세계 43여 개 국가로 각 지역 공급우체국에서 직접 배송하는 서비스
② 인터넷 우체국쇼핑(www.epost.kr)에서 접수 가능(창구 접수 불가)
③ 배송방법 : EMS(국제특급), 항공소형포장물(등기)

결제방법 : 신용카드

한글몰	① 국내에서 발행한 모든 신용카드 및 페이팔 ② 해외에서 발행한 카드 중 3D-SECURE 인증카드 (VISA, MASTER, JCB, UNION PAY)만 가능 ③ 온라인 송금, 즉시 계좌이체, 휴대폰 결제, 카카오페이는 한국어 매장만 가능
영/일문몰	① 알리페이(중문몰에서만 가능), 페이팔 ② 신용카드 해외에서 발행한 카드 중 3D-SECURE 인증카드 (VISA, MASTER, JCB, UNION PAY)

배송 가능 국가

① 1지역(8) : 대만, 마카오, 캄보디아, 라오스, 말레이시아, 몽고, 태국, 베트남
② 2지역(1) : 부탄
③ 3지역(25) : 알바니아, 오스트리아, 바레인, 벨기에, 불가리아, 캐나다, 크로아티아, 체코, 덴마크, 에스토니아, 그리스, 헝가리, 아일랜드, 룩셈부르크, 뉴질랜드, 노르웨이, 폴란드, 포르투칼, 루마니아, 사우디아라비아, 스웨덴, 스위스, 터키, 우즈벡, 핀란드
④ 특정지역(9) - 일본, 홍콩, 중국, 호주, 미국, 싱가폴, 영국, 프랑스, 스페인

SECTION 05 국제우편스마트접수

PART 4 | 부가취급·부가서비스

> 참고
> 우체국과 계약고객은 별도의 계약업무처리 지침에 따름

의미 및 등장 배경

① 고객이 PC 또는 스마트폰으로 인터넷우체국(또는 우체국 앱)에 발송정보(발송인·수취인 주소, 성명, 통관정보 등)를 사전 입력
② 우체국에서는 입력한 발송정보를 포스트넷 시스템과 연계하여 주소기표지를 출력 및 접수

대상우편물

EMS(EMS프리미엄), 국제소포(항공·선편), 등기소형포장물(항공) K-Packet

구분	내용
등기 소형포장물 (항공)	① 요금 5% 할인 ② 고객이 우체국에 직접방문(방문접수 불가)
국제소포	① 요금할인 없음 ② 고객이 우체국에 직접방문(방문접수 불가)
EMS	① 요금 5% 할인 ② 고객 선택에 따라 우체국 창구접수 및 방문접수(방문접수수수료 납부 필요) 모두 가능 ※ 우체국별로 우체국직원 방문접수 불가지역이 있음 ※ 방문접수는 우체국직원이 고객을 방문하여 우편물을 접수하는 것을 말함
EMS프리미엄	① 요금할인 없음 ② 고객이 우체국에 직접방문(방문접수 불가)

시스템 처리도(우체국 창구접수)

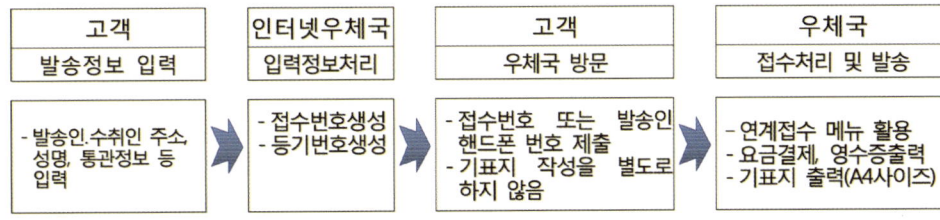

기대효과

① 접수방법 다양화를 통한 이용고객 편의증진 및 서비스경쟁력 제고
② 주소기표지 조제비용 절감에 따른 경영 수지 기여
③ 발송과 관련된 각종 기록을 DB로 저장함에 따라 향후 고객분석에 용이
④ 주소 및 사전통관제도 고객 직접입력에 따른 우체국직원의 접수부담 경감

SECTION 04 | 미국행 식품 우편물 FDA신고

PART 4 | 부가취급·부가서비스

사 전 발 송 F D A

의미 및 등장 배경

① 미국의 '공공보건 안전 및 바이오 테러리즘 대응 법률'에 따라 미국으로 식품반입 시 FDA(Food & Drug Administration)에 사전 신고해야 한다는 조항의 적용 실시(2004년 8월 13일 미국 도착 기준)
② 사전신고 대상우편물 : 미국행 국제(항공·선편)우편물 전량

사전 신고 대상우편물의 처리 과정

① FDA 홈페이지를 통해 사전 신고(해당 사이트에 먼저 계정을 개설한 후, 사전신고 등록. 우편 및 전화 등에 의한 신고는 불가능)
② 사전 신고 확인서를 인쇄하여 우편물 외부에 부착하여 발송
③ 확인번호 12자리 숫자(우측하단, Confirmation Number)를 주소기표지 세관신고서에 물품명과 병기

사전 신고 대상과 면제·유예 대상

해당 (사전신고 대상)	① 기관, 협회 또는 회사가 발송인 또는 수취인인 경우 ② 미국 FDA 홈페이지에 사전신고 후 승인서를 받아 우편물에 첨부하여 발송
사전 신고 면제	① 가정에서 제조한 + ② 비상업적 목적의 식품
사전 신고 유예	① 개인(자기 자신, 가족 또는 친구)이 개인에게 보내는 비상업적 목적의 식품 ② 사전 신고가 원칙이나 관련법의 적용을 유예함 ③ 예외 : 개인간 발송하는 상업적 목적의 식품은 사전 신고 대상임

> 예외
> EMS프리미엄은 입으로 들어가는 모든 식품에 대해 접수금지

기타

① 미국 내 식품반입에 대한 안전검색 강화로 인해 통관 및 배달이 다소 지연될 수 있음
② 부패성 식품을 우체국을 통해 발송한 후 내용품의 특성상 운송도중 부패한 경우는 발송인 책임임

분할 발송

① 발송인에게 분할 발송 여부를 확인하여야 하며 분할 발송인 경우에는 분할 발송 부호로 전송
② 오류와 정정
1) 전량 발송으로 전송한 신고번호는 이후 분할 발송으로 다시 전송 할 수 없음. 다만, 오류 전송으로 부득이한 경우에는 최초 전송 건을 정정
2) 분할 발송한 수출신고번호를 이후 전량 발송으로 전송한 경우에는 오류 처리됨

수량(무게) 과부족 처리

① 우체국장이 수출신고필증과 현품을 확인하여 이상 없음을 확인하여 전송한 것이므로 세관에서 접수는 하지만 수량 과부족에 의한 미선적으로 처리
② 분할 발송인 경우에는 수량 일치 또는 무게 선적완료 기준(±5%)에 해당하여 선적이 완료된 경우에 우편발송확인서는 접수됨
③ 이 경우 세관이 발송인(수출자)에게 수량 과부족 원인을 규명하여 조치하도록 통보

기타

① 반드시 수출신고 수리 확인 후(관세사로부터 수출신고필증 팩스를 받은 후) 우편물 발송
② 선적완료 처리된 이후에는 우편발송확인서는 정정할 수 없음

> 참고
> 수출신고 수리 전에 발송할 경우 '관세법 제241조와 제269조제3항에 따라 3년 이하의 징역이나 물품원가 이하에 상당하는 벌금에 처한다'고 규정되어 있음

【참고】 수출우편물 발송확인 서비스 입력 완료 후 생성되는 출력물

우편 발송 확인서

① 수출신고번호	② 전량, 분할 발송여부 (해당란에 "O,X" 표)	
010-10-00-0038035	전 량	분 할
	X	O

③ 품명, 규격

TV CAMERA

④ 확인내용

우편물번호	등록일자	발송일자	포장개수	중량
EM123456789KR	20 년 00월 00일	20 년 00월 00일	1 C/T	12.0kg
EM123456790KR	20 년 00월 00일	20 년 00월 00일	1 C/T	15.0kg
EM123456791KR	20 년 00월 00일	20 년 00월 00일	1 C/T	18.0kg

⑤ 비 고

상기물품은 수출신고수리를 받은 물품과 동일한 물품으로서, 상기와 같이 우편물로 발송하였음을 확인 함.

20○○년 ○○월 ○○일

○○우체국장 (인)

붙임 : 수출신고수리필증 사본 1부. 끝.

SECTION 03 | PART 4 | 부가취급·부가서비스
수출우편물 발송확인 서비스

사 전 **수 발** F D A

개요

① 의미 : 외국으로 발송하는 국제우편물중 수출신고 대상물품이 들어 있는 경우 우체국에서 해당우편물의 발송 사실을 세관에 확인하여 주는 서비스
② 대상 : 발송인이 사전에 세관에 수출신고를 하여 수리된 물품이 들어 있는 우편물
③ 취급국 : 전국우체국(별정우체국 및 우편취급국 포함)

> 참고 ▶ 수출을 위한 절차
> 사후증빙 또는 관세 환급 심사를 위하여 수출하고자 하는 물품을 세관에 수출 신고한 후 필요한 검사를 거쳐 수출 신고를 받아 물품을 외국무역선에 적재하기까지의 절차

> 참고 ▶ 수출을 위한 절차
> ① 수출신고수리를 받은 물품은 관세법상 외국물품
> ② 수리일로부터 30일내 에 선적·기적하여야 하며, 이 기일까지 선적·기적하지 아니한 경우에는 과태료 (10만원) 부과와 수출신고수리가 취소될 수 있음
> ③ 또한, 수출신고가 수리된 물품이 관세청의 전산시스템상 선적·기적 확인이 되지 않는 경우에는 관세 등의 환급이 불가
> * 선기적(船 배(Ship), 機 비행기(Aircraft), 積 짐을 싣는 것)
> : 수출 물품을 선박이나 항공기와 같은 운송수단에 싣는 행위를 통칭하는 용어

정보 입력과 전송

① 포스트넷 입력 : 통합접수 > 접수관리 > 수출우편물관리 > 수출우편물 등록
② 이용매체 : 전산으로 입력, EDI(Electronic Data Interchange) 시스템을 이용 전송

수출품의 동일성 여부 등 확인

① 수출신고 수리물품으로서 선적(우편발송)이 완료된 물품은 관세 등 환급대상이 되므로 수출신고필증상의 품명, 규격, 수량과 동일성 여부 확인에 특히 유의하여야 함(만일, 수출신고 수리물품과 상이한 물품이 우편발송 확인되어 부정 수출이나 부정·부당 환급이 발생되는 경우에는 관세법 등 관련법규에 따라 엄중 처벌을 받게 됨에 유의)

② 발송인이 수출우편물 발송 확인을 요청 시 수출신고필증상의 신고 물품과 현품의 종류, 수량, 무게 등을 확인한 후 발송하여야 함
㉠ 전량 발송인 경우에는 수출신고필증상의 총 수량과 발송 포장 개수가 일치하여야 함
㉡ 수출신고필증상 1건당 1건의 우편물 발송을 원칙으로 하되(우편물 하나에 수출신고필증상 2건 이상 포장 불가), 분할하여 발송할 수 있음

> 참고 ▶ 수출신고필증
> 관세사가 수출신고를 완료하고 받은 확인서

> 참고 ▶ 수출을 위한 절차
> 전량발송 : 1건의 수출품을 한번에 발송
> 분할발송 : 1건의 수출품을 둘 이상으로 분할하여 발송

HS코드 (Harmonized Commodity Description and Coding System)

THEMA ● HS코드 의미

수출입 물품에 대해 HS협약에 의해 부여되는 품목분류 코드
※ 품목분류 : 전 세계에서 거래되는 각종 물품을 세계관세기구(WCO)가 정한 국제통일상품분류체계(HS)에 의거 하나의 품목번호에 분류하는 것

THEMA ● HS코드 목적

관세율 적용의 일관성·정확성	① 상품분류체계의 통일을 기하여 국제무역을 원활히 하고 관세율 적용의 일관성을 유지하는 역할을 함 ② 정확한 관세율 적용
신속한 통관	① 최근 많은 국가에서 국제우편물이 배달국가에 도착하기 전에 HS 코드를 포함한 통관정보를 제공해야 하는 '사전통관정보제공' 제도 시행을 공포 ② 사전통관정보가 미제공된 우편물에 대해서는 통관연기, 배달지연, 반송 등의 조치를 취하겠다고 선언

THEMA ● HS코드의 구조

참고
① 류(Chapter) : 상품의 군별 분류
② 호(Heading) : 동일 류 품목의 종류별·가공도별 분류
③ 소호(Subheading) : 동일호 내 품목의 용도·기능 등에 따른 분류
④ 예시 : 마우스
국제공통 : '84' 기계, '71' 자동자료처리기, '60' 입력 및 출력장치
한 국 : '10' 입력장치, '30' 마우스

```
   류    호    소호
8471.60-1030
  국제공통      HSK
```

① 6자리까지는 국제적으로 공통으로 사용하는 코드이며, 7자리부터는 각 나라에서 6자리 소호의 범위 내에서 이를 세분화하여 10자리까지 사용
② 우리나라에서는 10자리까지 사용하며 이를 HSK(HS of Korea)라 지칭 (EU는 8, 일본은 9자리 사용)

THEMA 시행과 대상우편물

시행관서	전국 우체국(우편취급국 포함)
시행일자	2023. 9. 25(월) 접수분부터
대상우편물	① 물품(Goods)을 포함한 모든 비서류 우편물 해당 ② 비서류 우편물 : EMS(비서류), 항공소포, 소형포장물 (packet류)

THEMA 고객안내사항

① 입력언어 : 영어 및 영문 알파벳으로 입력 가능한 도착국가 언어, 특수문자는 사용금지
② 주소 : 발송인 및 수취인 주소의 우편번호 반드시 입력(3단 주소 입력 의무화)
③ 성명 : 발송인 및 수취인 성명란에 정확히 영어로 기재
③ 물품 가격 및 무게 : 숫자로 기입(0으로 기입 금지)
④ 물품명 : 내용품을 구체적으로 기재
 Gifts(X), Dolls(O), Remote Control Cars(O)
 Clothing(X), Wool Pants(O), Leather Skirts(O)

참고 ▶ ICS2 관련 주소입력 오류사항
① 주소 입력란에 고객 주문번호(또는 IOSS번호)를 입력하여 에러 발생
② 수취인주컬럼과 도시컬럼 입력시 항목에 맞지 않게(예시 : 주컬럼에 상세주소 입력)입력하여 에러 발생

STEP2

① 우편물에 부착되는 주소기표지(운송장) 및 세관신고서 작성언어 : 영어 및 아라비아숫자
② 포스트넷(시스템) 입력 방법 : 문자는 영문으로 숫자는 아라비아 숫자로 입력
③ 사전 통관정보 제공 순서 : 통관정보 입력(영문) → 통관정보 전송 → 도착우정 수신 ↔ 세관 제공

사전통관정보의 항목

발송인	등록구분	수취인	등록구분	내용품	등록구분
성명	**필수**	성명	**필수**	내용품유형	**필수**
상세주소	**필수**	상세주소	**필수**	내용품명	**필수**
우편번호	**필수**	우편번호	**필수**	순중량	**필수**
전화번호	**필수**	전화번호	선택	생산지	**필수**
Email	선택	Email	선택	HS Code	**필수**
				개수	**필수**
				가격	**필수**

※ 수취인 전화번호 입력은 원칙적으로 선택사항이나, 배달예정 및 통관사항 등 중요 안내사항을 전화로 하는 국가가 다수이므로 필수항목에 준하여 기재하도록 고객안내

유럽연합의 ICS2 (Import Control System 2)

THEMA 개요

① ICS2 대상국가로 발송하는 우편물은 도착국가 세관으로부터 반드시 승인 완료(AC)를 받은 경우에만 운송수단 탑재 및 발송 가능
※ AC(Assessment Complete 상대국가에서 승인완료 운송수단 탑재가능)
② 도착국 세관은 사전통관정보를 통해 안전성·위험성 등을 확인하여 승인완료

【참고】업무 개요도

THEMA 대상국가 : 총 30개 국가(EU27국+3국[스위스, 노르웨이, 리히텐슈타인])

구분	국가(30)						
유럽(27)	그리스	네덜란드	덴마크	독일	라트비아	루마니아	룩셈부르크
	리투아니아	몰타	벨기에	불가리아	스웨덴	스페인	슬로바키아
	슬로베니아	아일랜드	에스토니아	오스트리아	이탈리아	체코	크로아티아
	키프로스	포르투갈	폴란드	프랑스	핀란드	헝가리	
기타(3)	노르웨이	리히텐슈타인	스위스				

SECTION 02 사전 통관정보 제공

PART 4 | 부가취급·부가서비스

사전 수발 FDA

의미

국가 간 수출입우편물에 대한 상세정보 취득을 통한 투명하고 신속한 관세 행정, 안전사고 예방을 위해 관세당국에서 사전통관정보 제공을 의무화

사전 통관정보 체계

【참고】 사전통관정보 업무 개요도

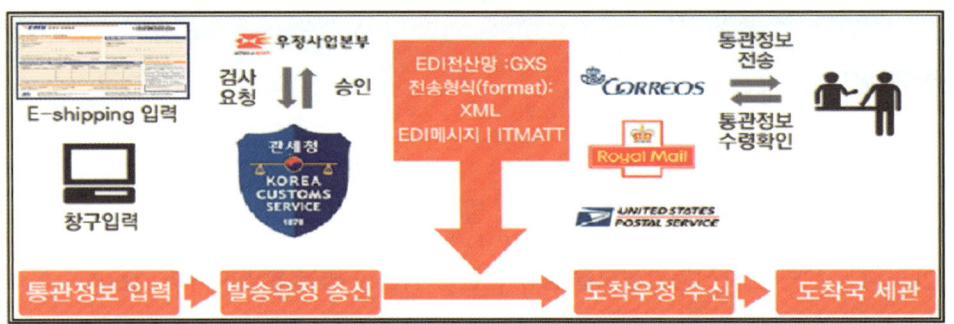

① 통관검사에 필요한 국제우편물 접수정보(발송인·수취인 주소, 성명, 전화번호, 내용품명/수량/단가 등)를 우편물이 상대국에 도착하기 전에 EDI(전자자료교환) 방식으로 상대국 우정에 제공
② 상대국 우정은 해당국 관세당국에 통관정보 제공

사전통관정보의 대상

대상 관서	전국 우체국(우편취급국 포함)
대상 우편물	① 비서류 : 국제소포(항공, 선편)우편물, K-Packet, EMS[비서류], 해상특송우편물[한중, 한일]) ② EMS(서류) ③ 소형포장물
대상 국가	UPU 회원국가 중 우리나라와 우편물을 교환하는 국가('24.01.현재)

> 사전통관정보제공 대상우편물
> ①비서류 : 국제소포(항공, 선편)우편물, K-Packet, EMS[비서류], 해상특송우편물(한중,한일)
> ② EMS(서류)
> ③ 소형포장물

C 배달통지(Advice of delivery)

배달통지의 의의

① 의미 : 배달통지는 우편물 접수 시 발송인의 청구에 따라 우편물을 수취인에게 배달하고 수취인에게서 수령 확인을 받아 발송인에게 알려 주는 제도이며, 국내우편의 배달증명과 유사한 서비스
② 취급대상우편물 : 모든 우편물(통상우편물, 소포우편물, 특급우편물)에 가능

배달통지 취급방법

① 배달통지를 청구한 우편물에는 발송인의 주소 · 성명 아래에 굵은 활자로 A.R.(또는 Avis de reception)를 기록하거나 표시함(소포의 경우 기표지(dispatch note)에 A.R.인영 표시)
② 배달통지(A.R.) 서식(CN07)은 발송인이 로마문자로 서식의 여러 해당 항목을 정확히 기록. 앞면은 접수우체국에서 기록하여 우편물에 단단히 부착(소포의 경우 기표지(dispatch note) 바로 옆에 단단히 부착)
③ 배달통지 수수료 : 1,500원(국내 배달증명 수수료 1,600원)

【참고】 배달통지서

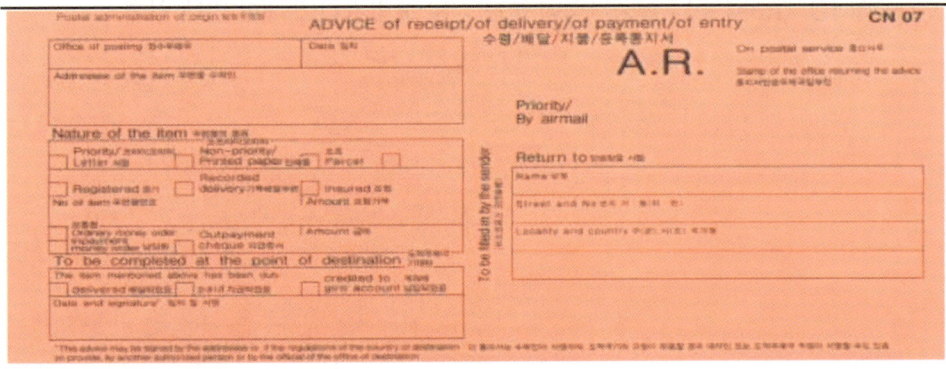

o 명칭 : 수령/배달/지불/등록 통지서(CN07)
o 규격 : 210 × 105mm, 붉은색
o 사용명세 : 배달통지 우편물을 접수할 때 사용
 - 기존에 보급된 식지를 사용하거나 포스트넷에서 출력 사용 다만, 출력할 경우에는 붉은색 용지 사용하여야 함
o 출력방법 : 우편물을 접수할 때 자동으로 발행

보험취급하여 발송할 수 있는 물건

보험취급 가능	보험취급 불가능
① 수표, 지참인불 유가증권 ② 우표, 복권, 기차표 등과 같은 금전적 가치가 있는 서류 ③ 귀금속, 보석류 ④ 고급시계, 만년필 등 귀중품 ⑤ 수출입관련 법령(『대외무역법』등)에서 허용하는 범위에서 취급 **STEP 2 >** EMS 보험취급 가능 ① 물품류(10만원 이상) ② 우표(일부가능)	① 국제우편에 관한 조약에서 취급을 금지하는 품목 가) 마약류, 항정신성물질 나) 폭발성·가연성 물질, 그 밖의 위험한 물질, 방사성물질 다) 외설적이거나 비도덕적인 물품 라) 배달국가에서 수입이나 유포를 금하는 물품 ② 우편관계 국내 법규에서 우편취급을 금지하는 품목 ③ 상대국에서 수입을 금지하는 물품 ④ 기타 : 동전 등 화폐(수집용도의 화폐도 발송할 수 없음) ⑤ 전자제품, 음식물, 파손되기 쉬운 물품(도자기, 유리컵 등)(과학기술정보통신부장관 고시)

접수 시 보험 관련 고객 안내 사항

① 손해배상 기준액 보다 물품가액이 낮은 경우 보험에 가입하여도 손해배상금액이 동일함을 안내(보험가입의 실익이 없음)
② 손해배상 기준액 보다 물품가액이 높은 경우 보험가입에 대한 안내 강화

STEP 2 >
소포우편물 내용물의 실제 가격보다 높은 가액을 보험가액으로 할 수 없으며 이러한 경우 사기보험으로 간주

B 보험취급(Insured)

보험취급의 의의

① 의의 : 수표 등의 유가증권, 금전적 가치가 있는 서류나 귀중품 등이 들어있는 우편물을 내용품의 실제적·객관적 가치에 따라 보험취급하여 송달하고, 분실·훼손되거나 도난당한 경우 보험가액의 범위에서 실제로 생긴 손해액을 배상하는 제도
② 취급대상우편물 : 모든 우편물(통상우편물, 소포우편물, 특급우편물)에 가능
③ 취급우체국 : 모든 우체국(우편취급국 포함)
④ 대상국가 : 국제우편물 발송조건(포스트넷. 인터넷우체국)에서 취급국가 및 보험가액 최고한도액 확인

STEP 2
① 보험취급되는 통상우편물은 등기보험서장(Insured Letter)
② 소포우편물은 보험소포(Insured parcel)
③ 신중하게 취급하기 위해 중요 서류, 유가증권 등 부피가 작은 귀중품은 등기보험서장으로 접수 권유

보험가액 및 보험료

THEMA 보험가액

① 보험가액 최고한도액은 4,000 SDR(7백만원, EMS프리미엄의 경우 5천만원)까지이나, 우편물 종별에 따라 국가별 최고한도액이 다르므로 국제우편물발송조건을 참고
② 보험가액은 내용품의 실제 가치를 초과할 수 없으며, 이를 위반하면 보험사기로 취급
③ 보험취급 대상 내용품은 객관적인 가치가 있는 것이어야 하며, 주관적인 가치로 평가되는 물품은 보험 취급 불가
④ 내용품의 일부가치만 보험취급 가능
⑤ 그 가치가 작성비용에 있는 서류의 보험가액은 분실의 경우 이를 대치하는데 소요되는 비용을 초과할 수 없음

THEMA 보험료

통상	기본요금	550원
	추가배달료(보험가입 시 필수)	1,300원
	추가요금 (보험가액 65.34 SDR 또는 114,300원 초과마다)	550원
소포 EMS	기본요금	2,800원
	추가요금 (보험가액 65.34 SDR 또는 114,300원 초과마다)	550원

01 3대 부가취급

PART 4 | 부가취급·부가서비스

A 등기(Registered)

등기의 의의

우편물에 등기번호를 부여하고 접수한 때부터 배달되기까지의 취급과정을 그 번호에 따라 기록하여 우편물 취급과 송달의 확실성을 보장하기 위한 제도. 망실·도난·파손의 경우 손해 배상 청구 가능

등기의 대상

① 모든 통상우편물은 등기로 발송될 수 있음
② 등기우편물을 발송하는 사람은 일반우편요금 이외에 등기취급수수료를 납부
③ 도착국의 국내법이 허용하는 경우 봉함된 등기서장에 각종 지참인불 유가증권, 여행자수표, 백금, 금, 은, 가공 또는 비가공의 보석과 그 밖의 귀중품을 넣을 수 있음(국내 관련 법규에서 허용하는 범위에서만 취급)

등기의 발송요건

① 등기우편물에는 굵은 문자로 명확하게 등기임을 표시하는 'Registered'를 가능한 한 왼쪽 윗부분 발송인의 주소·성명 아래에 기록하거나 표시함
② 접수우체국에서는 국제등기번호표(등기라벨) CN04를 우편물 앞면의 알맞은 자리에 부착
③ 주소를 연필로 쓰거나, 그 밖에 지워질 우려가 있거나 약자로 기록한 우편물은 등기로 접수하지 않음
④ 다만, 투명 창문봉투에 넣어 발송하는 우편물 이외 우편물의 주소는 복사용 잉크 연필로 표시 가능

국제등기접수증(국내 등기와 차이)

① 국제등기접수증은 우편물 접수 시 등기우편물의 발송인에게 무료 발행
② 창구 접수 시 등기번호 자동 부여하거나 등기라벨 사용 시 국제등기접수증 원부 작성 제출(등기번호 RR~, RM~)
③ 국제등기우편물 주소기표지(등기번호 RA~, VA~)를 사용하거나 포스트넷(우편물접수시스템)에 우편물 정보 입력 시에는 접수증 원부 제출 생략
④ 국제등기접수증 원부는 행방조사 청구, 손해배상 지급 등의 사유 발생 시 기초자료로 사용되므로 고객이 작성한 주소, 내용품 가액 등 정당 여부 확인 철저

참고

전자상거래 업체 등 주소, 내용품 정보를 전산으로 관리하는 경우에는 우체국과 협의하여 발송인이 직접 작성해 온 접수증 원부 사용 가능

PART 4 부가취급·부가서비스

SECTION 01 | 3대 부가취급(등기 보험 배달통지)
SECTION 02 | 사전 통관정보 제공
SECTION 03 | 수출우편물 발송확인 서비스
SECTION 04 | 미국행 식품 우편물 FDA신고
SECTION 05 | 국제우편스마트접수
SECTION 06 | 우체국 쇼핑 해외배송 서비스

MEMO

SECTION 05 K-Packet 접수

PART 3 | 국제우편의 접수

📙 포장

① 내용품이 파손되거나 이탈되지 않도록 단단하게 포장하되 사각형태의 상자에 포장하고 액체는 내용물이 새지 않도록 봉하여 외부 압력에 견딜 수 있는 용기에 넣어 포장
② 2개 이상의 포장물품을 테이프, 끈 등으로 묶어 K-Packet 하나로 발송 금지

📙 라벨기표지 작성

① 계약고객 전용 상품으로 인터넷 접수시스템(API)에 발송인과 수취인의 주소, 내용 품명, 내용품가액 등 필수 입력사항을 영문과 아라비아숫자로 입력
② 기표지(운송장)을 작성할 때에는 요금을 올바르게 계산하기 위해 반드시 규격 및 무게를 정확히 기재
③ 표시한 무게와 실제 우편물 무게가 달라 요금에 차이가 발생한 경우 즉시 이용고객에게 알림
④ 기표지(운송장)의 발송인 란에는 통관, 손해배상, 반송 등의 업무처리를 위하여 반드시 한 명의 주소·성명을 기재

📙 우편물의 접수 장소

계약 관서의 장은 인력과 차량의 사정에 따라 K-Packet을 방문접수할지 별도의 장소에서 접수할지를 협의하여 결정하고 이를 계약사항에 표시할 수 있음

📙 접수제한 물품

「만국우편협약」과 「우편법」제17조제1항(우편금지 물품)에서 정한 폭발성 물질, 발화성물질, 인화성물질, 유독성물질, 공공안전의 위해를 끼칠 수 있는 물질, 그 밖의 위험성 물질 등을 접수 제한

【참고】 프랑스행 개인발송용 송장(Invoice) 작성방법

프랑스행 EMS 개인발송용 인보이스(Invoice) 작성요령

1. 필요수량
상업송장은 총 2부가 필요함
(물품 부착용 1부 / 목적지 통관용 1부)

2. 작성언어
신속한 통관을 위하여 상업송장은 반드시 영문(English)으로 작성함

3 기재내용 : 화물의 신속한 통관과 관세 등의 정확한 부과를 위하여, 상업송장에 기입되어야 할 항목들을 확인하고 내용을 정확히 기재하여야 함.
① Date : 우편물 접수일자
② Sender : 발송인 성명(상호), 주소 기재
③ Addressee : 수취인 성명(상호), 주소 기재
④ Item number : 우편물(등기)번호
⑤ Designation : 해당 물품명, 규격, 품질 등 정확한 명세 기재
⑥ Quantity : 물품의 단위당 수량 기재
⑦ Unit price : 단위 수량 당 가격, 즉 단가 기재(현재 가격)
⑧ Total Value : 단가에 수량을 곱한 총금액 기재
⑨ Total : 품목별 합계

【참고】 상품(상업)송장 작성요령

상업송장(Commercial Invoice) 작성요령

1. 상업송장 필요수량
상업 송장은 총 3부 필요함
(물품 부착용 1부 / 발송지 통관용 1부 / 목적지 통관용 1부)

2. 상업송장 작성언어
신속한 통관을 위하여 상업송장은 반드시 영문(English)으로 작성함

3. 상업송장 양식 : 샘플 상업송장 양식은 권유 양식이며, 대다수의 국가의 통관규정에 바탕하여 작성된 것임

4. 상업송장 기재내용 : 화물의 신속한 통관과 관세 등의 정확한 부과를 위하여, 상업송장에 기입되어야 할 항목들을 확인하고 내용을 정확히 기재함

① Shipper/Seller : 발송인 성명(상호), 주소 기재
② Consignee : 수취인 성명(상호), 주소 기재
③ Departure Date : 화물을 적재한 비행기 등의 출발일자를 기재하며, 우편물 기표지상의 일자와 일치시켜야 한다. 송장 작성시점에서는 정확한 날짜를 알 수 없으므로, 우편물 접수 예상일자의 7일 전후로 기재하면 된다.
④ From : 화물 적재지로 예정된 공항 등의 명칭을 기재. ex) Incheon Korea
⑤ To : 화물이 도착하기로 예정된 최종 목적지인 공항 등의 명칭 기재
⑥ Invoice No. and Date : 발송인이 상업송장에 부여한 참조번호 및 송장 발행일자 기재
⑦ L/C No. and date : 신용장 번호 및 발행일자 기재
⑧ Buyer(if other than consignee) : 우편물 수취인과 수입자(구매자)가 다른 경우, 화물 수입자의 성명(상호) 및 주소를 기재한다.
⑨ Other reference : 기타 참조사항을 기재하는 난이며, 보통 원산지(country of origin) 등을 기재한다.
⑩ Terms of delivery and payment : 인도조건과 지불조건을 기재한다.
⑪ Shipping marks : 화물에 표시된 화인을 기재한다.
⑫ No. & kinds of Pkgs : 화물 포장의 개수와 포장형태를 기재한다.
⑬ Goods Description : 해당 물품의 규격, 품질 등 정확한 명세를 기재한다.
⑭ Quantity : 물품의 단위당 수량을 기재한다.
※ 수량 단위 : piece(개수), set(세트), case(상자), bag(포대), kg(킬로그램), ton(톤) 등
⑮ Unit price : 단위 수량당 가격, 즉 단가를 기재
⑯ amount : 단가에 수량을 곱한 총금액을 기재한다.
⑰ HS Code : HS Code를 물품별로 각각 기재한다.
※ 위의 작성요령은 대다수 국가의 통관규정에 바탕하여 작성하였음. 그러나 이 내용은 각국의 사정에 따라 통보 없이 변경될 수 있음. 추가 정보가 필요하신 경우에는 우체국콜센터(1588-1300)로 문의할 것

통관 관련 안내사항

통관 진행방법	① 세관신고서(CN23)란에 Sample 상품견본용, Gift 개인용, Merchandise 판매용 반드시 체크 ② 샘플 또는 상품인 경우 Invoice 3부 작성 ③ Invoice 원본이 필요한 국가 : 프랑스, 동유럽국가, 남미 등 ④ 프랑스행 EMS(비서류) 접수시 개인물품, 상업물품 모두 면세한도와 관계없이 Invoice를 반드시 작성해야 함
통관대행불가	① 세관계류 시 수취인이 직접 통관 ② 통관으로 인한 배달지연에 대한 손해배상 불가함 ③ 서류도 통관대상 ※ 현지국 사정에 따라 통관대행이 발생할 수 있음(수수료부과가능)
기타	① 음식물 관련 포장상자(사과, 배, 포도, 고구마, 감자 등이 그려진 농산물 박스)에 해당 음식물이나 다른 내용품을 포장 발송하는 경우 통관이 지연될 수 있음 ② EMS 우편물 발송 후 도착국가에서 수취인 부재, 주소 불명확 등으로 반송 시 발송인에게 반송료를 부과하지 않음(반송요 없음)

참고 ▶ Invoice 작성예시는 바로 뒷장에 첨부되어 있음

주소가 P.O Box인 경우

원칙	① EMS프리미엄 접수시 원칙적으로 사서함 발송 불가 ② EMS로 발송 시 : 도착국에서 일반보통우편으로 전환되어 종추적 불가(특히, 미국, 캐나다)
예외	① 중동지역 사서함 발송 가능(반드시 전화번호 기재) ② 오만, 예멘, 아랍에미레이트, 이란, 카타르, 쿠웨이트, 사우디아라비아

참고 ▶ EMS사서함 취급하지 않는 국가
중국, 독일, 프랑스, 영국, 인도, 터키, 스웨덴, 말레이시아 등

물품 별 안내사항

금제품 (우편금제품)	① 주화, 항공권, 유레일패스, 신용카드, 여권은 접수 불가 ② 금은보석 및 귀금속, UPU금제품, 항공기탑재 금제품 *금제품 손해배상 대상이 아님을 안내
선적·유학·상업 서류 (선하증권, 계약서 등)	① 유학서류 및 선하증권이 포함된 우편물은 EMS접수불가(EMS 프리미엄으로 접수) ② 미배달시 간접적으로 손실우려가 있는 것(간접손실은 손해배상대상이 아님) / 주소지 P.O Box는 접수 불가 ③ 유학서류는 학교 Mail Room으로 배달됨
전자제품	① 전자제품은 약간의 충격에도 파손의 우려가 크며, 외관에 이상은 없으나 기능 미작동에 따른 대형 민원이 제기 되므로 접수 지양하도록 정중히 안내(보험취급불가) ② 부득이하게 접수하여야 하는 경우는 우편물 내부와 외부의 견고한 포장을 확인하여 접수 ※ 배터리가 내장된 전자제품(휴대폰, 노트북 등)은 항공기탑재 금제품으로 접수 불가
음식물	① 김치, 한약, 액젓, 고추장, 된장 등과 같은 부패성 음식물 1) 기후, 기온, 기압 등에 의하여 운송 중 파손의 우려가 크고 2) 상대국 세관에서 악취를 이유로 폐기하는 경우가 발생하며 3) 약간의 지연에도 내용물이 상하여 쓸모없게 됨 → 파손되더라도 내용물이 유출되지 않도록 충분한 완충제를 넣고 겹겹으로 포장되었는지 확인하고 접수 ② 모든 음식물은 통관보류 및 불허판정을 받는 경우가 다수 발생 ③ 보험취급 불가 : 지연되어 음식이 상한 경우 내용품에 대한 손해배상은 없고 우편요금만 배상. 단, 통관에 의한 지연은 제외

CHAPTER B EMS 보험취급

EMS 보험취급 개요

① 보험취급한도액 및 수수료

보험취급 한도액	보험 취급 수수료
4,000SDR 또는 7백만원 ※ EMS프리미엄 : 5천만원	- 보험가액 최초 65.34 SDR 또는 최초114,300원까지 : 2,800원 - 보험가액 65.34 SDR 또는 114,300원 추가마다 : 550원 추가

② 우리나라와 EMS를 교환하는 모든 나라로 발송하는 EMS에 대하여 보험취급이 가능(상대국의 보험취급 여부와 관계없이 취급)
※ 중국행 EMS는 예외적으로 보험취급불가

보험가액의 기재

① 보험가액은 내용품의 실제 가치를 초과할 수 없으며, 이를 속여 기재한 경우 보험사기로 취급
② 내용품은 주관적인 가치가 아니고 객관적인 가치를 갖고 있는 것
③ 보험가액은 주소기표지 보험가액란에 'OOO원 (예시 150,000원)'으로 기재하고 보험취급수수료는 별도 기재 없이 요금에 포함하여 기재
④ 기타 사항에 대하여는 보험소포우편물의 취급요령에 준하여 처리

CHAPTER C EMS 접수시 안내 및 확인 사항

기본 사항

국가별 휴일정보	① 인터넷우체국에서 수시로 각 국가별 휴일정보 확인(월별 업그레이드) ② 중동지역 일부 국가의 경우 목, 금이 우리나라 주말의 개념임
보험 가입권유	고액물품(10만원 이상) 우편물 ※ 10만원 이상인 물품의 경우 중량이 무거운 접수품은 손해배상액을 살펴본 후 보험 권유
세관신고서 작성	① 내용품명은 반드시 영문 기재 ② 내용품 가격(물품가)은 미화(USD)로 기재(종이 기표지 기준) ③ 금액은 발송인이 직접 기재 ④ 손해배상 시 기재한 금액만큼 배상됨을 안내 ⑤ Sample도 내용품 가격 기재

발송인 기재사항

우체국(취급국)은 아래 기재사항의 이상 유무를 반드시 확인후 우편물 접수

전화번호	보내는 사람뿐만 아니라 받는 사람 란의 전화번호를 반드시 기재(일부 국가의 경우 전화번호가 기재되지 않는 경우 배달지연 요소로 작용함을 안내)
성명 및 주소	① 보내는 사람 및 받는 사람의 성명 및 주소 기재 ② 보내는 사람의 성명·주소 란도 영문으로 기재(상대국에서 배달 및 행방조사 시 유용함)
우편번호 (Postal code)	신속한 통관 및 정확한 배달을 위하여 필요하므로 반드시 기재
세관신고서 (CN22, 서류용 주소기표지)	① 내용품명, 개수, 가격 등을 해당 란에 정확히 기재하고 내용품 구분(서류, 인쇄물) 란의 해당 칸에 표시 ② 주소 기표지(운송장) 가격의 화폐 단위는 미화(USD)로 기재
세관신고서 (CN23, 비서류용 주소기표지)	① 내용품명, 개수, 순중량, 가격, HS 코드번호, 생산지 등을 품목별로 정확히 기재 ② 상품 견본영, 개인용, 판매용 중 해당되는 칸 (□안)에 ∨또는 X 표시
발송인 서명	성명·주소, 전화번호, 세관표지 또는 세관신고서 기재 내용에 틀림이 없음을 확인하는 것이므로 반드시 발송인이 직접 서명

SECTION 04 국제특급우편물(EMS)의 접수

PART 3 | 국제우편의 접수

A EMS 기표지 기재요령

접수우체국 기재 사항

일시	해당칸에 접수 년·월·일·시·분까지 기재
중량 크기	① 10g 단위로 기재 ② 우편물의 가로(cm)·세로(cm)·높이(cm) ③ Actual weight(실중량), Volume weight(부피중량) 등을 접수담당자가 명확하게 기재(부피중량 기재란이 없는 구 기표지 사용금지)
우편요금	원화 표시 및 아라비아 숫자로 기재
배달보장 서비스	① 해당 국가(카할라우정연합 국가)에 한하여 ② 포스트넷 조회결과 일자를 기재
도착국명	영문과 한글로 기재
보험이용여부 및 보험가액	① 고액의 물품일 경우 반드시 고객에게 보험이용여부 문의 후 이용 시 해당 칸에 표시 ② 주소기표지의 보험가액은 원화로 기재
요금납부방법 및 기타	해당 칸에 표시

> 참고
> ※ 포스트넷에 원화입력 시 SDR환산금액을 알 수 있음

⑤ 발송우체국은 발송인이 원화(KRW)로 기록한 보험가액을 SDR로 환산하여 기표지(운송장) 해당란에 기록하며 환산할 때에는 소수점 둘째자리 미만은 올려서 소수점 둘째자리까지 기록함
⑥ 이 가액은 어떠한 경우에도 고쳐 쓸 수 없음(보험가액 최고한도액 4,000SDR이나 국가마다 보험취급 여부와 한도금액이 다름)

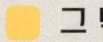

⑦ 소포우편물 내용물의 실제 가격보다 높은 가액을 보험가액으로 할 수 없으며 이러한 경우 사기보험으로 간주

그 밖의 사항

보통소포우편물의 경우에 준하여 처리

CHAPTER C 소포우편물 접수시 유의사항

① 주소기표지(운송장) : '보통소포·보험소포 겸용(Parcel)'기표지를 사용하되 부피중량 기재가 가능한 신형주소기표지를 사용(구 기표지 사용금지)
② 소포 표면에 붙인 주소기표지는 전산 처리되므로 운송 도중 탈락되지 않도록 부착(바코드 부분을 제외하고 기표지 가장자리에 투명테이프를 사용하여 부착)하고 바코드 부분은 구겨지거나 손상되지 않도록 각별히 유의
③ 주소기표지의 크기보다 작은 소포를 접수할 경우 등기우편을 권유하거나 최소한 주소기표지(운송장)보다 크게 포장을 해서 접수
④ 당일 우편물 접수내역은 반드시 전산입력 및 자료 전송을 해야 함

【참고】 선편우편물 접수 국가(29국) (2019. 8월 현재)

직접운송 국가(8국)		1지역 : 중국, 홍콩, 일본
		2지역 : 태국
		3지역 : 호주, 캐나다, 독일, 미국
중계 국가	홍콩 (13국)	2지역 : 방글라데시, 말레이시아, 싱가포르, 인도네시아
		3지역 : 핀란드, 프랑스, 영국, 아일랜드, 네덜란드, 노르웨이, 폴란드, 스페인, 스웨덴
	일본 (8국)	1지역 : 대만
		2지역 : 필리핀, 베트남
		3지역 : 인도, 러시아
		4지역 : 남아프리카공화국, 페루, 브라질

B 보험소포우편물의 접수

접수 검사

① <u>보험소포우편물은 특히 포장을 튼튼히 한 후 뜯지 못하도록 봉함</u>
② 국가별로 보험소포 취급여부와 보험가입 최대한도액이 상이하므로 포스트넷에 확인하여 고객안내 및 접수
③ 그 밖의 사항은 보통소포우편물의 접수 검사 절차와 동일

국제보험소포우편물 운송장의 작성과 첨부

THEMA) 국제소포우편물과 공통점

국제보험소포우편물 운송장의 구성, 통관에 필요한 첨부서류 추가, 배달이 불가능할 때의 처리 방법에 관한 지시사항 표시 등에 관하여는 앞에 서술한 보통소포우편물 접수 예와 같음

THEMA) 국제소포우편물과 차이점

보험소포우편물의 중량은 10g 단위로 표시, 10g 미만의 단수는 10g 단위로 절상
※ 중량이 7kg 542g인 경우 7,550g 으로 기록
※ 우편요금산정을 위한 실제중량과 부피중량의 적용방법에 대해서는 앞에 서술한 보통소포우편물의 접수 예와 같음

THEMA) 보험가액을 기록

① 내용품은 반드시 객관적인 가치(주관적 X)가 있는 물품이어야 함
② 보험가액은 소포우편물 내용물의 실제 가격을 초과할 수 없지만 소포우편물 가격의 일부만을 보험에 가입하는 것은 허용
③ 보험가액은 발송인이 원화(KRW) 단위로 'Insured Value-words 보험가액-문자'란과 'Figures 숫자'란에 영문과 아라비아 숫자로 각각 기재(접수담당자가 '보험가액-문자' 작성 등에 도움을 주는 것이 바람직함)

Insured Value-words 보험가액-문자	Figures 숫자

④ 보험가액을 잘못 기재한 경우 지우거나 수정하지 말고 주소기 표지(운송장)를 다시 작성하도록 발송인에게 요구(기표지에 수정 불가)

THEMA 배달불능시 처리란

① 발송인이 기표지(운송장)를 기재할 때 'Sender's instruction in case of non-delivery 배달불능시 다음과 같이 처리 바람'은 배달국가에서 배달불능 시 처리 방법을 명확히 하는데 필요할 뿐 아니라, 소포우편물이 반송되는 경우에 발송인으로부터 반착료(반송료)를 징수하는 근거가 되므로 매우 중요함

```
Sender's instructions in case of non-delivery 배달불능 시 다음과 같이 처리 바람
(반송비는 발송인 부담)
□ Treat as abandoned 포기        Return 반송    □ 항공·우선편 Priority
                                              □ 선박·비우선편 non-Priority
```

② 발송인이 배달불능 우편물을 반송받기를 원치 않을 경우 '□ Treat as abandoned 포기'를 선택한다.
③ 발송인이 배달불능 우편물을 반송받기를 원할 경우 'Return 반송'의 '항공·우선편 priority' 또는 '선편·비우선편 non-priority'중 하나를 선택한다.
(국가에 따라 항공 또는 선편 반송이 불가능한 나라가 있으므로 우편물류시스템에 확인 후 선택하여야 한다.)
④ 발송인 선택사항이 없거나 모순되는 경우에는 별도 통보 없이 소포우편물을 반송 조치토록 되어 있음에 유의

THEMA 접수담당자 기재 사항

① 발송인이 작성 제출한 주소기표지(운송장)에는 도착국가명, 중량, 요금, 접수우체국명/접수일자 등을 접수담당자가 명확히 기재
② 이 경우 100g 미만의 단수는 100g 단위로 절상
EX) 소포우편물 중량이 5kg 740g인 경우 5,800g으로 기록
③ 실제중량(Actual weight)과 부피중량(Volume weight)을 기록한 후 두 가지 중량 중 높은 쪽의 중량에 해당하는 요금을 적용한다. (선편소포는 부피중량 적용대상이 아님)
※ 부피중량 산정을 위해 우편물의 가로(cm)·세로(cm)·높이(cm)를 정확히 기재한다.

Width 가로	Length 세로	Height 높이	Actual weight 실중량	Volume weight 부피중량
cm	cm	cm	g	g

④ <u>운송장의 소포우편물 중량과 요금은 고쳐 쓸 수 없으므로 잘못 적지 않도록 각별히 주의</u>

THEMA 소포우편물의 운송편(편별)

소포우편물의 운송편(편별)에 따라 'AIR 항공', 'SURFACE 선편' 의 해당 □속에 체크 표시(∨또는X)를 명확하게 표시하여 발송

기타

① 요금납부방법 : 현금, 신용카드(체크카드 포함), 우표
② 접수된 우편물은 발송전에 처리부서 책임자가 반드시 정당 요금 징수여부를 검사하고 국제소포우편물 운송장, 국제발송소포우편물 송달증, 별·후납 취급기록, 우편요금즉납서 등과 철저히 대조 확인

보통소포 · 보험소포 겸용 (Parcels)

■ 주의 : 뒷면 내용을 반드시 읽으신 후 작성바랍니다. (우편물배달문의, 행방조사 및 손해배상 청구는 접수 다음날부터 6월이내에 하셔야 합니다.)

From 보내는사람(영문)
- Name (Tel:)
- Address
- ※작성된 개인정보는 사전통관정보제공 시행국가에 전자적으로 전송됩니다.
- ( ) Rep. of KOREA

By 편별 ☐ Air 항공 ☐ Surface 선편
Item No. 소포번호

The item/parcel may be opened officially 이 우편물은 검사를 위해 개봉될수 있음.

To 받는사람(영문)
- Name (Tel:)
- Address
- City (도시명)
- Postal code (우편번호)
- Country (영문)(한글)

Category of parcel 소포의 종류
- ☐ Ordinary 보통
- ☐ Insured 보험
- ☐ A R 배달통지

Insured Value-words 보험가액-문자 | Figures 숫자
Cash-on-delivery amount-words 대금교환금액-문자 | Figures 숫자

Itemized list of contents 내용품명(품목별로 기재바람)	Number(개수)	Net. weight(순중량)	Value(가격:US$)	HS Tariff Number(HS Code)	Country of Origin(생산지)

- ☐ Commercial sample 상품견본
- ☐ Documents 서류
- ☐ Gift 선물
- ☐ Merchandise 상품

Width 가로 cm | Length 세로 cm | Height 높이 cm | Actual weight 실중량 g | Volume weight 부피중량 g

Insured Value SDR 보험가액 SDR

Sender's instructions in case of non-delivery 배달불능 시 다음과 같이 처리 바람
(반송비는 발송인 부담)
- ☐ Treat as abandoned 포기
- Return 반송 ☐ 항공 · 우선편 Priority ☐ 선박 · 비우선편 non-Priority

요금 Won

Office of origin/Date of posting 접수우체국명/접수일자

Date and sender's signature 일자 및 발송인 서명
I certify that the particulars given in the customs declaration are correct and that this item does not contain any dangerous article prohibited by postal regulations. I also agree to pay the costs related to my adjacent instruction in case of non-delivery.
세관신고서에 적은 내용이 정확하고 우편금제품으로 규정된 위험한 물품이 들어있지 않음을 확인함. 또한 배달불능의 경우 위 내용대로 처리함에 따라 발생되는 비용을 지불하겠음. 뒷면 작성요령을 확인함.
Date and Sender's signature 일자 및 발송인 서명

Date and declaration by addressee 일자 및 수취인 서명
I have received the parcel described on this note.
이 기표지에 기재된 물품을 수령하였음.
Date and addressee's signature 일자 및 수취인 서명

국제소포우편물 주소기표지 ADDRESS LABEL

03 국제소포우편물의 접수

PART 3 | 국제우편의 접수

A 보통소포우편물의 접수

접수 검사

① 도착국가와 우리나라의 소포 교환 여부, 접수 중지 여부
② 금지물품 여부(도착국가 취급불가, 항공보안 위반 등), 포장상태
③ 용적과 중량제한(국제우편요금, 발송조건표, 포스트넷 참조)
④ 운송장 기록 사항
(1) 내용품의 영문 표기 및 수량과 가격 표기
(2) 잘못을 발견하였을 때에는 발송인에게 보완 요구, 불응하면 접수 거절

국제소포우편물 운송장의 작성과 첨부

THEMA 발송인 작성의 원칙

발송인으로 하여금 국제소포우편물 기표지(운송장)을 작성하게 하여 소포우편물 외부에 떨어지지 않도록 부착

THEMA 운송장(기표지)

5연식 기표지	국제소포우편물 기표지(운송장)은 5연식으로 되어 있으며, 별도의 복사지 없이도 제1면의 기록 내용이 제5면까지 복사됨
기표지 용도	① 제1면 : 주소, 세관신고서, 부가취급 등 작성 ② 제2면: 접수우체국보관용 ③ 제3면: 발송인보관용 ④ 제4, 5면: 세관신고서

THEMA 도착국가에서 필요한 서식 작성 여부

① 국제소포우편물 운송장에는 도착국가에서 필요한 서식(송장·세관신고서)이 포함되어 있으므로 별도 작성할 필요 없음
② 다만, 발송인이 필요하다고 인정하는 경우, 우리나라와 도착국가에서의 통관수속에 필요한 모든 서류(상업송장, 수출허가서, 수입허가서, 원산지증명서, 건강증명서 등) 첨부 가능

【참고】 CN22

(앞면)

CUSTOMS DECLARATION 세관신고서	May be opened officially 공식적으로 개봉할 수 있음	**CN 22**
Designated operator **Korea Post**		Important! See instructions on the back(뒷면 확인)

☐ Gift(선물)	☐ Commercial sample(상업샘플)
☐ Documents(서류)	☐ Other(기타)

Quantity and detailed description of contents(1) 내용품명, 수량 등 자세한 설명	Weight (in kg)(2)	value (3) 가격
For commercial items only if known, HS tariff number(4) and country of origin of goods(5)(상업물품인 경우 원산지 및 HS코드(상품분류번호) 기입	Total weight (in kg) (6)	Total value (7)

I, the undersigned, whose name and address are given on the item, certify that the particulars given in this declaration are correct and that this item does not contain any dangerous article or articles prohibited by legislation or by postal or customs regulations
신고서에 신고한 물품이 정확하며, 법규, 우편 및 관세법에 규정된 금지물품이나 위험물품을 포함하지 않음을 증명합니다.
Date and sender's signature(8)

(뒷면)

Instruction(안내말씀)

To accelerate customs clearance, fill in this form in English, French or in a language accepted by the destination country. If the value of the contents is over 300 SDR, you must use a CN23 form. You must give the sender's full name and address on the front of the item. 내용품이 524,700원 이상은 CN23양식을 사용, 반드시 발송인 이름과 주소를 우편물 앞 표면에 기입할 것

(1) Give a detailed description, quantity and unit of measurement for each article, e.g. 2 men's cotton shirts, especially for articles subject to quarantine(plant, animal, food products, etc.) 내용품 수량 및 자세한 내용 기입(예, 남자면셔츠2개로 표시, 동식물검역대상 특히 주의)

(2),(3),(6), and (7) Give the weight and value of each article and the total weight and value of the item. Indicate the currency used, e.g. CHF for Swiss francs.(각각 중량 및 가액 기입, 단위표시 반드시 기재)

(4) and (5) The HS tariff number(6-digit) must be based on the Harmonized Commodity Description and Coding System developed by the World Customs Organization. Country of origin means the country where the goods originated, e.g. were produced, manufactured or assembled. It is recommended you supply this information and attach an invoice to the outside as this will assist Customs in processing the items.
-www.hscode.co.kr 에서 상품에 부여된 HS코드 확인 가능
원산지국가란 상품이 생산된 국가로 즉 제조, 조립 또는 생산된 경우
(8) Your signature and the date confirm your liability for the item.
발송인 서명 및 일자 기입

(규격 74 x 105mm, 흰색 또는 초록색)

From De	Great Britain Grande-Bretagne		Sender's Customs reference (if any) Référence en douane de l'expéditeur (si elle existe)
	Name		
	Business		
	Street		
	Postcode	City	
	Country		
To A	Name		
	Business		
	Street		
	Postcode	City	
	Country		

CUSTOMS DECLARATION   **CN 23**

No. of item (barcode, if any) DÉCLARATION EN DOUANE N° de l'envoi (code à barres, s'il existe)	May be opened officially Peut être ouvert d'office	Important! See instructions on the back

Importer's reference (if any) (tax code/VAT No./importer code) (optional)
Référence de l'importateur (si elle existe) (code fiscal/N° de TVA/code de l'importateur) (facultatif)

Importer's telephone/fax/e-mail (if known)
N° de téléphone/fax/e-mail de l'importateur (si connus)

Detailed description of contents (1) Description détaillée du contenu	Quantity (2) Quantité	Net Weight (3) Poids Net (in kg)	Value (5) Valeur	For commercial items only Pour les envois commerciaux seulement	
				HS tariff number (7) N° tarifaire du SH	Country of origin of goods (8) Pays d'origine des marchandises
		Total gross weight (4) Poids brut total	Total value (6) Valeur totale	Postal charges/Fees (9) Frais de port/Frais	

Category of item (10) Catégorie de l'envoi	Commercial sample Echantillon commercial Explanation: Explication:	Office of origin/Date of posting Bureau d'origine/Date de dépôt
☐ Gift Cadeau ☐ Documents	☐ Returned goods Retour de marchandise ☐ Other Autre	

Comments (11): (e.g.: goods subject to quarantine, sanitary/phytosanitary inspection or other restrictions)
Observations: (p. ex. Marchandise soumise à la quarantaine/à des contrôles sanitaires, phytosanitaires ou à d'autres restrictions)

I certify that the particulars given in this customs declaration are correct and that this item does not contain any dangerous article or articles prohibited by legislation or by postal or customs regulations

☐ Licence (12) Licence No(s). of licence(s)	☐ Certificate (13) Certificat No(s). of certificate(s)	☐ Invoice (14) Facture No. of invoice	Date and sender's signature (15)

우편자루배달인쇄물(M bag)의 접수

THEMA ○ 우편자루배달인쇄물(M bag) 접수 시 유의사항

① 우편요금, 발송 조건표, 우편물류시스템을 이용하여 확인(미국, 캐나다 등기 취급 불가)
② 접수할 때에는 하나의 통상우편물로 취급
③ 주소기록용 꼬리표(90×140mm, 두꺼운 종이 또는 플라스틱이나 나무에 붙인 종이 등으로 만들고, 두 개의 구멍이 있어야 함)를 2장 작성하여, 1장은 우편물에 붙이고 1장은 우편자루 목에 묶어 봉인
④ 요금은 우표나 우편요금인영증지를 주소기록용 꼬리표(우편자루 목에 붙인 꼬리표) 뒷면이나 우편물 표면(꼬리표를 달기 어려울 때)에 부착
⑤ 통관대상물품이 들어 있는 경우에 세관신고서는 300SDR 이하에는 CN22를 작성하여 붙이고 300SDR을 초과 할 경우에는 CN23을 작성하여 붙임
⑥ 통관절차대행수수료 4,000원 징수(우편요금과 별도로 징수)

THEMA ○ M bag 우편자루 취급

국제우편자루 사용	① 국제우편자루에 우편물을 넣어서 취급 ② 접수우체국에서 국제우편자루 미확보 등 부득이한 경우에는 국내우편자루를 활용하고, 국제우편물류센터에서 국제우편자루로 다시 묶을 수 있음
국제우편자루 발송	① 우편물을 넣은 국제우편자루(M-bag)를 다시 국내용 우편자루에 넣어 교환우체국으로 발송하되, 국명표와 송달증에 'M' 표시 ② 항공편일 경우에는 국제우편물류센터로 발송 ③ 선편일 경우에는 부산국제우체국으로 발송

SECTION 02

PART 3 | 국제우편의 접수

국제통상우편물의 접수

통상우편물 접수(창구접수, 수집)할 때 주요 확인할 사항

① 도착국가는 접수 가능 국가인지
② 통상우편물로 발송할 수 있는 내용인가
③ 종별은 무엇인지 / 내용품은 우편 금지물품이 아닌지
④ 부가취급 요청은 없는지
⑤ 부가취급은 이를 상대 국가에서 취급을 허용하는 것인지
⑥ 용적·무게 및 규격의 제한에 어긋나는 것은 아닌지
⑦ 포장은 적절한지
⑧ 투명창문봉투를 사용하고 있는 우편물은 창문을 통하여 주소를 쉽게 읽을 수 있는지
⑨ 봉투 전부가 투명한 창문으로 된 것을 사용하고 있는지
⑩ 외부 기록 사항은 적당한지
⑪ 각종 표시는 어떠한지
⑫ 첨부 서류는 어떠한지

> STEP 2
> 검사 결과 규정 위반이 발견된 때, 발송인에게 보완하여 제출하도록 요구. 이에 거부할 때는 그 이유를 상세히 설명하고 접수 거절

항공서간 등

① 항공서간 취급 요건 충족 여부 확인
② 국제우편날짜도장 소인

시각장애인용 우편물의 접수

① 시각장애인용우편물 취급 요건 충족 여부
② 봉투 표면에 'Items for the blind' 및 시각장애인우편물 상징그림 표시
③ 항공우편으로 발송할 때에는 항공요금을 부가하여 수납
※ 포스트넷에 운송편을 항공으로 선택 시 자동으로 요금 계산됨
④ 등기를 접수할 때 등기료는 무료
⑤ AIR MAIL 또는 SURFACE MAIL 고무인
⑥ 국제우편날짜도장으로 소인

CHAPTER B 수집 우편물의 처리

국제특급우편물

따로 가려내어 가장 빠른 운송편으로 송달

요금 미납·부족 우편물 처리

> 참고
> 요금 검사 철저

① 수집우체국에서는 부전을 붙여 발송인에게 반송, 미납 요금 보정 요구
② 발송인의 주소가 없는 우편물은 수집우체국에서 국제우체국으로 별도 송부하고 국제우체국에서는 'T' 처리하여 발송
③ 국제우체국에 보내진 발송우편물 중 요금 등의 전부나 일부가 납부되지 아니한 우편물의 처리
(1) 발송인 주소·성명이 기록된 우편물에 대하여는 해당 우편물에 '요금미납' 등의 표시를 하여 수취인에게 발송, 그 사실과 미납 요금액을 발송인에게 통지, 발송인에게 미납·부족 요금 징수. 미납·부족 요금 추징이 불가능할 경우 사유를 확인한 후 관서장 판단으로 종결 처리
(2) 발송인의 주소와 성명이 분명하지 아니한 우편물은 'T' 처리 후 발송. 항공보통통상우편물은 항공편으로, 선편보통통상우편물은 선편으로 발송
④ 등기우편물, 소포우편물, 특급우편물 등의 요금이 부족하게 납부되거나 미납된 사실을 발견한 경우에는 다음과 같이 처리
(1) 우편물은 정당 수취인 앞으로 우선 발송
(2) 발견우체국에서 접수우체국으로 사고통지서 발송
(3) 접수우체국에서는 접수담당자 책임으로 미납·부족 요금을 즉납 처리

기타

요금 검사결과 등기취급요금 상당의 우표가 붙여진 우편물은 '취급 중 발견'으로 취급

SECTION 01 국제우편 접수 일반

PART 3 | 국제우편의 접수

CHAPTER A 개요

접수와 우편계약

① 우편물이 접수된 때부터 우편이용관계 발생, 우편관서와 발송인 사이에 우편물 송달계약 성립
② 따라서 우편관서에서는 접수한 우편물을 도착국가로 안전하게 송달하여야 할 의무가 있으며 발송인은 국제우편 이용관계에 따른 각종 청구권을 갖는 등 권리의무가 성립

> **참고 ▶ 교안 표현**
> 국제우편물의 접수와 관련하여 발송인이 '발송'하였다는 의미는 우편관서에 '접수'하였다는 의미임

접수 방법

① 국내우편물과 마찬가지로 우편물을 우체통에 넣거나 우체국에서 접수
② 다만, EMS, K-packet 등은 발송인의 요청에 따라 우체국에서 발송인을 방문하여 접수 가능

우체통 투함 불가한 경우(우체국 직원을 통해서만 접수)

① 소형포장물, 소포우편물, 국제특급우편물(EMS), K-Packet, 한중해상특송우편물
② 부가취급을 요하는 우편물
③ 통관검사를 받아야 할 물품이 들어있는 우편물
④ 요금별납, 요금후납, 요금계기별납으로 하는 우편물
⑤ 항공취급하는 시각장애인용우편물
⑥ 만국우편협약에서 정한 우편요금감면대상 우편물

> 용적이 크기 때문에 우체통에 넣을 수 없는 우편물과 한꺼번에 여러 통을 발송하는 우편물의 경우, 이를 우체국 창구에 제출 가능

소인과 도장

① 국제우편물의 소인, 그 밖의 업무취급에는 국제우편날짜도장 사용
② 통상우편물은 우편물에 붙인 우표에 소인
③ 다만, 우편사무우편물, 요금별납, 요금후납, 요금계기별납에 따른 우편물은 우편날짜도장을 날인하지 않음

PART 3 국제우편의 접수

SECTION 01 | 국제우편 접수 일반

SECTION 02 | 국제통상우편물의 접수

SECTION 03 | 국제소포우편물의 접수

SECTION 04 | 국제특급우편물(EMS)의 접수

SECTION 05 | K-Packet 접수
  한중해상특송의 접수는 별도로 다루지 않음

MEMO

SECTION 06 해상특송서비스 (POST Sea Express)

PART 2 | 국제우편 총실 : 우편물의 종류와 취급우체국

한중 해상특송서비스

THEMA 개념

① 30kg 이하 물품의 해외 다량발송에 적합한 서비스로서 우체국과 계약하여 이용하는 전자상거래 전용 국제우편서비스
② e-Shipping을 이용하는 고객에 한하여 이용 가능
③ 운송수단 : 인천-위해(威海, Weihai)간 운항하는 여객선 및 화물선

THEMA 특징

① EMS와 같은 경쟁서비스이며 고객맞춤형 국제우편 서비스로서 표준송달기간은 평균적으로 중국 6일, 한국 4일
② 온라인으로 판매되는 물품의 중국배송에 적합한 국제우편 서비스
③ 월 발송물량에 따라 이용 요금 감액
④ 지방우정청, 총괄우체국에서 이용계약 가능하며 6급 이하 우체국(별정국, 우편취급국 포함)은 총괄우체국장의 승인을 받은 경우에 한함

한일해상특송우편물

① 일본 현지 국내소포 접수로 가격 경쟁력을 높이고 통관 서비스를 부가한 일본행 전자상거래 전용 상품(시범운영, '24.11.15.~'25.12.31)
② 부산항-하카타(博多)항 간 운항하는 페리노선 활용
③ 일본 현지 소포상품인 유팩과 저중량·저부피 물품을 위한 유패킷을 동시 운영 계약 고객 전용

K-Packet 계약과 접수

계약관서	① 지방우정청, 총괄우체국 ② 총괄국 소속우체국(별정국 포함)은 총괄국장의 승인을 받아 계약 가능, 총괄국에서 인력 및 차량 등 접수의 어려움이 있는 경우 우편취급국을 접수국으로 지정하여 계약가능

K-Packet의 손해배상

① 발송우정당국 책임으로 손해배상 처리절차는 기존 국제등기우편과 동일하지만, 종추적 배달결과가 없는 경우에 한하여 행방조사 청구가 가능함에 유의(e-Shipping 고객에 대한 사전안내 필요)
② 배상액 : 기존 국제등기우편물 손해배상 지급기준과 동일
③ 미국행 K-Packet 은 상대국가에서 제공하는 종추적 정보 외의 행방조사, 손해배상 등 기타 청구는 할 수 없음

K-Packet의 제휴국가

① K-Packet 제휴(서비스)국가는 우정사업본부장이 고시로 정함
② 제휴 국가-: 중국, 홍콩, 일본, 태국, 대만, 베트남, 싱가포르, 말레이시아, 인도네시아, 필리핀, 호주, 뉴질랜드, 프랑스, 영국, 미국, 캐나다, 브라질

SECTION 05 K-Packet

PART 2 | 국제우편 총설 : 우편물의 종류와 취급우체국

🟨 K-Packet의 의미

① 과학기술정보통신부장관이 고시한 전자상거래용 국제우편서비스
② 온라인으로 판매되는 2kg 이하 소형물품의 해외배송에 적합한 우편서비스
③ 우체국과의 계약을 통해 이용하는 전자상거래용 국제우편서비스
④ EMS와 같은 선택적우편서비스이며 고객맞춤형 국제우편 서비스로서 평균 송달기간은 7~10일
⑤ 'L'로 시작하는 등기번호를 사용하며, 1회 배달 성공률 향상을 위해 해외우정당국과 제휴하여 수취인 서명 없이 배달(국내우편 준등기와 유사)

> **참고 ▶ 선택적우편서비스**
> UPU회원국 간에 교환하는 보편적우편서비스(통상 및 소포우편물)의 상대적 개념(개별 국가의 자의적 선택에 의해 실시하는 우편서비스)

> **STEP ▶ 해외 전자상거래용 우편서비스**
> ① 중국 : e-Packet
> ② 일본 : e-small packet
> ③ 싱가포르 : e-pak
> ④ 홍콩 : e-express

🟨 K-Packet 명칭

우리나라를 상징하는 의미를 담아 'Korea'를 뜻하는 K-Packet 으로 정함

🟨 K-Packet의 접수 : 계약고객

계약고객	① 인터넷우체국의 계약고객전용시스템에서 API시스템을 이용고객의 사이트에 설치하여 접수 ② 주소 등 발송(접수)관련 정보는 계약고객전용 정보시스템(API)시스템을 통해 입력 ※ API(Application Program Interface)시스템 : 이용자의 정보시스템과 인터넷우체국 사업자포털시스템 간 우편번호, 종추적정보, 접수정보 등을 교환할 수 있도록 제공하는 IT서비스

🟨 K-Packet 특징

① 월 이용금액에 따라 이용요금 감액(다량 이용자에 따른 요금감액 혜택 제공)
② 국내에서 K-Packet을 등기소형포장물보다 우선 취급
③ 보험 등 부가서비스 이용 불가
④ 취급조건
 ㉠ 제한무게 : 2kg
 ㉡ 제한규격 : 최대길이 60cm, 가로+세로+높이≤90cm

국제특급우편(EMS)의 특성

① 신속성 · 신뢰성 · 정기성 · 안전성 보장
② 모든 우체국과 우편취급국에서 접수 및 발송 가능
③ 각 접수우체국마다 그날 업무마감 시간이 제한되어 있어, 마감시간 이후 분은 다음 날 국외 발송 승인 후 접수
④ 행방조사 결과 우체국의 잘못으로 송달예정기간 보다 48시간 이상 지연배달 된 것으로 판정된 경우 납부한 우편요금 환불(다만, 배달을 시도했으나 수취인이 부재한 경우와 공휴일 및 통관 소요일은 송달 예정기간에서 제외)
⑤ EMS 배달보장서비스 적용 우편물의 경우, 우체국에서 제공한 배달예정일 보다 하루라도 늦어진 경우 우편요금 반환(세관계류 등은 기간에서 제외)
⑥ 외국에서 국내 배달우체국에 도착한 국제특급우편물은 국내**익일특급** 우편물의 예에 따라 배달

> 참고
> 송달예정기간은 포스트넷 '발송조건'의 '배달소요일수'를 기준으로 함

접수 가능 물품

접수 가능 물품	접수 금지 물품

가. 업무용 서류(Business Documents)
나. 상업용 서류(Commercial papers)
다. 컴퓨터 데이타(Computer data)
라. 상품 견본 (Business samples)
마. 마그네틱 테이프 (Magnetic tape)
바. 마이크로 필름 (Microfilm)
사. 상품 (Merchandise : 나라에 따라 취급을 금지하는 경우도 있음)
	가. 동전, 화폐 (Coins, Bank notes)
	나. 송금환(Money remittances)
	다. 유가증권류(Negotiable articles)
	라. 금융기관 간 교환 수표 (Check clearance)
	마. UPU일반우편금지물품 (Prohibited articles)
	  (1) 취급상 위험하거나 다른 우편물을 더럽히거나 깨뜨릴 우려가 있는 것
	  (2) 마약류 및 향정신성 물질
	  (3) 폭발성,가연성 또는 위험한 물질
	  (4) 외설적이거나 비도덕적인 물품 등
	바. 가공 또는 비가공의 금, 은, 백금과 귀금속, 보석 등 귀중품
	사. 상대국가에서 수입을 금하는 물품
	아. 여권을 포함한 신분증

> 참고
> 국가별 통관 규정이나 국내 법규 등에 따라 수시로 변경되므로, 반드시 『포스트넷 (내부망) 발송조건 또는 인터넷우체국(외부망)』 확인하여 접수

배달(교환) 국가

홍콩, 일본과 1979년 7월 1일 업무 개시 이후 계속 배달(교환) 국가를 확대

> 참고
> 항공편 사정, 천재지변, 상대국 통관, 배달 상황 등에 따라 배달(취급) 중지되는 경우가 있으므로 EMS 우편물 접수할 때 취급 가능한 국가를 반드시 국제우편물 발송조건(포스트넷 또는 인터넷우체국)에서 확인해야 함

주요 부가취급의 종류

① <u>EMS는 항공 및 등기를 기본으로 취급</u>
② 배달통지
③ 보험취급
④ 배달보장서비스(카할라 우정연합 국가에 한함)

04 국제특급우편(EMS)

PART 2 | 국제우편 총설 : 우편물의 종류와 취급우체국

소 Ⓔ K 중

> **참고**
> EMS 운영 가이드(EMS Operational Guide) : UPU 산하 EMS 협동조합(Cooperative)에서 각 국의 EMS 취급 조건을 모아서 웹사이트에 게시

> **STEP 1**
> EMS는 서류용과 비서류용 모두 세관검사 대상에 해당함

국제특급우편(EMS)의 의미

① 만국우편협약^{제36조}에 근거하여 서류와 상품의 우편을 취급
② 다른 우편물보다 최우선으로 취급하는 가장 신속한 선택적우편서비스
③ 국가 간 EMS 표준다자간 협정이나 양자 협정으로 합의한 내용에 따라 취급 ^(국가별 상세한 취급 사항은 EMS 운영 가이드에 따름)
④ 접수 관서 : 전국의 모든 우체국 및 우편취급국
⑤ 서류용과 비서류용으로 구분하여 취급하며, 통신문, 서류, 물품을 매우 짧은 시간 내에 접수·운송·배달 (서류와 비서류 모두 세관검사 대상에 해당함)

서류 (Document)	① 편지, 유학 서류, 각종 서류 등에 해당 ② 서류용 기표지(운송장) 사용
비서류 (Non-Document)	① 서류용 국제특급에 해당하지 않는 내용품^(상품견본<Sample>과 물품 <Gift, Merchandise> 등)에 해당 ② 비서류용 기표지(운송장) 사용

국제특급우편(EMS)의 종류

계약국제 특급우편 (Contracted EMS)	① 국제특급우편물을 발송하는 사람이 우체국과 계약하고 그 계약에 따라 우체국에서 우편물을 수집(접수)·발송 ② 월 50만원을 초과하여 EMS를 발송하는 고객이 계약을 맺을 수 있으며, 월간 이용 금액에 따라 4%에서 최대 18%까지 할인
수시국제 특급우편 (On demand EMS)	① 이용자가 정기발송 계약을 체결하지 아니하고 발송물량이 있을 때마다 수시로 발송(대부분의 우체국 창구접수 일반고객을 말함) ② 1회에 30만원을 초과하여 EMS를 발송하는 이용자에 대하여 50만원까지는 3%, 50만원을 초과하는 금액에 대하여는 계약국제특급우편 감액률을 적용하여 할인

> **STEP 2**
> 수시특급우편 감액률 적용은 창구접수에 한함(방문접수분 제외)

> **STEP 3**
> 나라 마다 다른 명칭
> ㉢ (일본) EMS 국제스피드우편
> ㉣ (미국) Express Mail International
> ㉤ (호주) Express Post International

국제특급우편(EMS) 명칭

① EMS에 대하여 만국우편협약에서 정한 공통로고

우리나라는 UPU에서 정한 공통 로고 규정에 맞춰 다음과 같은 EMS 브랜드 공공디자인을 개발하여 사용

② 명칭 : 한국은 EMS 국제특급우편

SECTION 03 국제소포우편물

PART 2 | 국제우편 총설 : 우편물의 종류와 취급우체국

국제소포우편물의 의미

① 서장(letters)과 통화 이외의 물건을 포장한 만국우편연합 회원국 또는 지역 상호 간에 교환하는 우편물
② 운송수단에 따라 항공소포(Air Parcel)와 선편소포(Surface Parcel)로 구분
③ 국제소포는 모두 기록 취급하며 항공, 배달통지 등의 부가취급* 가능

 *

나라별 취급 여부는 국제우편 발송조건(포스트넷 또는 인터넷우체국) 참조

국제소포우편물의 종류

보통소포	일반적 국제소포우편물
보험소포 (Insured parcel)	내용품을 보험에 가입하여 만일 내용품의 전부나 일부가 분실·도난·훼손이 된 경우에는 보험가액 한도 내에서 실제로 발생한 손해액을 배상하는 소포
우편사무소포 (Postal Service parcel)	① 우편업무와 관련하여 만국우편협약 제7조제1조1항에서 정한 기관 사이에서 교환하는 것으로서 모든 우편 요금이 면제되는 소포 ② UPU 국제사무국에서 우정청과 지역우편연합에 발송하는 소포 ③ 회원국 우정청(우체국)끼리 또는 국제사무국과 교환하는 소포
전쟁 포로 및 민간인 피억류자 소포 (Prisoner-of-war and civilian internee parcel)	① 전쟁 포로에게 보내거나 전쟁 포로가 발송하는 우편소포 및 「전쟁 포로의 대우에 관한 1949년 8월 12일의 제네바 협약」에서 규정한 민간인 피억류자에게 보내거나 민간인 피억류자가 발송하는 우편소포 ② 전쟁 포로에게 보내거나 전쟁 포로가 발송하는 통상우편물, 우편 소포, 우편 금융 업무에 관한 우편물은 항공부가요금을 제외한 모든 우편 요금이 면제 ③ 「전시에 있어서의 민간인 보호에 관한 1949년 8월 12일의 제네바 협약」에서 규정한 민간인 피억류자에게 보내거나 민간인 피억류자가 발송하는 우편물, 우편소포, 우편 금융 업무에 관한 우편물에도 항공부가요금을 제외한 모든 우편 요금을 면제 ④ 소포는 무게 5kg까지 우편 요금이 면제되지만, 다음의 경우에는 10kg까지 발송 가능 ㉠ 내용물을 분할할 수 없는 소포 ㉡ 포로에게 분배하기 위하여 수용소나 포로 대표자에게 발송되는 소포
\multicolumn{2}{|c|}{이외 속달소포, 대금교환소포 등(다만, 우리나라에서는 취급하지 않음)}

G 우편자루배달 인쇄물(M-bag)

우편자루배달 인쇄물의 의미

① 동일인이 동일수취인에게 한꺼번에 다량(동동다)으로 발송하고자 하는 인쇄물 등을 넣은 우편자루를 한 개의 우편물로 취급
② 인쇄물을 넣은 우편자루 하나를 하나의 우편물로 취급하는 것이며 제한무게는 10kg 이상 30kg까지
③ 접수우체국 : 전국의 모든 우체국 (우편취급국은 제외)

발송 가능한 내용물

① 인쇄물에 동봉하거나 첨부하여 발송하는 물품: 디스크, 테이프, 카세트, 제조업자나 판매자가 선적하는 상품 견본, 또는 관세가 부과되지 않는 그 밖의 상업용 물품이나 재판매 목적이 아닌 정보 자료
② 인쇄물과 함께 발송되는 인쇄물 관련 물품
③ 위 ①항에서 언급한 물품을 담고 있는 각 우편물의 무게는 2kg을 초과할 수 없음

취급 조건

① 10kg 이상 인쇄물에 한하여 접수, kg 단위로 요금 계산
② 일반으로는 어느 나라든지 보낼 수 있으나, 등기는 취급하는 나라가 제한됨
단, 미국, 캐나다는 우편자루배달인쇄물 등기 미취급
③ 부가취급 가능 : 등기, 배달통지
④ 첨부해야 하는 세관신고서는 내용품 가격에 따라 300SDR 이하인 경우는 CN22를, 300SDR을 초과하는 경우는 CN23을 이용
⑤ M bag에 담긴 인쇄물의 각 묶음에 수취인의 주소를 표시하여 동일주소의 동일 수취인에게 발송
⑥ M bag에는 발송인의 수취인에 관한 모든 정보를 기록한 직사각형 운송장을 첨부해야 하며, 운송장은 다음과 같아야 함
1) 충분히 견고한 천, 튼튼한 판지, 플라스틱, 양피지나 나무에 접착한 종이로 만들어진 것이어야 하며, 구멍이 있을 것
2) 우편자루에 매달 수 있도록 끈으로 연결되어 있을 것
3) 90×140mm 이상일 것(허용 오차 2mm)

F 시각장애인용 우편물(Items for the blind)

엽서 서 소인 시우

시각장애인용 우편물의 의미

시각장애인이나 공인된 시각장애인기관에서 발송하거나 수신하는 경우에 해당하며, 녹음물, 서장, 시각장애인용 활자를 표시된 금속판을 포함함

요금 면제

① 항공부가요금을 제외한 모든 요금을 면제. 즉 선편으로 접수할 때에는 무료로 취급
② 항공 등기로 접수할 때에는 등기요금은 무료, 항공부가요금만 징수

발송요건

① 시각장애인용 우편물은 신속하고 간편하게 확인을 받을 수 있으면서도 그 내용물을 보호할 수 있도록 포장되어야 함
② 시각장애인용 문자(점자)를 포함하고 있는 서장과 시각장애인용 활자가 표시된 금속판을 포함(위의 우편물에는 어떠한 내용도 적을 수 없음)
③ 소인 여부를 떠나 우표나 요금인영증지나 금전적 가치를 나타내는 어떠한 증서도 포함할 수 없음
④ 시각장애인용 점자우편물의 수취인 주소가 있는 면에 이용자가 아래의 상징이 그려진 흰색 표지 부착
⑤ 봉투 겉표지에 'Items for the blind'를 고무인으로 날인

- 흰색 바탕
- 검정색과 흰색 상징

(크기 : 52×65mm)

인쇄물에 기록할 수 있는 사항

① 발송인과 수취인의 주소·성명(신분, 직업, 상호 기록 가능)과 우편물의 발송 장소와 일자
② 우편물과 관련되는 일련번호와 등기번호
③ 인쇄물 본문 내용의 단어나 일정 부분을 삭제하거나 기호를 붙이거나 밑줄을 친 것
④ 인쇄의 오류를 정정하는 것
⑤ 간행물, 서적, 팸플릿, 신문, 조각 및 악보에 관한 주문서, 예약신청서 또는 판매서에는 주문하거나 주문받은 물건과 그 수량, 물건의 가격과 가격의 주요 명세를 표시한 기록, 지불 방법, 판, 저자 및 발행자명, 목록 번호와 'paper-backed', 'stiff-backed' 또는 'bound'의 표시
⑥ 도서관의 대출 업무에 사용되는 용지에는 간행물명, 신청·송부 부수, 저자, 발행자명, 목록 번호, 대출 일수, 대출 희망자의 성명
⑦ 인쇄한 문학작품이나 예술 작품에는 간단한 관례적 증정 인사말
⑧ 신문이나 정기간행물에서 오려낸 것에는 이를 게재한 간행물의 제목, 발행 일자, 발행사
⑨ 인쇄용 교정본에는 교정, 편집, 인쇄에 관한 변경·추가 및 'Passed for press', 'Read-passed for press'와 같은 기록 또는 발행과 관련된 이와 비슷한 표시. 여백이 없을 경우, 별지에 추가 기록 가능
⑩ 주소변경 통지서에는 신·구 주소와 변경 일자

인쇄물의 첨부물

① 우편물 발송인의 주소나 원래의 우편물의 접수국가나 배달국가 내의 대리인의 주소를 인쇄한 카드, 봉투, 포장재 첨부 가능, 이 첨부물에는 반송을 위하여 원래 우편물 배달국가의 우표나 우편 요금선납인, 우편요금선납도장으로 요금 선납 가능
② 인쇄된 문학작품과 예술적 작품에는 관련 송장(송장 사본, 대체 용지)
③ 패션 간행물에 대하여는 그 간행물의 일부를 이루는 도려낸 옷본

E 인쇄물(Printed papers)

엽 서 서 소(인)시 우

🟨 인쇄물의 의미

종이, 판지나 일반적으로 인쇄에 사용되는 재료에 접수국가 우정당국이 인정한 방법에 따라 여러 개의 동일한 사본으로 생산된 복사물

🟨 인쇄물의 요건

① 허용된 물질(종이, 판지나 일반적으로 인쇄에 사용되는 재료 등)에 2부 이상을 생산한 복사물일 것
② 인쇄물에는 굵은 글자로 주소 면(가급적 왼쪽 윗부분, 발송인의 주소·성명이 있을 경우 그 아래)에 인쇄물의 표시인 'Printed papers' 또는 'Imprime'를 표시할 것
③ 인쇄물은 신속하고 간편하게 검사를 받을 수 있으면서도 그 내용품이 충분히 보호받을 수 있도록 포장하여야 함

🟨 접수 물품

접수 가능 물품	① 서적, 정기간행물, 홍보용 팸플릿, 잡지, 상업광고물, 달력, 사진, 명함, 도면 등 ② 종이, 판지 등의 인쇄물 형태로 정보 전달의 내용이 포함된 인쇄물에 한함 ③ 종이류로 제작된 포토카드는 인쇄물로 취급이 가능하나 플라스틱, 알루미늄 등을 활용하여 제작한 것은 인쇄물 적용 불가
접수 불가 물품	④ CD, 비디오테이프, OCR, 포장박스, 봉인한 서류

🟨 인쇄물의 요건을 갖추지 않은 것 중 인쇄물로 취급하는 것

① 관계 학교의 교장을 통하여 발송하는 것으로 학교의 학생끼리 교환하는 서장이나 엽서
② 학교에서 학생들에게 보낸 통신강의록, 학생들의 과제 원본과 채점답안(다만, 성적과 직접 관계되지 않는 사항은 기록할 수 없음)
③ 소설이나 신문의 원고
④ 필사한 악보
⑤ 인쇄한 사진
⑥ 동시에 여러 통을 발송하는 타자기로 치거나 컴퓨터 프린터로 출력한 인쇄물

엽 서 서 ⊙소⊙인 시 우

CHAPTER D 소형포장물(Small packet)

소형포장물의 의미

<u>소형으로 무게가 가벼운 상품이나 선물 등 물품을 그 내용으로 하는 것으로서 성질상으로는 그 내용품이 소포우편물과 같은 것이나 일정한 조건에서 간편하게 취급할 수 있도록 통상우편물의 한 종류로 정함</u>

소형포장물의 특징

참고
SDR(Special Drawing Rights; 특별인출권)환율 : 1SDR = 1,749원

① 소형포장물은 「만국우편협약」에 따라 정하여진 우편물 종류로서 소포우편물과는 달리 이용 조건 등에 각 국 공통점이 많아 이용이 편리
② 발송 절차가 소포에 비해 간단
③ 첨부해야 하는 세관신고서는 내용품의 가격에 따라 300SDR 이하인 경우는 기록 요령이 간단한 CN22를, 300SDR을 초과하는 경우는 CN23을 이용

소형포장물의 발송 요건

① 주소기록이면 좌측 상단이나 발송인 주소·성명기록란 아래에 굵은 글씨로 소형포장물을 나타내는 'Small packet' 또는 'Petit paquet'를 표시
② <u>현실적이고 개인적인 통신문과 같은 성질의 그 밖의 서류 동봉 가능</u>
③ 다만, 그러한 서류는 해당 소형포장물의 발송인이 아닌 다른 발송인이 작성하거나 다른 수취인 앞으로 주소를 쓸 수 없음
④ 소형포장물을 봉할 때에 특별 조건이 필요한 것은 아니나, 내용품 검사를 위하여 이를 쉽게 열어볼 수 있도록 하여야 함

기타사항

① 소형포장물의 내부나 외부에 상품송장(Invoice) 첨부 가능
② 우편물의 내부나 외부에 다음 사항 기록 가능
 (1) 상거래용 지시 사항
 (2) 수취인과 발송인의 주소·성명
 (3) 제조회사의 마크나 상표
 (4) 발송인과 수취인 사이에 교환되는 통신문에 관한 참고 사항
 (5) 물품의 제조업자 또는 공급자에 관한 간단한 메모, 일련번호나 등기번호, 가격·무게·수량·규격에 관한 사항, 상품의 성질, 출처에 관한 사항

C 서장(Letters)

엽 서 서 소 인 시 우

서장의 의미

① 특정인에게 보내는 통신문(Correspondence)을 기록한 우편물(타자한 것을 포함)
② 일반적으로 서장이라 함은 통신문의 성질을 갖는 서류를 말하나 국제우편에 있어서는 그 이외에
③ 서장 이외의 종류로 정해진 조건을 충족시키지 못한 것, 즉 타종에 속하지 않는 우편물
④ 멸실성 생물학적 물질(Perishable biological substance)이 들어있는 서장 및 방사성 물질이 들어있는 우편물도 포함

서장의 요건

① 서장은 규격 우편물과 우편물의 포장에 관련된 규정을 따름
② 봉투에 넣은 우편물은 취급 중 어려움이 없도록 직사각형 형태일 것
③ 우편엽서와 모양은 다르지만 지질이 같은 우편물도 직사각형 봉투에 넣어야 함
④ 물량·포장 상태를 보아 할인 요금을 미리 낸 우편물과 혼동할 수 있는 우편물인 경우에는 우편물의 주소 면에 서장임을 표시하는 'Letter'라는 단어를 추가

서장 취급 예시

법규 위반 엽서	① 우편엽서의 형태(직사각형), 지질, 규격을 갖추지 못한 것 ② 앞면의 우측 절반을 수취인 주소·성명, 우표, 우편물취급과 관련된 지시 사항 등 이외의 것을 기재하거나 붙인 것 ③ 우편엽서의 앞면 표제에 Postcard(우편엽서)임을 분명히 표시하지 않은 엽서 ④ 다만, 그림엽서의 경우에 Postcard임을 분명히 표시하지 않은 엽서라도 꼭 서장으로 취급해야 하는 것은 아님
법규 위반 항공서간	① 원형을 변경하여 사용한 것 : 우표 이외의 것을 붙이거나 넣어 발송한 것 ② 사제항공서간 조제 기준에 적합하지 않은 것 1) 과학기술정보통신부 고시 내용에 부적합한 것 2) 발송인이 아닌 사람의 광고를 게재한 것 3) 우편요금을 표시하는 증표를 인쇄한 것

B 항공서간(Aerogramme)

항공서간의 의미

① 항공통상우편물로써 세계 어느 지역이나 단일 요금으로 보낼 수 있는 국제우편 특유의 우편물 종류
② 항공서간은 종이 한 장으로 되어 있으며 편지지와 봉투를 겸한 봉함엽서의 형태로 되어 있어 간편하고 편리할 뿐 아니라 요금이 저렴함

항공서간의 요건

① 직사각형이어야 하며, 우편물 취급에 지장이 없도록 제작
② 항공서간에는 외부에 'Aerogramme' 표시
③ 원형을 변경하여 사용할 수 없으며 등기로 발송 가능
④ 항공서간에는 우표 이외의 물품을 붙이지 못하며 어떠한 것도 넣을 수 없음

항공서간의 종류

① 정부에서 발행하는 항공서간과 사제(私製) 항공서간으로 구분
② 정부 발행하는 항공서간에는 우편요금을 표시하는 증표를 인쇄할수 있으나 사제항공서간에는 우편요금을 표시하는 증표를 인쇄할 수 없음

사제항공서간의 조제 기준

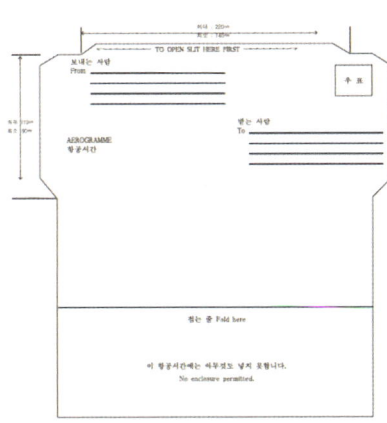

① 「항공서간의 견본과 무게」에 따라서 과학기술정보통신부장관이 고시한 다음 내용에 적합할 것
 (1) 최대 규격 : 110×220mm, 허용 오차 2mm
 (2) 최소 규격 : 90×140mm, 허용 오차 2mm
 (3) 가로와 세로의 비율 : 가로는 세로의 1.4배 이상
 (4) 무게 : 5g 이내
 (5) 색깔 : 바탕은 연청색, 앞면 가장자리는 붉은색과 청색
 (6) 표면 기록사항과 그 밖의 규격 : 관제(官製) 항공서간에 준함
② 발송인이 아닌 자의 광고를 게재하지 아니할 것
③ 우편 요금을 표시하는 증표를 인쇄하지 아니할 것

02 국제통상우편물 종류

PART 2 | 국제우편 총설 : 우편물의 종류와 취급우체국

'국제우편물의 종류 개요 부분'과 '국제우편물 종별 세부내용'을 결합하여 내용을 구성하였습니다.

A 우편엽서(Postcard)

 엽서서 소인시우

우편엽서의 의미

① 우편엽서는 조약에 규정된 조건에 따라 정부가 발행하는 것(관제 엽서)과 정부 이외의 사람이 조제하는 것(사제엽서)으로 구분
② 관제엽서는 우편요금을 표시하는 증표 인쇄 가능
③ 사제엽서는 관제엽서에 준하여 조제하되 우편요금을 표시하는 증표를 인쇄할 수 없음

우편엽서의 요건

① 우편엽서는 직사각형이어야 하고 우편물 취급에 어려움이 없도록 튼튼한 판지나 견고한 종이로 제조하여야 하며, 튀어나오거나 도드라진 양각 부분이 없어야 함
② 앞면 윗부분에 우편엽서를 뜻하는 영어나 프랑스어로 표시 (Postcard 또는 Carte postale)
③ 다만 그림엽서의 경우에 꼭 영어나 프랑스어로 표시해야 하는 것은 아님
④ 엽서는 봉함하지 않은 상태로 발송
⑤ 적어도 앞면의 오른쪽 반은 수취인의 주소와 성명, 요금납부표시, 업무지시나 업무 표지를 위하여 사용할 수 있도록 통신문을 기록하지 않고 남겨두어야 함
⑥ 엽서에 관한 규정을 따르지 아니한 우편엽서는 서장으로 취급함

국제우편의 종류

국제우편물은 통상우편물, 소포우편물, 특급우편물(EMS) 그 밖에 과학기술정보통신부장관이 필요하다고 인정하여 고시하는 우편물로 구분 (국제우편규정 제3조)

STEP 1 국제통상우편물
만국우편협약 제13조에 따라 통상우편물은 취급 속도나 내용물에 근거하여 분류하며, 이는 각 국가의 우정당국이 자유롭게 선택하여 발송우편물의 종류 및 취급 방법을 적용

STEP 2 우선/비우선
① 우선취급우편물: 우선적 취급을 받으며 최선편(항공 또는 선편)으로 운송되는 우편물(무게 한계 2kg)
② 비우선취급우편물: 우선취급 우편물보다 상대적으로 송달이 늦고 요금도 상대적으로 싼 우편물(무게 한계 2kg)

STEP 3 운송편에 따른 구분
운송편에 따라 항공우편물(Air Mail), 선편우편물(Surface Mail)로 구분

국제통상우편물	내용물에 따른 구분 (우리나라)	L/C	우편엽서(Postcard)	-
		L/C	항공서간(Aerogramme)	5g
		L/C	서장(Letters)	2kg
		A/O	소형포장물(Small packet) ※ (항공)부피중량 적용	2kg
		A/O	인쇄물(Printed papers)	5kg
		A/O	시각장애인용우편물(Items for the blind)	7kg
		A/O	우편자루 배달인쇄물(M bag)	10~30kg
	취급 속도에 따른 구분 (일부 국가)		우선취급(Priority)우편물	2kg
			비우선취급(Non-priority)우편물	2kg

참고 부피중량적용우편물
① 소형포장물(항공), 국제소포(항공), K-Packet, 국제특급 (비서류) 우편물은 실제중량(Actual weight)과 부피중량(Volume weight) 두가지 중량을 비교하여 더 큰 중량의 요금을 적용
② 부피(체적)중량 산출식 : 가로(cm)×세로(cm)×높이(cm)÷6,000
③ 부피중량은 원칙적으로 항공우편물에만 적용됨(선편은 적용대상이 아님)
④ 실중량=실제중량=무게중량=저울중량=Actual weight, 부피중량=체적중량=Volume weight

국제 소포우편물		「만국우편연합 소포우편규칙」에 규정된 바에 따라 우정당국 간에 교환하는 소포
국제 특급우편물 (EMS)	서류	서류 등의 발송 시 이용 서류용주소기표지(운송장) 이용 (서류기준 : 종이로 된 문서 형식의 편지류, 계약서, 입학 서류, 서류와 함께 보내는 팸플릿 등 홍보용 첨부물. 다만, 서적, CD, 달력 등은 비서류 취급)
	비서류	서류 이외의 물품을 발송 시 이용하며, 비서류용 주소기표지(운송장) 이용
K-Packet		(계약고객 전용) 온라인으로 접수되는 2kg 이하의 소형물품
해상 특송우편물		① 한중해상특송우편물 : (계약고객 전용) 온라인으로 접수되는 30kg 이하의 전자상거래 물품 전용 서비스. 인천항·위해항 간 운행 선박 이용 ② 한일해상특송우편물 : (계약고객 전용) 계약고객전용시스템(biz.epost.go.kr)을 통해 접수하며, 상품은 유팩(Yu-Pack)과 유패킷(Yu-Packet)으로 구성(시범운영 중)

SECTION 01

PART 2 | 국제우편 총설 : 우편물의 종류와 취급우체국

국제우편물 취급우체국

교환국

대상	국제우편물류센터, 부산국제우체국, 인천해상교환우체국
개념	국제우편물을 직접 외국으로 발송하고, 외국에서 오는 우편물을 받는 업무를 수행하는, 즉 교환업무를 취급하는 우체국으로 국제우편의 관문 구실을 함

통관국

대상	국제우편물류센터, 부산국제우체국, 인천해상교환우체국
개념	① 관세법 제256조에 따라 관세청장이 지정한 통관업무 취급 우체국 ② 세관 공무원이 주재하거나 파견되어 국제우편물의 수출입에 관한 세관검사를 실시하는 우체국

통상국

대상	국제우편물류센터, 부산국제우체국
개념	국제우편물의 접수와 배달 업무를 수행하는 일반우체국

	교환국	통관국	통상국
국제우편물류센터	○ 항공우편물의 교환업무	○	○
부산국제우체국	○ 선편우편물의 교환업무	○	○
인천해상교환우체국	○ 해상 특송우편물의 교환업무 복합환적우편서비스의 교환업무	○	X

참고 ▶ **복합환적우편서비스(Sea to Air)**
중국 등 제3국에서 미국·캐나다 등 제3국으로 발송하는 전자상거래 상품을 EMS, K-Packet, 등기소형포장물 등으로 유치·발송하는 복합환적 서비스 시범운영 추진

PART 2 국제우편 총설 : 우편물의 종류와 취급우체국

SECTION 01 | 국제우편물 취급우체국

SECTION 02 | 국제통상우편물 종류(엽서서 소인시우)

SECTION 03 | 국제소포우편물

SECTION 04 | 국제특급우편(EMS)

SECTION 05 | K-Packet

SECTION 06 | 해상특송서비스(POST Sea Express)

번호	국 가 명	약호	가입일	APPU
184	UNITED STATES OF AMERICA (미국)	US	1875-7-01	
185	UZBEKISTAN (우즈베키스탄)	UZ	1994-2-24	
186	VANUATU (바누아투)	VU	1982-7-16	o
187	VATICAN (바티칸)	VA	1929-6-01	
188	VENEZUELA (베네수엘라)	VE	1880-1-01	
189	VIET NAM (베트남)	VN	1951-10-20	o
190	YEMEN (예멘)	YE	1930-1-01	
191	ZAMBIA (잠비아)	ZM	1967-3-22	
192	ZIMBABWE (짐바브웨)	ZW	1981-7-31	

주요 국가
AU : AUSTRALIA(오스트레일리아)
AT : AUSTRIA(오스트리아)
CA : CANADA(캐나다)
CN : CHINA(중국)
FR : FRANCE(프랑스)
DE : GERMANY(독일)
GB : GREAT BRITAIN(영국)
IN : INDIA(인도)
ID : INDONESIA(인도네시아)
IR : IRAN(이란)
IQ : IRAQ(이라크)
JP : JAPAN(일본)
KR : KOREA REP.(대한민국)
KH : CAMBODIA(캄보디아)
MY : MALAYSIA(말레이시아)
MM : MYANMAR(미얀마)
MN : MONGOLIA(몽골)
NL : NETHERLANDS(네델란드)
NZ : NEW ZEALAND(뉴질랜드)
PH : PHILLIPPINES(필리핀)
RU : RUSSIAN FEDERSTION(러시아)
SP : SINGAPORE(싱가포르)
TH : THAILAND(태국)
US : UNITED STATES OF AMERICA(미국)
VN : VET NAM(베트남)

번호	국 가 명	약호	가입일	APPU
152	SERBIA (REP.) (세르비아)	RS	2001-6-18	
153	SEYCHELLES (세이셸)	SC	1977-10-07	
154	SIERRA LEONE (시에라리온)	SL	1962-1-29	
155	SINGAPORE (싱가포르)	SG	1966-1-08	o
156	SLOVAKIA (슬로바키아)	SK	1993-3-18	
157	SLOVENIA (슬로베니아)	SI	1992-8-27	
158	SOLOMON ISLANDS (솔로몬 제도)	SB	1984-5-04	o
159	SOMALIA (소말리아)	SO	1959-4-01	
160	SOUTH AFRICA (남아프리카 공화국)	ZA	1994-8-22	
161	SOUTH SUDAN (REP.) (남수단)	SS	2011-10-04	
162	SPAIN (스페인)	ES	1875-7-01	
163	SRI LANKA (스리랑카)	LK	1949-7-13	o
164	SUDAN (수단)	SD	1956-7-27	
165	SURINAME (수리남)	SR	1976-4-20	
166	SWEDEN (스웨덴)	SE	1875-7-01	
167	SWITZERLAND (스위스)	CH	1875-7-01	
168	SYRIAN ARAB REP. (시리아)	SY	1946-5-15	
169	TAJIKISTAN (타지키스탄)	TJ	1994-6-09	
170	TANZANIA (UNITED REP.) (탄자니아)	TZ	1963-3-29	
171	THAILAND (타이(태국))	TH	1885-7-01	o
172	Timor-Leste (Dem. Rep.) (동티모르)	TL	2003-11-28	
173	TOGO (토고)	TG	1962-3-21	
174	TONGA (INCLUDING NIUAFO'OU) (통가)	TO	1972-1-26	o
175	TRINIDAD AND TOBAGO (트리니다드 토바고)	TT	1963-6-15	
176	TUNISIA (튀니지)	TN	1888-7-01	
177	TURKEY (터키)	TR	1875-7-01	
178	TURKMENISTAN (투르크메니스탄)	TM	1993-1-26	
179	TUVALU (투발루)	TV	1981-2-03	
180	UNITED ARAB EMIRATES (아랍에미리트)	AE	1973-3-30	
181	UGANDA (우간다)	UG	1964-2-13	
182	UKRAINE (우크라이나)	UA	1947-5-13	
183	URUGUAY (우루과이)	UY	1880-7-01	

번호	국 가 명	약호	가입일	APPU
121	NAURU (나우루)	NR	1969-4-17	o
122	NEPAL (네팔)	NP	1956-10-11	o
123	NETHERLANDS (네덜란드)	NL	1875-7-01	
124	NEW ZEALAND(INCLUDING THE ROSS DEPENDENCY) (뉴질랜드)	NZ	1907-10-01	o
125	NICARAGUA (니카라과)	NI	1882-5-01	
126	NIGER (니제르)	NE	1961-6-12	
127	NIGERIA (나이지리아)	NG	1961-7-10	
128	NORWAY (노르웨이)	NO	1875-7-01	
129	OMAN (오만)	OM	1971-8-17	
130	Overseas Territories (United Kingdom of Great Britain and Northern Ireland)		1877-4-01	
131	PAKISTAN (파키스탄)	PK	1947-11-10	o
132	PANAMA (REP.) (파나마)	PA	1904-6-11	
133	PAPUA NEW GUINEA (파푸아뉴기니)	PG	1976-6-04	o
134	PARAGUAY (파라과이)	PY	1881-7-01	
135	PERU (페루)	PE	1879-4-01	
136	PHILIPPINES (필리핀)	PH	1922-1-01	o
137	POLAND (폴란드)	PL	1919-5-01	
138	PORTUGAL (포르투갈)	PT	1875-7-01	
139	QATAR (카타르)	QA	1969-1-31	
140	Republic of North Macedonia(북마케도니아)	MK	1993-7-12	
141	ROMANIA (루마니아)	RO	1875-7-01	
142	RUSSIAN FEDERATION (러시아)	RU	1875-7-01	
143	RWANDA (르완다)	RW	1963-4-06	
144	Saint Christopher(Saint Kitts)and Nevis	KN	1988-1-11	
145	Saint Lucia (세인트루시아)	LC	1980-7-10	
146	Saint Vincent and the Grenadines	VC	1981-2-03	
147	SAMOA (사모아)	WS	1989-8-09	o
148	SAN MARINO (산마리노)	SM	1915-7-01	
149	Sao Tome and Principe (상투메프린시페)	ST	1977-8-22	
150	SAUDI ARABIA (사우디아라비아)	SA	1927-1-01	
151	SENEGAL (세네갈)	SN	1961-6-14	

번호	국 가 명	약호	가입일	APPU
90	KENYA (케냐)	KE	1964-10-27	
91	KIRIBATI (키리바티)	KI	1984-8-14	
92	KOREA REP. (대한민국)	KR	1900-1-01	o
93	KUWAIT (쿠웨이트)	KW	1960-2-16	
94	KYRGYZSTAN (키르키즈스탄)	KG	1993-1-26	
95	LAO PEOPLE'S DEM. REP. (라오스)	LA	1952-5-20	o
96	LATVIA (라트비아)	LV	1992-6-17	
97	LEBANON (레바논)	LB	1946-5-15	
98	LESOTHO (레소토)	LS	1967-9-06	
99	LIBERIA (라이베리아)	LR	1879-4-01	
100	LIBYA (리비아)	LY	1952-6-04	
101	LIECHTENSTEIN (리첸쉬테인)	LI	1962-4-13	
102	LITHUANIA (리투아니아)	LT	1992-1-10	
103	LUXEMBURG (룩셈부르크)	LU	1875-7-01	
104	MADAGASCAR (마다가스카르)	MG	1961-11-02	
105	MALAWI (말라위)	MW	1966-10-25	
106	MALAYSIA (말레이지아)	MY	1958-1-17	o
107	MALDIVES (몰디브)	MV	1967-8-15	o
108	MALI (말리)	ML	1961-4-21	
109	MALTA (몰타)	MT	1965-5-21	
110	MAURITANIA (모리타니)	MR	1967-3-22	
111	MAURITIUS (모리셔스)	MU	1969-8-29	
112	MEXICO (멕시코)	MX	1879-4-01	
113	MOLDOVA (몰도바)	MD	1992-11-16	
114	MONACO (모나코)	MC	1955-10-12	
115	MONGOLIA (몽골)	MN	1963-8-24	o
116	MONTENEGRO (REP.) (몬테네그로)	ME	2006-7-26	
117	MOROCCO (모로코)	MA	1920-10-01	
118	MOZAMBIQUE (모잠비크)	MZ	1978-10-11	
119	MYANMAR (미얀마)	MM	1949-10-04	o
120	NAMIBIA (나미비아)	NA	1992-4-30	

번호	국가명	약호	가입일	APPU
58	ESWATINI (에스와티니)	SZ	1969-11-07	
59	ETHIOPIA (에티오피아)	ET	1908-11-01	
60	FIJI (피지)	FJ	1971-6-18	o
61	FINLAND (INCLUDING THE ÅLAND ISLANDS)(핀란드)	FI	1918-2-12	
62	FRANCE (프랑스)	FR	1876-1-01	
63	GABON (가봉)	GA	1961-7-17	
64	GAMBIA (감비아)	GM	1974-10-09	
65	GEORGIA (조지아)	GE	1993-4-01	
66	GERMANY (독일)	DE	1875-7-01	
67	GHANA (가나)	GH	1957-10-10	
68	GREAT BRITAIN (영국)	GB	1875-7-01	
69	GREECE (그리스)	GR	1875-7-01	
70	GRENADA (그레나다)	GD	1978-1-30	
71	GUATEMALA (과테말라)	GT	1881-8-01	
72	GUINEA (기니)	GN	1959-5-06	
73	GUINEA-BISSAU (기니비소)	GW	1974-5-30	
74	GUYANA (가이아나)	GY	1967-3-22	
75	HAITI (아이티)	HT	1881-7-01	
76	HONDURAS (REP.) (온두라스)	HN	1879-4-01	
77	HUNGARY (헝가리)	HU	1875-7-01	
78	ICELAND (아이슬란드)	IS	1919-11-15	
79	INDIA (인도)	IN	1876-7-01	o
80	INDONESIA (인도네시아)	ID	1877-5-01	o
81	IRAN (ISLAMIC REP.) (이란)	IR	1877-9-01	o
82	IRAQ (이라크)	IQ	1929-4-22	
83	IRELAND (아일랜드(에이레))	IE	1923-9-06	
84	ISRAEL (이스라엘)	IL	1949-12-24	
85	ITALY (이탈리아(이태리))	IT	1875-7-01	
86	JAMAICA (자메이카)	JM	1963-8-29	
87	JAPAN (일본)	JP	1877-6-01	o
88	JORDAN (요르단)	JO	1947-5-16	
89	KAZAKHSTAN (카자흐스탄)	KZ	1992-8-27	

번호	국 가 명	약호	가입일	APPU
27	BURKINA FASO (부르키나 파소)	BF	1963-3-29	
28	BURUNDI (부룬디)	BI	1963-4-06	
29	CAMBODIA (캄보디아)	KH	1951-12-21	o
30	CAMEROON (카메룬)	CM	1960-7-26	
31	CANADA (캐나다)	CA	1878-7-01	
32	CAPE VERDE (카보 베르데)	CV	1976-9-30	
33	CENTRAL AFRICAN REP. (중앙아프리카)	CF	1961-6-28	
34	CHAD (차드)	TD	1961-6-23	
35	CHILE (칠레)	CL	1881-4-01	
36	CHINA (PEOPLE'S REP.) (중국)	CN	1914-3-01	o
37	COLOMBIA (콜롬비아)	CO	1881-7-01	
38	COMOROS (코모로)	KM	1976-7-29	
39	CONGO (REP.) (콩고)	CG	1961-5-23	
40	COSTA RICA (코스타리카)	CR	1883-1-01	
41	CôTE D'IVOIRE(REP.) (코트디봐르)	CI	1961-5-23	
42	CROATIA (크로아티아)	HR	1992-7-20	
43	CUBA (쿠바)	CU	1902-10-04	
44	CYPRUS (사이프러스)	CY	1961-11-23	
45	CZECH REP. (체코)	CZ	1993-3-18	
46	DEM PEOPLE'S REP. OF KOREA (북한)	KP	1974-6-06	
47	DEMOCRATIC REPUBLIC OF THE CONGO(콩고민주공화국)	CD	1886-1-01	
48	DENMARK (덴마크)	DK	1875-7-01	
49	DJIBOUTI (지부티)	DJ	1978-6-06	
50	DOMINICA (도미니카 연방)	DM	1980-1-31	
51	DOMINICAN REPUBLIC (도미니카 공화국)	DO	1880-10-01	
52	ECUADOR (에콰도르)	EC	1880-7-01	
53	EGYPT (이집트)	EG	1875-7-01	
54	EL SALVADOR (엘살바도르)	SV	1879-4-01	
55	EQUATORIAL GUINEA (적도기니)	GQ	1970-7-24	
56	ERITREA (에리트리아)	ER	1993-8-19	
57	ESTONIA (에스토니아)	EE	1992-4-30	

【참고】 UPU 회원국 현황

번호	국 가 명	약호	가입일	APPU
1	AFGHANISTAN (아프가니스탄)	AF	1928-4-01	o
2	ALBANIA (알바니아)	AL	1922-3-01	
3	ALGERIA (알제리)	DZ	1907-10-01	
4	ANGOLA (앙골라)	AO	1977-3-03	
5	ANTIGUA AND BARBUDA (엔티과바부다)	AG	1994-1-20	
6	ARGENTINA (아르헨티나)	AR	1878-4-01	
7	ARMENIA (아르메니아)	AM	1992-9-14	
8	Aruba, Curaçao and Sint Maarten	AW	1875-7-01	
9	AUSTRALIA (오스트레일리아)	AU	1907-10-01	o
10	AUSTRIA (오스트리아)	AT	1875-7-01	
11	AZERBAIJAN (아제르바이잔)	AZ	1993-4-01	
12	BAHAMAS (바하마)	BS	1974-4-24	
13	BAHRAIN (바레인)	BH	1973-12-21	
14	BANGLADESH (방글라데시)	BD	1973-2-07	o
15	BARBADOS (바베이도스)	BB	1967-11-11	
16	BELARUS (벨라루스)	BY	1947-5-13	
17	BELGIUM (벨기에)	BE	1875-7-01	
18	BELIZE (벨리세)	BZ	1982-10-01	
19	BENIN (베넹)	BJ	1961-4-27	
20	BHUTAN (부탄)	BT	1969-3-07	o
21	BOLIVIA (볼리비아)	BO	1886-4-01	
22	BOSNIA AND HERZEGOVINA(보스니아헤르체코비나)	BA	1993-1-26	
23	BOTSWANA (보츠와나)	BW	1968-1-12	
24	BRAZIL (브라질)	BR	1877-7-01	
25	BRUNEI DARUSSALAM (브루네이(나이))	BN	1985-1-15	o
26	BULGARIA (REP.) (불가리아)	BG	1879-7-01	

SECTION 05 우정사업분야 국제협력 확대

PART 1 | 국제우편 총설 : 의의 및 조직

🟨 만국우편연합 활동 참여로 한국우정 위상 제고

① 한국은 UPU 우편운영이사회(POC) 및 관리이사회(CA), 고위급 포럼 등에 대표단을 지속적으로 파견하고 있고, UPU 지역회의를 후원하며, 전자상거래 회의, IT 회의, 통관회의 등에 참가하여 UPU와의 협력활동을 계속하고 있음
② 1990년부터 한국정부는 UPU 국제사무국에 전문가를 파견하여 UPU 활동에 기여하는 동시에 국제우편 전문가를 양성하고 있음

🟨 아·태우편연합(APPU) 활동 참여

① 한국은 2005년 제9차 APPU 총회 주최국으로서 총회 이후 집행이사회 의장직 수행
② 2009년 3월 9일부터 13일까지 진행된 뉴질랜드 오클랜드의 APPU 총회에서 다음 의장·부의장의 선출을 끝으로 4년간의 집행이사회 의장직을 성공적으로 마무리하였음
③ 특히, 4년간의 APPU EC 의장국으로 인터넷 및 IT 확산 등 우편 환경 변화에 대응하기 위한 공동 활동과 EMS 등 우편 서비스의 경쟁력 강화로 APPU 소속 각 우정당국의 품질개선에 이바지 하였음
④ APPU 총회 기간 중 한국 우정의 우정IT 홍보와 함께 회원국 대표들과의 협력 관계를 더욱 공고히 하였으며 앞으로도 아·태지역 내 우편발전을 선도할 예정

PART 1 | 국제우편 총설 : 의의 및 조직
SECTION 04 카할라 우정연합 (Kahala Posts Group)

개요

① 아시아·태평양 연안 지역내 6개 우정당국(한국, 미국, 일본, 중국, 호주, 홍콩)이 국제특송시장에서의 주도권 확보 및 국제특급우편(EMS) 경쟁력 향상을 목적으로 2002년 6월에 결성하여 회원국을 유럽까지 확대하고 있음
② 사무국은 홍콩에 소재하고 있으며, 회원국은 10개국('24.12월 현재)이 가입되어 있음
③ 회원국 : 한국, 미국, 일본, 중국, 호주, 홍콩, 스페인, 영국, 프랑스, 태국, 캐나다

참고
Kahala는 최초 회의가 개최된 미국(하와이)내 지명(地名)

주요사업

① 국제특급우편(EMS) 서비스 품질 향상(정시배달 목표 96%)을 추진하고 항공운송구간 문제점 해소를 위한 최적 운송방안 마련
② 민간특송사에 대한 경쟁력 확보를 위한 사전통관 정보 제공 및 카할라 우정연합 국가간 서비스 품질을 제고하여 국제특급우편(EMS) 매출 성장에 기여
③ 슬로건 : 「The Power to Deliver」
④ EMS배달보장서비스 : 공동으로 구축한 단일 통합네트워크를 기반으로 2005년 7월부터 시행. 배달보장일수 계산 프로그램에 따라 우편물 접수 시 발송지(접수우체국)와 수취인 주소의 우편번호 입력을 기반으로 예상배달 일자를 계산 및 정시배달을 보장해주며, 배달이 지연된 경우 납부한 국제 우편요금을 전액 배상해주는 서비스

SECTION 03 아시아·태평양우편연합 (APPU : Asian-Pacific Postal Union)

PART 1 | 국제우편 총설 : 의의 및 조직

개요

① 한국과 필리핀이 공동 제의하여 1961년 1월 23일 마닐라에서 한국, 태국, 대만, 필리핀 4개국이 협약에 서명함으로써 창설
② 이에 따라 서명된 아시아·태평양 우편협약이 1962년 4월 1일에 발효되었으며 이후 지역 내 상호 협력과 기술 협조에 기여
③ 대만은 UN 및 UPU의 회원 자격이 중국으로 대체됨에 따라 1974년에 연합의 회원자격도 중국이 대체함
④ 사무국은 태국 방콕에 소재하고 있으며 현재 회원국은 32개국

설립 목적

① 지역우편연합의 구성을 허용하고 있는 UPU 헌장 제8조에 따라, 지역 내 각 회원국 간의 우편관계를 확장·촉진·개선하고 우편업무분야에서 국제협력을 증진하는 것이 목적임
② 구체적 실현 방법으로 우편업무의 발전과 개선에 관한 연구를 목적으로 우정 직원을 서로 교환하거나 독자적 파견하기 위한 협정을 체결할 수 있음
③ 공용어는 영어를 사용함

APPU 조직

총회	① 연합의 최고 기관이며 4년마다 개최되는 비상설기구 ② 회원국의 전권대표로 구성되며 APPU 헌장 및 총칙의 수정하거나 공동 관심사 토의를 위해 소집
집행이사회 (EC)	① 총회와 총회 사이에 연합 업무의 계속성을 유지하기 위하여 원칙적으로 매년 1회 개최 ② 총회의 결정에 따라 부여받은 임무를 수행하고 연합의 연차 예산 검토·승인
사무국	집행이사회의 감독 아래 회원국을 위한 연락, 통보, 문의에 대하여 중간 역할을 함. 태국 방콕에 소재
아시아·태평양 우정대학	아태지역의 우편업무 개선·발전을 위한 우정직원 훈련을 목적으로 1970년 9월 10일에 4개국(우리나라, 태국, 필리핀, 대만)이 유엔개발계획(UNDP)의 지원을 받아 창설한 지역훈련센터로, 태국방콕에 소재

참고 ▶
제9차 총회는 2005년에 한국의 서울에서, 제10차 총회는 2009년에 뉴질랜드의 오클랜드에서, 제11차 총회는 2013년에 인도의 뉴델리에서 개최

참고 ▶
우리나라는 제9차 APPU 총회를 2005년에 개최하여 2006년부터 2009년까지 집행이사회 의장국으로 활동

참고 ▶ 아시아·태평양 우정대학
① 설립 당시 명칭 : 아·태 우정연구소 (APPTC: Asian-Pacific Postal Training Center)
② 우리나라는 연수소의 창설국인 동시에 관리이사국(GB)으로서 초대 교수부장을 비롯한 교수요원과 자문관을 파견했으며
③ 교과과목으로는 우편관리자과정(PMC)을 비롯하여 20여 과목, 1971년부터 매년 연수생 약 15명을 파견

UPU의 기준화폐와 공용어

기준화폐	① 국제통화기금(IMF)의 국제준비통화인 SDR(Special Drawing Rights) ② 국제우편에 관한 모든 요금, 중계료, 운송료, 각종 할당요금 등은 모두 SDR을 기초로 하여 일정 비율의 자국 통화로 환산함
공용어	① 공용어는 프랑스어(만국우편연합헌장 제6조)이며, 국제사무국 내에서는 업무용 언어로 프랑스어 및 영어 사용(만국우편연합총칙 제154조) ② 따라서 조약문의 해석상 문제가 있을 때에는 프랑스어를 기준으로 하지만 ③ UPU에서 1개 언어만을 사용하면 불편이 많으므로 각종 회의와 문서 발간을 위하여 프랑스어, 영어, 아랍어, 스페인어, 포르투갈어, 러시아어, 중국어, 독일어를 함께 사용함

UPU와 우리나라

① 우리나라는 1897년 제5차 워싱턴 총회에 참석하여 가입신청서 제출하였으며 1900년 1월 1일에 '대한제국(Empire of Korea)' 국호로 정식 가입
② 1922년 일본이 '조선'으로 개칭하였으나 1949년 '대한민국(Republic of Korea)' 국호로 회원국 자격 회복하였음 *북한은 1974년 6월 6일에 로잔느 총회에서 가입
③ 1952년 제13차 UPU 브뤼셀총회 때부터 대표를 계속 파견하여 왔으며 1989년 UPU 워싱턴총회에서 집행이사회(EC) 이사국으로 선출, EC의 10개 위원회 중 우편금융위원회 의장직 5년간 수행
④ 1994년 8월 22일부터 9월 14일까지 제21차 UPU 총회를 서울에서 성공리에 개최
⑤ 서울총회 개최국으로서 1995년부터 1999년까지 관리이사회(CA) 의장국으로 활동, 우편운영이사회(POC) 이사국으로 선출되어 2012년까지 활동
⑥ 2016년 이스탄불총회에서 다시 양대 이사국으로 재선출되어 활동
⑦ 2021년 아비장총회에서 우편운영이사회(POC) 이사국으로 당선

02 만국우편연합 (UPU: Universal Postal Union)

PART 1 | 국제우편 총설 : 의의 및 조직

UPU의 창설

① 1868년 북부독일연방의 우정청장인 하인리히 본 스테판이 문명국가 사이에 우편연합(Postal Union of civilized Countries)의 구성을 제안
② 1874년 스위스 베른에서 독일·미국·러시아 등 22개국의 전권대표 들이 회합을 하여 스테판이 기초한 조약안을 검토하여 같은 해 10월 9일에 서명함으로써 국제우편 서비스를 관장하는 최초의 국제협약인 '1874 베른 조약(1874 Treaty of Bern)'이 채택 됨(2025년 9월 현재 192개 회원국으로 구성됨) 이에 따라 일반우편연합(General Postal Union)이 창설
③ 1875년 7월 1일에 이 조약이 발효됨
④ 1878년의 제2차 파리총회에서 만국우편 연합(Universal Postal Union)이라 개명 됨.

UPU의 임무

전 세계 사람들 사이의 통신을 증진하기 위하여 다음과 같이 효율적이고 편리한 보편적 우편서비스의 지속적인 발전을 촉진
① 상호 연결된 단일 우편 영역에서 우편물의 자유로운 교환을 보장
② 공정하고 공통된 표준을 채택하고, 기술 이용을 촉진
③ 이해관계자들 간의 협력과 상호작용의 보장
④ 효과적인 기술협력 증진
⑤ 고객의 변화하는 요구에 대한 충족을 보장

UPU의 조직

총 회		연합의 최고 의결기관으로서 매 4년마다 개최되며 전 회원국의 전권대표로 구성되며, 전 세계 우편사업의 기본 발전방향 설정함
상설기관	관리이사회 (CA)	우편에 관한 정부정책 및 감사 등과 관련된 사안을 담당
	우편운영이사회 (POC)	우편업무에 관한 운영적, 상업적, 기술적, 경제적 사안을 담당
	국제사무국 (IB)	연합업무의 수행, 지원, 연락, 통보 및 협의 기관으로 기능

01 국제우편의 의의

PART 1 | 국제우편 총설 : 의의 및 조직

① 국제우편은 국가 또는 그 관할 영토의 경계선을 넘어 상호 간에 의사나 사상을 전달, 매개하거나 물건을 송달하는 제도이며 이 같은 목적으로 취급되는 우편물을 국제우편물이라고 정의함
② 초창기에는 개별 당사국 간의 조약에 의하여 국제우편물을 교환하였으나 운송수단의 발달, 교역의 확대 등에 따른 우편수요의 증가와 이용조건 및 취급방법의 상이함에서 오는 불편 등을 해소하기 위하여 범세계적인 국제 우편기구인 만국우편연합(UPU)을 창설하였음
③ 국제우편은 나라(지역)와 나라(지역)사이의 우편 교환이기 때문에 요금의 결정방법, 우편물의 통관, 우정당국 간의 요금 및 운송료의 정산 등 국내우편과 비교해 볼 때 차별되고 독특한 취급내용과 절차가 있음

PART 1 국제우편 총설 : 의의 및 조직

SECTION 01 | 국제우편의 의의

SECTION 02 | 만국우편연합(UPU: Universal Postal Union)

SECTION 03 | 아시아·태평양우편연합(APPU : Asian-Pacific Postal Union)

SECTION 04 | 카할라 우정연합 (Kahala Posts Group)

SECTION 05 | 우정사업분야 국제협력 확대

국제우편

PART 01 | 국제우편 총설 : 의의 및 조직

PART 02 | 국제우편 총설 : 우편물의 종류와 취급우체국

PART 03 | 국제우편의 접수

PART 04 | 부가취급·부가서비스

PART 05 | 부가취급·부가서비스 : EMS 관련

PART 06 | 국제우편 요금

PART 07 | 행방조사청구와 손해배상제도

PART 08 | 그 밖의 청구제도

PART 09 | 국제우편 수수료 및 우편요금 고시